高职高专规划教材

运动心理学

主　编　胡桂英

副主编　胡　斌　庄燕菲　徐晓燕

浙江大学出版社

图书在版编目(CIP) 数据

运动心理学 / 胡桂英主编. —杭州：浙江大学出版社，
2008.10(2022.1 重印)
    ISBN 978-7-308-06261-9

    Ⅰ.运…   Ⅱ.胡…   Ⅲ.体育心理学—高等学校:技术学
校—教材   Ⅳ.G804.8

中国版本图书馆 CIP 数据核字（2008）第 154365 号

运动心理学

主　　编　胡桂英

副主编　胡　斌　庄燕菲　徐晓燕

责任编辑　石国华
封面设计　刘依群
出版发行　浙江大学出版社
　　　　　（杭州天目山路 148 号　邮政编码 310007）
　　　　　（网址：http://www.zjupress.com）
排　　版　杭州星云光电图文制作有限公司
印　　刷　杭州良诸印刷有限公司
开　　本　787mm×960mm　1/16
印　　张　15.25
字　　数　290 千
版 印 次　2008 年 10 月第 1 版　2022 年 1 月第 14 次印刷
书　　号　ISBN 978-7-308-06261-9
定　　价　48.00 元

序

2008 年北京奥运会在即，我们从来没有像现在这样感到备战大赛的心理准备是如此重要。它的重要性，不仅来自教练员运动员的迫切需求和各级领导的高度重视，还来自媒体的宣传和公众的期待。可以预见，越是接近大赛，心理准备就愈加重要，而我们则常常感到心有余而力不足：运动心理学工作者的数量不多，无法完全满足每支参赛队的需要；运动心理学工作者的经验不够，无法完全满足教练员和运动员解决实际问题的渴望。解决上述问题的一个方法是，通过长期的、系统的教育，帮助运动员系统掌握运动心理学的知识体系，进而衍生自己解决问题的机制。胡桂英等老师编写的《运动心理学》教材及相应的课程体系，就是向这一方向努力的积极尝试。

《运动心理学》一书是为浙江体育职业技术学院学生及其他同类学生编写的一本高职教材。统观这本教材，觉得它有如下优点：

第一，该教材呈现的资料比较新，是在综合最新教材和最新研究的基础上编纂而成的。

第二，该教材的结构安排紧密贴近运动训练过程，贴近运动员和教练员的实践。运动训练过程可分为选材、训练和比赛三大环节，该教材的体系安排也分为这三大部分，使教师和学生双方都能结合运动实践进行教和学。

第三，该教材内容安排较为紧凑、实例比较丰富、形式比较生动。各章开始部分的引导性问题和关键词，有利于吸引学生的兴趣和注意；各章中间部分安排了拓展阅读资料，有利于学生开放性地思考相关内容；各章结束部分安排的小结和思考题，有利于学生的课后自学。

总之，该教材特别注意了竞技体育、运动训练、体育教育和社会体育等专业高职学生的特点和需要，较为清晰地表述了运动心理学理论和实践的核心内容。有充分理由相信，教练员、运动员及体育管理工作者将会从这本教材中受益。

教育学博士、哲学博士
北京体育大学
2008 年 6 月 16 日

前　　言

　　《运动心理学》是体育类专业的基础核心课程。不管是服务于竞技体育、学校体育还是群众体育的运动员、教练员、体育教师或社会体育指导员，都必须了解人们在体育运动中的心理现象和心理特点，把握运动心理发展的规律。

　　浙江体育职业技术学院是一所培养高、精、尖竞技体育人才，具有宽泛的现代科技、文化知识与体育技能，能为体育、教育事业和社会经济发展服务的实用人才的高等职业院校。目前学院设有竞技体育、运动训练、社会体育、体育服务与管理、体育保健五个专业。

　　当捧着普通高等院校的《运动心理学》本科教材为我们学生授课的第一天起，就萌生了一个强烈的愿望——编一本既符合高职层次课程教学特点，又符合我们学生实际的教材。高职课程教学的突出特点是理论够用，强调实践，而运动心理学又是一门应用科学，是研究人在体育运动中的心理活动特点及其规律的科学，是体育科学和心理科学相结合的产物，具有较强的理论性和实践性。

　　本教材按照高职教育"必须、够用"的理论教学原则，以及专业人才培养目标和岗位能力需求，设计了由选材心理、训练心理和比赛心理三大模块构成的运动心理学课程理论教学内容，并编排了运动心理学实验和运动心理学量表的实践教学内容。教材内容体系清晰，富有创新，重视实践教学环节，符合高职体育类专业教学特点。

　　全书分五编，共12章。第一编绪论共1章，简要介绍了运动心理学学科的概貌。第二编选材心理共2章，探讨了运动员的智力特点和人格特征。第三编训练心理共4章，介绍了运动动机的有关理论及其在实践中的应用，分析了运动技能的学习过程，详细论述了放松训练、系统脱敏训练、生物反馈训练、模拟训练、表象训练、合理情绪训练和暗示训练等心理技能训练的方法，概述了运动中的团体凝聚力和领导行为。第四编比赛心理共4章，介绍了注意、唤醒、焦虑和运动表现的关系，重点论及了注意技能的训练方法和应激控制技术，阐述了比赛的心理准备和比赛最佳状态的调节方法，并对竞赛中的观众效应、主场效应、攻击性行为等社会心理问题作了论述。第五编实验（实训）共1章，重点介绍了10个常见的运动心理学实验和8个常用的运动心理学量表，这一编内容可以结合前面四编中的相关内容进行实验教学，也可以结合相关的主题进行问卷调查，培养学生理论联系实际的综合运用能力。

　　每章的开始向学生呈现了学习目标和关键词，每章的结尾列出了本章小结和思考题，每章的文中设有"动一动"的操作内容和"拓展阅读"的知识补充。教材内容深入浅出，形式生动活泼。

感谢学院各部门领导对运动心理学教材和课程建设的重视。2007 年 3 月《运动心理学》课程被列为学院首批重点建设课程,2008 年 4 月《运动心理学》课程获"院级精品课程"荣誉称号,2008 年 6 月《运动心理学》课程获"省级精品课程"荣誉称号。

在 2008 这个具有历史意义的年份里,这本高职体育专业《运动心理学》教材的问世带给我们些许欣喜,但愿能为从事体育运动的学子们尽一份我们的力量。

参加本书编写的作者有:胡桂英(第一章、第五章、第九章、第十章、第十一章、第十二章),胡斌(第二章、第三章、第八章),庄燕菲(第四章、第六章、第十二章),徐晓燕(第七章),全书由浙江体育职业技术学院的胡桂英老师统稿。感谢北京体育大学张力为教授审阅本书,并提出宝贵修改意见。

由于我们才疏学浅,错误在所难免,恳请各位读者、专家批评指正。本书引用了很多学者、专家的观点,在此一并表示我们最诚挚的谢意!

编　者
2008 年 6 月 29 日

目　　录

第三编　训练心理

第四编　比赛心理

第五编　实验(实训)

第一编　绪论

　　绪论编共 1 章。本章简要介绍了运动心理学这门学科的研究对象、研究领域，以及国际运动心理学和中国运动心理学的发展简史，分析了运动心理学的发展趋势，以期帮助读者了解运动心理学学科的概貌。

第一章　运动心理学概述

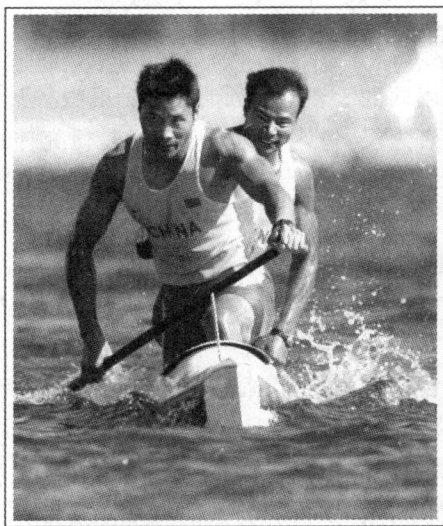

图 1-1　体育运动魅力无穷

体育意味着冒险,为自己抑或为他人;

体育是挑战,是拼搏,但也有休闲;

体育属于全世界,无论是参与者还是观众,谁也无法抵挡它的诱惑与魅力。

——布拉什(Brasch,1970)

运动心理学是一门应用学科,其研究动力主要来自社会需要、母科学心理科学、体育科学以及相关学科的发展。

通过本章的学习,你将能够回答以下问题:

1.什么是运动心理学?

2.运动心理学涵盖哪三大领域的研究?

3.国际运动心理学发展史上的标志性事件有哪些?

4.中国运动心理学的发展简史?

5.运动心理学未来的发展趋势是什么?

关键词:

运动心理学;竞技运动;体育教育;大众健身;国际运动心理学会;特里普利特;格里菲斯;国际运动心理学杂志;中国运动心理学会

第一节 什么是运动心理学

一、运动心理学的研究对象

什么是运动心理学? 不同的学者有不同的定义。摩根(Morgan,1972)是早期尝试给运动心理学下定义的学者之一,他认为运动心理学是研究体育活动的心理学基础的学科。马腾斯(Martens,1980)认为,运动心理学的发展不太成熟,因而无需过多地为自身的定义问题而费心,所以他建议将运动心理学简单地定义为运动心理学家所从事的工作。迪什曼(Dishman,1983)对马腾斯的定义提出了异议,认为这一定义曲解了运动心理学这一职业,会阻碍具有实际价值的理论研究以及应用模式的发展。

我国学者比较一致地认为,运动心理学是研究人在体育运动中心理活动的特点及其规律的科学。它是心理学的分支学科,阐明体育运动的心理学基础。

运动心理学的主要任务包括(马启伟、张力为,1996):

第一,研究人在体育运动中心理过程的特点和规律以及人的个性差异与体育运动的关系。例如,在体育活动中存在自信心方面的男女性别差异吗? 哪些因素会影响人们参加体育活动的动机?

第二,研究体育运动对人的心理过程和个性特征产生的短期和长期影响。例如,有氧训练对人的焦虑水平有哪些短期效应和长期影响? 长期的运动训练会促进或改变运动员的个性吗? 体育活动会加强残疾人在生活中的独立性和自信心吗?

第三,研究掌握运动知识、形成运动技能、进行技能训练的心理学规律。例如,如何克服运动技能形成过程中的高原现象? 如何利用迁移规律更快地掌握运动技能? 哪些影响运动技能掌握和提高的重要心理因素更多地受遗传制约?

第四,研究运动竞赛中人的心理状态问题。例如,比赛中的最佳唤醒水平是什么? 如何在比赛中达到最佳唤醒水平? 如何区分和评定运动员的心理负荷和心理疲劳? 在比赛的关键时刻优秀运动员运动操作的注意中心是什么?

二、运动心理学的研究领域

运动心理学的研究涵盖竞技运动、体育教育和大众健身三大领域。

(一)竞技运动领域

竞技运动领域的运动心理学研究主要是围绕运动员的心理评定、心理选材、心理训练和心理咨询等工作进行的。

运动训练过程是从选拔运动员开始的,运动员的选拔内容必须包括心理因素。心理选材要根据运动心理学的原理,借助于可靠有效的心理测试、心理实验等手段,按照各专项的心理特征,为教练员提供长期预测的信息,以便从训练的起点就开始实行最优化的训练。心理选材研究的主要问题是确定在什么时间、用什么指标进行心理选材。

心理训练和心理咨询的目的有二:一是帮助运动员以最有效的方式掌握和表现运动技能,最大限度地发挥自己的运动才能;二是帮助运动员不断完善自己的人格,以更加积极的方式去应对运动生涯中和运动生涯后的各种挑战。运动员心理训练和心理咨询涉及的主要问题有动机、自信、情绪控制、注意控制以及人际交往等。

(二)体育教育领域

体育教育领域的运动心理学研究主要是围绕如何帮助学生掌握运动技能和增进心理健康这两个问题进行的。掌握运动技能和增进心理健康,是人们适应社会变化和发展生存能力的必要条件。

学校体育教育有着重要的心理建设功能,表现在:

第一,诱发运动兴趣,培养锻炼习惯。学校体育课和课外活动引导学生在运动活动中享受人际交往的乐趣和肌肉运动的乐趣,培养锻炼的需要,形成健康的生活方式。

第二,欣赏体育文化,享受身体活动。

第三,发展健康人格,增强社会适应能力。体育活动帮助学生体验竞争中的合作和合作中的竞争,体验制订和遵守游戏规则的重要性,体验吃苦耐劳、坚忍不拔、顽强奋斗、不懈努力的拼搏过程。

(三)大众健身领域

大众健身领域的运动心理学研究主要是围绕参加体育锻炼的动机和体育锻炼与心理健康的关系这两方面进行的。前者涉及参与或退出体育锻炼的原因和影响体育锻炼动机的因素;后者涉及体育锻炼对心理状态的影响,对患者心理疾病的治疗作用,以及体育锻炼促进心理健康的机制等内容。

第二节 运动心理学的发展

一、国际运动心理学发展简史

艾宾浩斯(Hermann Ebinghaus,1850—1909)对心理学的发展有一句精辟的评价:"心理学有一长期的过去,但只有短暂的历史。"心理学思想源远流长,对心理学问题的探讨可追溯至古代中国及古希腊的哲学家,如孔子、老子、孟子、亚里士多德等。但心理学作为一门学科从哲学中脱胎出来只不过一百多年的历史,其诞生标志是冯特(Wilhelm Wundt,1832—1920)于1879年在德国莱比锡大学建立了世界上第一个心理学实验室。

在运动心理学作为一门独立学科之前的很长时间,人们就已经在思考和探讨体育活动中的各种心理现象了。例如,古代希腊奥林匹克竞赛的参赛选手在比赛前就进行某些心理准备,因为古希腊哲学家对身心之间的关系已经有了某些思考和论述。亚里士多德有一句至理名言"健全的精神寓于健全的身体";公元前10世纪希腊诗人荷马宣讲过"完美的身体和无瑕的心灵"的主题;美国《独立宣言》起草人,第三任总统汤姆斯·杰斐逊称"强健的身体造就强健的精神"。

运动心理学作为心理学的分支学科,其历史是相当短暂的。国际运动心理学的发展历史大体可分为两个阶段:20世纪50年代前和20世纪50年代后。表1-1列出了两个发展阶段的重大事件。

表1-1　运动心理学发展史上的重大事件

时间	重大事件
1897	特里普利特(Triplett)进行了第一项运动心理学研究
1925	格里菲斯(Griffith)建立了第一个运动心理学实验室
1965	国际运动心理学会(ISSP)成立
1967	北美运动和身体活动心理学会(NASPSPA)成立
1969	加拿大心理技能学习和运动心理学会(CSPLSP)成立
1970	国际运动心理学杂志创刊
1986	应用运动心理学发展协会(AAASP)成立
1986	美国心理学会第47分会(锻炼与运动心理学分会)成立

第一项被明确视为运动心理学领域的研究,是美国印第安纳大学的特里普利特(Triplett,1897)关于社会促进效应的实验研究。特里普利特于1897年对自行车运动员进行了一项实验,以观察观众在场对运动员运动技能表现的影响。结果发现,当有人在场或进行比赛时,自行车运动员的骑行成绩要比自己单独骑自行车时更快。他认为,在现场的其他人(如竞争者、合作者、观众)导致了活动者能量的释放和努力程度的提高,从而促进了运动技能的表现。这项研究开创了社会心理学和运动心理学研究的先河。1899年,美国耶鲁大学的斯克里彻(E. W. Scripture)在《大众科学月刊》撰文,提出参加体育活动可以改善人的个性特征。

运动心理学史上具有划时代意义的事件是,美国的格里菲斯(Coleman Roberts Griffith)于1925年在伊利诺斯大学创建了世界上第一个运动心理学实验室。这一事件是运动心理学发展史上的重要里程碑,标志着运动心理学作为一门学科的建立。格里菲斯的研究领域主要集中在运动技能学习、运动技能操作和体育运动中的个性等方面。早在1918年,格里菲斯就因研究心理因素对运动表现的影响,而被称为"美国运动心理学之父"。1923年,格里菲斯在美国伊利诺斯大学开设了世界上第一门运动心理学课程。1926年,他编写了世界上第一本运动心理学教材《教练心理学》。1928年,他又出版了《运动心理学》。1938年,他作为运动心理咨询专家,受聘于芝加哥一家棒球俱乐部运动队,运用多种运动测验和心理测验来确定运动员的心理状态和心理潜力。

图 1-2 特里普利特：创运动心理学研究之先河

图 1-3 格里菲斯：美国运动心理学之父

20世纪初至30年代，欧洲也出现了一些运动心理学方面的研究。1912年，德国人巴斯（Barth）在《身体练习对意志和个性形成的影响》一书中，探讨了参加体育运动对人的意志和性格的影响。1913年，现代奥林匹克运动的创始人，法国的顾拜旦（Pierre de Coubertin，1863—1937）在《运动心理学浅谈》中指出，运动是一种美的表达和使人情绪平衡的教育手段。1921年，德国学者舒尔特（Schulte）在《在练习、比赛和运动活动中提高成绩》一书中，阐述了优秀运动员的心理准备问题。

20世纪20年代至30年代，苏联的运动心理学处于萌芽和初创时期。被称为苏联"运动心理学之父"的鲁吉克撰写了《肌肉工作对反射过程的影响》、《对反射的研究在体育主要问题上的应用》和《在体育教育工作中提示和模仿的意义》等著作。苏联的中央体育学院（即莫斯科体育学院）和列宁格勒体育学院所做的一系列研究引起了人们对运动心理学的兴趣，例如，技能形成的特点，体育活动对发展知觉、记忆、注意和想象的影响，以及体育对个性形成、智力发展的作用等。

在20世纪40年代到50年代的近20年中，由于受第二次世界大战的影响，运动心理学的发展处于相对停滞阶段。但仍有不少的运动技能学习实验室相继建立，使得研究人员对体育活动中的运动行为进行研究时有了更为复杂和更为科学的方法。

20世纪60年代起，随着体育运动事业的兴盛，运动心理学得到了前所未有的迅速发展。1965年，国际运动心理学会（ISSP）成立，并在罗马召开了第一届国际运动心理学会议。此后，每4年一届的国际运动心理学会议为世界各国运动心理学家提供了学术交流的论坛。1970年，国际运动心理学会刊物《国际运动心理学杂志》创刊，它沟通了世界各国运动心理学研究的信息，推动了运动心理学的科学研究。

各国体育界都积极支持运动心理学科学研究的开展，各种区域性的和本国的运动心理学专业组织相继成立。1967年，北美运动和身体活动心理学会（NASPSPA）成立，该学会在运动心理学的发展中一直起着重要作用。20世纪60年代末，欧洲运动心理学联合会成立。1986年,应用运动心理学发展协会(AAASP)成立,它鼓励应用运动心理学家(如教育运动心理学家和临床运动心理学家)之间的交流。1991年,亚洲及南太平洋地区运动心理学会成立。除了这些区域性专业组织外,各国也相继成立运动心理学的学术团体。例如,加拿大于1969年成立了加拿大心理技能学习和运动心理学会(CSPLSP),美国于1986年成立了美国心理学会第47分会(即锻炼和运动心理学分会),苏联在二战后成立了运动心理委员会,日本于1950年成立了体育学会体育运动心理专科分会。

拓展阅读

历届国际运动心理学大会主题

届数	时间	地点	主题
1	1965	罗马	运动员的心理准备;运动心理疗法的价值;运动动机;运动活动与个性。
2	1968	华盛顿	运动员的心理准备;运动动机;体育活动中的自我努力;运动心理学的学科性质。
3	1973	马德里	运动心理学的一般任务;竞争心理;运动训练以及竞争能力;作为娱乐手段的身体活动和运动活动。
4	1977	布拉格	儿童入学前后的体育心理学问题;缺陷儿童体育心理学的特征;青少年、成人的娱乐心理;运动活动的心理分析;竞技者心理紧张的问题;运动中必需的心理品质和动力学特征;社会心理学和体育活动。
5	1981	渥太华	运动员生活的心理意义;体育与生活相适应;从初学者到运动员的训练方法;运动与生活中的自我控制;体育政策;指导和计划心理;21世纪的运动心理学。
6	1985	哥本哈根	锻炼与运动心理学:全民的参与。体育管理;焦虑与唤醒;临床运动心理学;运动中的表象;注意方式;心理运动表现。人格及心身概念;攻击;选材;比赛心理准备;表现与创造性;集体运动项目;生活中的体育;运动心理学的发展;教练效率及认知运动心理学;动机与态度;催眠;生物反馈;锻炼效益;可选择的学习技术;公平竞赛;认知与社会因素;跑步心理;锻炼效果;运动诊断;参与和退出问题。
7	1989	新加坡	运动心理学和人的运动表现。教师与教学;运动表现的动机;主观努力;自我知觉;与技能操作有关的特征;不同国家运动心理学的发展;干预技术;高水平运动员的人格特征;测验及其实施;比赛心理准备;焦虑;康复与治疗;运动及运动心理学的不同视角;领导的角色;心理准备;锻炼、运动和心理健康;认知策略;注意;应激控制;青年体育;运动心理咨询;运动技能学习与控制;锻炼与生活质量;性别差异;心理技能;老龄化进程与体育。

8	1993	葡萄牙	计算机应用;教练与心理学;认知与决策;体育运动中的文化差异;测量与方法学问题;健康;幸福与心理学;运动操作与技能掌握;体育运动中的问题;职业训练;学校体育与心理学效应;社会心理过程;选材与发展。
9	1997	以色列	贯穿生命全过程的运动心理学。教师/教练、专职研究人员与心理顾问的共同话题;运动心理学与残疾人;身体活动与生活质量;理论与实践中的伦理学问题;最佳竞技表现出现与终结;活动中的认知与知觉;社会心理手段;药物、暴力及其他道德问题;方法与测量;技能获得;性别、文化与体育运动;体育管理中的心理策略。
10	2001	希腊	新世纪开始时的运动与锻炼心理学。情感、心境、情绪;攻击与暴力;临床问题;执教;认知过程;咨询和个体实践;发展问题;高水平运动表现;道德问题;性别问题;团体动力学;健康行为;运动策略的历史与未来;损伤与创伤;学习和表现的方法;管理;心理训练与心理干预;动机;奥林匹克运动及比赛教育;人格;自我知觉;技能获得;社会及文化的多样性;特殊群体;青年体育;职业发展问题;生活质量;研究的问题;体育教育。
11	2005	悉尼	提高健康水平和运动成绩,享受美好生活。健康/幸福与生命的发展;运动表现;情绪/情感;心理辅导;教练技术;心理生理学;运动动机;社会心理学;差异性;运动技能学习;研究方法。

二、中国运动心理学发展简史

中国运动心理学的发展历史可分为两个阶段:20 世纪 80 年代前和 20 世纪 80 年代后。

中国古代就已开始萌发了一些与体育活动有关的心理学思想,这些思想散见于《礼记》、《庄子》、《史记》、《吕氏春秋》、《梦溪笔谈》等名著中,包含运动发展心理、运动保健心理、技能形成心理、运动竞赛心理、运动战术心理、心理训练等方面的论述,对中国运动心理学的发展有着积极的影响。

早在 1926 年,我国著名体育教育家马约翰撰写了《体育的迁移价值》一文,这是中国最早的运动心理学专论。文章指出:运动场是培养学生的极好场所,可以批评错误,鼓励高尚,陶冶情操,激励品质;刻苦锻炼可以培养青年勇敢的精神、坚强的意志、自信心、进取心和争取胜利的决心;运动场上表现出来的道德品质能够迁移。1942 年,国立体育专科学校的吴文忠和肖忠国编译出版了我国第一部《体育心理学》。

20 世纪 50 年代末,我国的运动心理学发展开始起步,运动心理学作为一门学科被正式列入体育专业的课程设置,各体育院系逐渐开设运动心理学课程。1957 年,苏联运动心理学家鲁吉克的《心理学》中文版出版;1958年,苏联运动心理学家车尼克娃(Chernikowa)的《运动心理学问题》被译成中文;1964年,武汉体育学院和上海体育学院合编了我国第一部体育院系专用的《运动心理学》教材。

20世纪60年代至70年代,由于受"文化大革命"的影响,处于萌芽阶段的我国运动心理学又濒于崩溃,到70年代末才得以恢复。

20世纪70年代末至80年代初,我国运动心理学进入了一个新的发展阶段。1979年成立了中国心理学会体育运动心理学专业委员会,1980年又成立了中国体育科学学会运动心理学分会。两会的成立,标志着中国运动心理学开始走向迅速发展的道路。自中国运动心理学会成立迄今,已组织召开了8次全国性的会议(见表1-2),大大促进了我国运动心理学的发展。1986年,中国运动心理学会作为团体会员加入国际运动心理学会;1991年,中国运动心理学会作为发起国之一,组织建立了亚洲及南太平洋地区运动心理学会。

表1-2　中国运动心理学会组织的学术会议

届数	时间	地点	会议名称
1	1983	昆明	全国运动心理学学术论文报告会
2	1986	成都	"心理学在运动训练中的应用"专题论文报告会
3	1989	蓬莱	全国运动心理学学术论文报告会
4	1993	广州	全国奇星运动心理学学术论文报告会
5	1996	郑州	第五届全国(竹林胺)运动心理学学术会议
6	1998	昆明	佰溢第六届全国运动心理学学术会议
7	2002	北京	汉殷第七届全国运动心理学学术会议
8	2006	武汉	第八届全国运动心理学学术会议

20世纪80年代至90年代,中国运动心理学的研究主要集中在竞技运动领域,在运动员心理测试/心理选材和运动员心理训练/心理咨询两大方面做了大量的研究和实践工作,取得了丰硕的成果。

20世纪90年代后半期开始,中国运动心理学的研究领域不断扩大,除了在竞技运动领域一如既往地投入之外,在体育教育和大众健身领域的研究也明显增多。这一趋势从2002年全国运动心理学大会征文的主题"运动心理与科技奥运"中可以明显地看出,本次大会研讨的主要内容包括以下4个方面:第一,竞技运动领域的心理学问题,包括心理训练方法,心理训练评价,心理选材,运动员、教练员和裁判员的心理特征,心理疲劳的评定和预防,伤病的心理预防和心理康复,兴奋剂问题等。第二,大众体育锻炼领域的心理学问题,包括锻炼的参与动机和锻炼的心理效益等。第三,体育教育领域的心理学问题,包括体育学习和课外体育活动的参与动机和心理效益,运动技能学习,体育教学中的差异心理等。第四,运动心理学的研究方法问题,包括量表研制、仪器开发、实验设计、心理统计等。

三、运动心理学的发展趋势

我国一些学者(阵作松,2002;唐征宇,2004;李佑发,2006)预测了国际运动心理学的发展趋势。

(一)研究领域不断扩展

运动心理学的研究领域不断扩展,由早期的研究运动员心理选材、心理技能训练和心理咨询工作的竞技运动领域,不断地扩展到研究体育锻炼的动机、体育锻炼与心理健康的关系等大众健身领域,以及如何有效地掌握运动技能及通过学校体育课和课外体育活动培养学生良好人格品质的体育教育领域。随着三大领域研究的不断深入,运动心理学、锻炼心理学和体育心理学不断朝着各自的方向发展,未来三门学科的分工将会越来越明确,各自将会建立更为完善的学科体系。

(二)专业领域进一步细分

根据 Cratty(1989)的观点,运动心理学本身可分为三个不同的专业领域,即实验运动心理学、教育运动心理学和临床运动心理学,每一个专业领域都有不同的任务和研究内容。实验运动心理学家的主要任务是在运动现场和实验室中研究一些基础理论问题,如唤醒水平和运动成绩之间究竟是怎样的关系等,该项任务主要由大学和研究所的运动心理学教授或研究人员承担。教育运动心理学家的主要任务是传授知识给教练员、运动员和运动队的行政人员,以及体育系的学生,同时帮助心理健康的运动员和学生挖掘潜力和提高运动水平。临场运动心理学家的主要任务是预防和矫治运动队和运动员个人的情绪和行为问题,主要集中于运动员的异常行为。

(三)研究内容更加广泛

1985 年,原国际运动心理学会主席辛格(Singer)博士预测了 21 世纪运动心理学研究涉及的内容,他的展望主要集中在竞技运动心理学领域,包括:(1)儿童与运动学习;(2)专项运动心理测验;(3)运动成绩的预测;(4)运动员的认知;(5)自我控制技术;(6)适宜心理过程的训练和发展;(7)运动动机;(8)运动员的全面训练计划;(9)运动员的追踪研究;(10)强体力活动训练计划造成的后果;(11)对运动员的跨文化心理学比较研究。20 多年过去了,这些方面的研究取得了广泛的研究成果,但由于运动心理学这门学科的不太成熟和研究方法的缺陷,这些内容还有待于继续深入的研究。随着运动心理学研究领域的不断扩大和应用性不断增强,运动心理学研究的内容将越来越广泛。

(四)研究方法更趋丰富

以实验和心理测验等为代表的量化研究方法在运动心理学研究中占有举足轻重的地位。但目前的趋势是研究者们已经开始重视量化研究与定性研究的结合使用,从而使研究结果的可信度大大提高。近年来,定性研究方法越来越多地引起了运动心理学工作者的重视,其中,个案研究法作为对实验研究方法的一种有效补充在国外运动心理学研究中得到了足够的重视。结合运动实践利用现场研究方法进行的研究所占的比例会越来越多,人们将从简单的实验和概括中解放出来,更多地从生态学的角度对运动员行为进行更有说服力的解释。

(五)运动心理学的资格认证制度化

运动心理学专业化通过认证将得到正式的承认和保护,从事运动心理学的个人资格认定等工作模式将会被普遍采用。欧美许多国家和亚洲的韩国、日本等都已先后制定和实施了类似运动心理咨询师的资质认证标准,这一模式已经成为竞技体育心理科技服务的共同发展趋势。

2007 年 4 月,经过中国体育科学学会运动心理学分会严格的审议程序,刘淑慧、张忠秋、丁雪琴、姒刚彦等 22 名运动心理学工作者成为我国首批获得认证的"运动心理咨询专家",从而结束了我国高水平竞技运动科技服务工作缺乏行业自律和标准化评估的现状。

拓展阅读

运动心理学工作者的职业道德

应用运动心理学发展协会和加拿大运动心理学会,参照美国心理学会的职业道德标准(APA,1992),提出了一套运动心理学工作者的道德标准。该职业道德标准的核心是运动心理学咨询人员应尊重运动员的个人尊严与价值,保证基本人权以及为其保密等,其基本精神是把运动员的幸福放在首位。在这套道德标准中,有 6 项一般性原则:

第一,能力。这是运动心理学工作者在工作中努力追求的最高目标,同时运动心理学工作者应该分清他们的专业领域和工作范围。如果一个运动心理学工作者对团队形成和团体动力学了解不多,而希望别人相信他正在或将要和一支球队一起工作,这是不道德的!

第二,正直。运动心理学工作者在科研、教育和咨询方面都应该表现出高度的正直。他们不做虚假的报告,并向球队或组织澄清自己的角色,如告诉选手他们将参与队员的选拔。

第三,职业和科学责任感。运动心理学工作者应该把当事人的最大利益放在首位。例如,为了研究竞技运动中的攻击性行为,而故意教导一组被试攻击另一组被试,即便这样做被试可以从中学到更多东西,也是不道德的。

第四,尊重他人的人权和尊严。运动心理学工作者应尊重咨询对象的基本人权,如隐私。不论当事人的种族、性别、社会地位,除非经过当事人的同意,否则不能公开咨询对象的有关事宜。

第五,关心他人的幸福。运动心理学工作者必须充分考虑当事人的幸福。因此,运动员的心理、生理健康较比赛的胜负更重要。

第六,社会责任。运动心理学工作者在关心人类幸福的同时,应绝对保障参与者的利益。例如,一个运动心理学工作者如果只提供给实验组可以减少沮丧的运动处方,而在实验结束后不愿意把同样的处方提供给控制组的被试,这不仅违反社会责任,也是不道德的。

(引自张力为,2007)

本章小结

1. 运动心理学是研究人在体育运动中心理活动的特点及其规律的科学。它是心理学的分支学科,阐明体育运动的心理学基础。

2. 运动心理学的研究涵盖竞技运动、体育教育和大众健身三大领域。

3. 国际运动心理学的发展历史大体可分为两个阶段:20 世纪 50 年代前和 20 世纪 50 年代后。

4. 第一项被明确视为运动心理学领域的研究,是美国印第安纳大学的特里普利特(Triplett,1897)关于社会促进效应的实验研究。这项研究开创了社会心理学和运动心理学研究的先河。

5. 美国的格里菲斯(Coleman Roberts Griffith)于 1925 年在伊利诺斯大学创建了世界上第一个运动心理学实验室,这是运动心理学发展史上的重要里程碑,标志着运动心理学作为一门学科的建立。

6. 1965 年,国际运动心理学会(ISSP)成立,推动了运动心理学在全世界范围内的迅速发展。

7. 1970 年,国际运动心理学会刊物《国际运动心理学杂志》创刊,它沟通了世界各国运动心理学研究的信息,推动了运动心理学的科学研究。

8. 中国运动心理学的发展历史可分为两个阶段:20 世纪 80 年代前和 20 世纪 80 年代后。

9. 1926 年,我国著名体育教育家马约翰撰写的《体育的迁移价值》一文,是中国最早的运动心理学专论。

10. 1979 年成立了中国心理学会体育运动心理学专业委员会,1980 年成立了中国体育科学学会运动心理学分会。两会的成立,标志着中国运动心理学开始走向迅速发展的道路。

11.运动心理学的发展趋势:研究领域不断扩展、专业领域进一步细分、研究内容更加广泛、研究方法更趋丰富。

思考题

1.你对体育运动中的哪些心理现象感兴趣?
2.描述国际运动心理学发展史上的重大事件。

第二编　选材心理

　　良好的开端是成功的一半。心理选材是指采用心理学的指标和方法,将具有发展潜能的人选入运动员训练体系的过程。选材心理编共2章。第二章介绍了智力的概念和智力测验的方法,探讨了智力与运动活动的关系,特别阐述了一般智力的核心要素——思维能力在运动情境中的表现。第三章介绍了人格的概念和人格的代表性理论,分析了影响人格形成的各种因素,并对运动员人格特征的研究进行了比较全面的论述,描绘了优秀运动员的心理图象。

第二章 运动员的智力

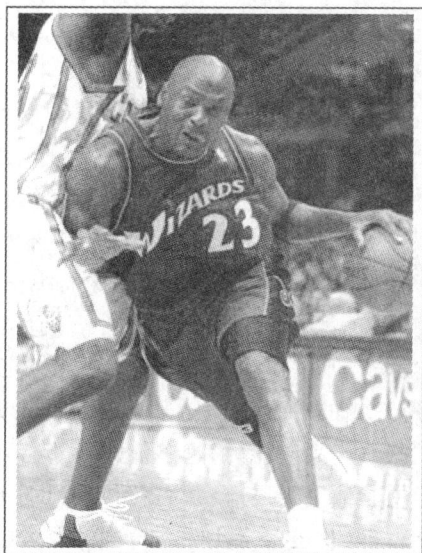

图 2-1 优秀运动员智力超群吗?(迈克尔·乔丹)

"头脑简单,四肢发达"常被用来形容运动员的特点,显然这是对运动员的曲解。运动员的四肢固然矫健,运动员的头脑是否聪慧? 通常我们用智力(intelligence)来衡量一个人的聪明程度。在体育运动中,智力对运动成绩至关重要吗? 运动员要取得优异成绩一定要"聪明"吗? 一个看上去挺"笨"的人能够熟练地完成复杂的运动技能吗?

通过本章的学习,你将能够回答以下问题:

1.什么是智力?

2.代表性的智力理论有哪些?

3.常用的智力测验有哪些?

4.运动员的一般智力有什么特点?

5.操作思维和运动水平、运动项目有什么关系?

6.什么是运动预测?

7.运动直觉有什么特征? 直觉决策和认知决策的区别在哪里?

8.创造性思维和运动活动有什么关系?

关键词:

智力;智商;智力二因素论;智力多元理论;智力三元理论;智力三维结构模型;瑞文标准推理测验;韦克斯勒智力量表;操作思维;运动预测;运动直觉;创造性思维

第一节　智力概述

一、什么是智力

在心理学中,智力是一个非常重要,又存在颇多争议的概念。在20世纪初期,心理学家大都认为,智力是由思维、推理和问题解决能力构成的,这些内容大体上就是传统智力测验所反映的东西。但是自20世纪70年代以来,越来越多的研究表明,传统的智力概念只涉及了智力的极小部分,由智力测验所获得的智商不能决定一个人事业是否成功、生活是否美满。尽管什么是智力还缺乏一个确定而统一的定义,但总的趋势是把智力的含义加以扩大。

美国耶鲁大学的心理学家斯腾伯格(Sternberg)把智力定义为:分析性能力、创造性能力和实践性能力之间所达成的一种平衡。美国另一位心理学家加德纳(Gardner)则认为,智力是解决问题或制造产品的能力,这些能力对于特定文化和社会环境是很有价值的。近年来,有关智力的其他定义还有:智力包括有目的地适应环境和改造环境的能力;智力是认识关系的能力,以及运用这些关系解决问题的能力。

目前我国心理学界较多的人倾向于认为,智力是指顺利完成智慧活动的能力,即人的各种认识能力的综合,包括观察力、记忆力、注意力、想象力和思维力等,其中思维能力是智力的核心要素。智力水平的高低通常用智商(IQ)来评定。

人的智力发展水平存在着个体差异。一般来说,智力发展水平的高低被分为超常(IQ超过130)、正常(IQ在70和130之间)和低常(IQ低于70)三类。智力的发展水平呈中间比例大、两头比例小的正态分布。由于研究者使用不同的智力量表,因而对智力发展水平的分类也不尽相同,美国心理学家韦克斯勒将智力的发展水平分为七类,见表2-1。

表 2-1　韦克斯勒的智力分类

智商(IQ)	智力发展水平的类别	理论正态曲线百分比/%
＞130	极优异	2.2
120～129	优异	6.7
110～119	中上	16.1
90～109	中等	50.0
80～89	中下	16.1
70～79	临界	6.7
＜70	智力落后	2.2

二、智力的理论

心理学家关于智力的构成有许多主张,下面介绍几种具有代表性的智力理论。

(一)智力二因素论

1927 年,英国心理学家斯皮尔曼(C. Spearman,1863－1945)根据人们完成智力作业时成绩的相关程度,提出了智力的二因素论。他认为,人的智力由两种因素组成,一般因素(G 因素)和特殊因素(S 因素)。一般因素是指人们在任何情境或从事任何活动都能表现出来的与思维和适应有关的能力,而特殊因素则是在某种特定情境或从事某类活动所表现出来的与思维和适应有关的能力。由许多特殊因素与某种一般因素结合在一起,就构成了人的智力。人们在完成任何一种作业时,都有 G 和 S 两种因素参加。活动中包含 G 因素越多,各种作业成绩的正相关就越高;相反,包含 S 因素越多,各种作业成绩的正相关就越低。

拓展阅读

智商越高,赛马预测越准吗?

根据大多数智力的定义,能否完成任务取决于高水平的智力(也称一般能力)。但是,塞西和赖克尔(Ceci & Liker,1986)认为,这样的假设可能是错误的。在他们的研究中,被试是一些在美国北威尔明顿市长期从事赛马活动的人。通过初期的调查,他们确定了 14 名赛马专家以及 16 名非专家。专家组的智商范围为 81～128,而非专家组的智商范围为 80～130,两个群体的平均智商都是 100。更为重要的是,其中 4 个专家的智商特别低,低智商的专家为个案研究提供了可能。

图 2-2　IQ 与障碍赛马预测之间有多大程度的相关?

研究者给专家和非专家组提供了 50 匹不知名的马以及 1 匹知名的对照马的 14 项信息(包括马的速度、比赛能力、血统等),让所有人对 50 匹马中每一匹马与对照马比赛的胜数加以推测。塞西和赖克尔认为,完成这样的任务要求高水平的认知加工活动。研究结果与预期的相一致,即专家组的平均成绩远远高于非专家组,但专家组在这一任务中的表现几乎与智商的高低完全没有关系。尽管所有的专家和非专家每天都在看赛马,但低智商的专家甚至比高智商的非专家使用了更为复杂的认知加工模式。

塞西和赖克尔认为,智商与认知复杂性的现实表现没有关系。他们证明了在特殊技能发展方面,持久而良好的动机的确可以弥补智商上的缺陷。当然,与低智商的人相比,高智商的个体能够更快地发挥其能力。

斯皮尔曼的智力二因素论对我们理解智力的结构有重要的启发。如果把智力理解为聪明的话,那么脱离情境来讨论智力是不合适的,因为很少有人在各种情境中都表现得很聪明。

（二）多元智力理论

1983 年,美国心理学家加德纳出版了《智能的结构》一书,向传统偏向认知的智力理论提出了挑战。他认为,智力是在特定的文化背景下或社会中解决问题或制造产品的能力,人的智力结构中存在着 7 种相对独立的智力,每种智力都有其独特的解决问题的方法,都有其自身的符号系统。这 7 种智力在每个人身上的组合方式是多种多样的,有人可能在某一个或两个方面是天才,而其余方面却是蠢才,有人可能各种智力都很一般,但如果他所拥有的各种智力被巧妙地组合在

图 2-3　加德纳:多元智力理论

一起,则可能在解决某些问题时会显得很出色。1999 年,加德纳又提出了第 8 种智力,即认识自然的智力,它是认识自然,并对我们周围环境中的各种事物进行分类的能力。加德纳的多元智力构成见表 2-2。

表 2-2 加德纳的 8 种智力

终端站	智力	中心成分
科学家、数学家	逻辑－数学智力	洞悉能力和灵敏性、逻辑和数字模式,把握较为复杂的推理。
诗人、新闻记者	语言智力	处理词和语言的能力,包括口头语言和书面语言。
作曲家、小提琴家	音乐智力	产生和欣赏节奏、音高和颤音的能力,对不同音乐表达形式的欣赏。
舞蹈家、运动员	身体运动智力	控制身体运动和有技巧地运用物体的能力。
航海家、雕刻家、建筑师	视觉－空间智力	准确知觉视觉－空间世界的能力,对人的最初知觉进行操作转换的能力。
心理治疗师、推销员	人际（社交）智力	对其他人的情绪、气质、动机、期望的辨别和恰当的反应能力。
详细的、准确的自我知识	自知智力	对自己情绪的感知、区分,并以此指导行为的能力,对自己的力量、弱点、期望和智力的了解。
生物学家、环保主义者	认识自然智力	对种属的灵敏性,与生物敏锐交往的能力。

加德纳的多元智力理论一经提出,就对教育实践产生了重大影响。传统的智力理论强调数理－逻辑智力和语言智力,而加德纳认为智力是多元化的。加德纳还指出,每个人在不同领域的智力发展水平是不同步的,而现实生活中人们可根据自己智力的结构将各种智力有机地结合在一起从事工作。加德纳认为,学校教育的宗旨应该是开发多种智能,并帮助学生发现适合其智能特点的职业和业余爱好。

(三)三元智力理论

在多元智力理论中,各种不同形式的智力是相对独立的,而美国耶鲁大学心理学家斯腾伯格于1985年提出的三元智力理论却关注将各种智力成分组合起来。斯腾伯格认为,一个完备的智力理论必须说明智力的三个方面,即智力的内在成分,这些智力成分与经验的关系,以及智力成分的外部作用。由此,斯腾伯格提出人的智力是由三部分构成:成分智力、情境智力和经验智力。

成分智力包括三种成分及相应的三种过程,即元认知成分、操作成分和知识获得成分。元认知成分用于计划、控制和决策的高级执行过程,例如确定问题的性质、选择解决问题的策略以及资源分配等。操作成分表现在任务的执行过程。知识获得成分是指筛选相关信息并对知识加以整合从而获得新知识的过程。

通过将许多任务分解为不同的成分,研究者就可以找出区分不同 IQ 个体的操作过程。例如,研究者发现,与低 IQ 学生相比,高 IQ 学生的元认知成分使得他们可以选择不同的策略来解决特定的问题。这种在策略选择上的不同,可以说明为什么高 IQ 学生有较高的问题解决能力。

动一动

猜字谜

为考察你的成分智力情况,试着做表2-3的练习。表2-3的左栏列出了一些英文字母,请你尽快将这些字母组成有意义的单词。

表2-3 成分智力的运用

请尽快找到每个字谜的解决办法	答案
H－U－L－A－G	Laugh
P－T－Y－M－E	Empty
T－R－H－O－S	Short
T－N－K－H－G－I	Knight
T－E－W－I－R	Write
L－L－A－O－W	Allow
R－I－D－E－V	Drive
O－G－C－H－U	Couch
T－E－N－R－E	Enter
C－I－B－A－S	Basic

你会怎样做这个字谜呢？要完成这些字谜,你通常需要使用操作成分和元认知成分。操作成分可以使你在脑中操作字母,而元认知成分则使你采用策略找到解决问题的办法。来看一下 T－R－H－O－S,你是如何进行心理转换使之成为 SHORT 的？一个较好的策略是寻找英文中可能的辅音聚合,如 S－H 和 T－H。选择策略需要元认知成分,执行它们则需要操作成分。请注意,一种好的策略有时也会失败。看一下 T－N－K－H－G－I,大多数人觉得这个字谜比较难的原因是 K－N 不像一个词的开头,而 T－H 比较像。在看这个字谜时,你是不是也试着以 T－H 开头?

情境智力主要是指和个体生活背景相关的能力,它反映出智力是一个相对的概念。因为在不同的文化背景中,人们看重的内容是不一样的。比如,语言技能在很多地方是很重要的,但在有些地方,其他能力(如航海能力)可能更加重要。情境智力实际上反映了个体适应环境、选择环境以及改造环境的能力。一般来说,个体总是努力适应他所处的环境,力图在个体与环境之间达到和谐。

经验智力是个体运用已有的知识和经验的能力。一个有经验智力的人,能够很快地适应环境,因为他善于运用以往的知识和经验来解决面临的问题。

三元智力理论对智力提出了新的解释,并系统地探讨了内部心理过程如何与文化因素及外部环境相互作用。但三元智力理论没有对三者相互作用的过程和结构进行详细的阐述,这是它的不足之处。

(四)智力三维结构模型

智力三维结构模型是美国心理学家吉尔福特(J. P. Guilford)于 1967 年提出的。他认为,智力可以区分为三个维度:内容、操作和产品。

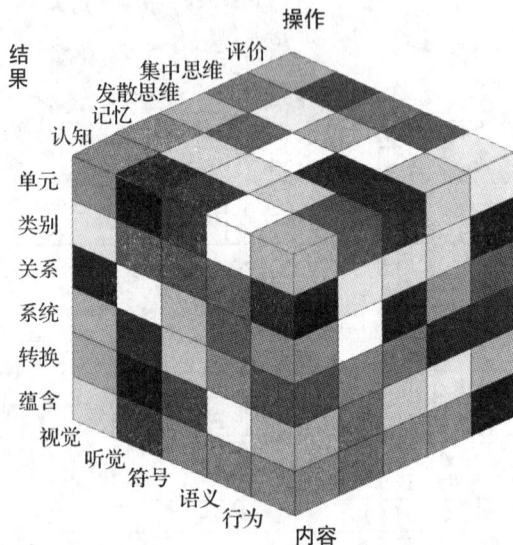

图 2-4　智力三维结构模型

智力的第一维度是内容,即智力活动的对象或材料。内容包括视觉、听觉、符号、语义和行为。智力的第二维度是操作,即智力活动的过程,它是由上述种种对象或材料引起的。操作包括认知、记忆、发散思维、集中思维(聚合思维)和评价。智力的第三维度是产品,即运用上述智力操作所得到的结果。产品包括单元(指字母、音节、单词、熟悉事物的图案和概念等)、类别(指一类单元,如名词等)、关系(指单元与单元之间的联系)、系统(指用逻辑方法组成的概念)、转换(指改变,包括对安排、组织和意义的修改)和应用(指从已知信息中观察某些结果)。吉尔福特的智力三维结构模型可用图 2-4 来表示。

三、智力测验

智力测验是在一定智力理论和测量理论指导下,通过测验的方法来衡量人的智力发展水平高低的一种科学方法。需要说明的是,现行的智力测验所依据的理论基础主要还是传统的智力因素理论,它偏重于个体的语言能力、数理逻辑能力和空间关系能力等,其结果一般反映的是人的分析能力。

(一)常用的智力测验

1. 斯坦福—比纳量表

世界上第一个智力测验量表是比纳(A. Binet)和西蒙(T. Simon)于 1905 年编制的,其最初目的是为了鉴别低能儿,该量表被称为比纳—西蒙量表。1916 年美国斯坦福大学推孟(L. M. Terman)发表了经过修订的比纳—西蒙量表,并将其称为斯坦福—比纳量表。该量表在 1937、1960 和 1972 年进行过多次修订,同时也被英、德、日、意等国的心理学家翻译成本国文字,并结合自己的国情加以修订。我国学者也曾对该量表进行过多次修订,使之适合于中国人的使用。1982 年由吴天敏修订的《中国比纳测验》共 51 题,适用于 2~18 岁的儿童。

智力测验的结果最初是用智力年龄来表示的,即儿童最高能通过几岁组的测验项目就表示他的智力年龄有几岁。为了便于不同年龄儿童智力的比较,推孟提出了智商(Intelligence Quotient,简称 IQ)的概念。斯坦福—比纳智力测验中的智商是智力年龄与实足年龄之比,也称比率智商,计算公式为:

$$IQ(智商) = \frac{MA(智力年龄)}{CA(实足年龄)} \times 100$$

IQ 作为智力年龄与实足年龄的比值,当其值为 100 时,就表示一个人的智力处于中等水平。

2. 韦克斯勒量表

韦克斯勒(D. Wechsler)智力量表有三种:韦氏成人智力量表,评定 16 岁以上成人的智力;韦氏儿童智力量表,评定 6~16 岁儿童的智力;韦氏学前儿童智力量表,用以评定 4～6 岁半儿童的智力。

　　韦氏智力量表的重要特点是,它废除了智力年龄的概念,保留了智商的概念。但在韦氏量表中的智商已经不是传统意义上的比率智商了,而是离差智商。离差智商以智力的正态分布曲线为基础,将人们的智商看作是平均数为 100、标准差为 15 的正态分布,它反映了个体在同年龄组人群中的相对地位。其计算公式为:

$$IQ=100+(X-M)/S\times15$$

其中,X 代表被试测验得分,M 代表团体的平均分数,S 代表团体分数的标准差。离差智商克服了比率智商的不足,即不会再由于一个人的智力年龄和实足年龄的不同步增长,而出现年龄越大智商越低的现象。

　　3. 瑞文推理测验

　　瑞文推理测验是由英国心理学家瑞文(C. Raven)编制的一种团体测验,它是非文字型的图形测验,题目由两种形式组成。一种题目形式是从一个完整图形中挖掉一块(如图 2-5),另一种是在一个图形矩阵中缺少一个图形,要求被试从提供的几个备选答案中,选择出一个能够完成图形或符合一定结构排列规律的图案。

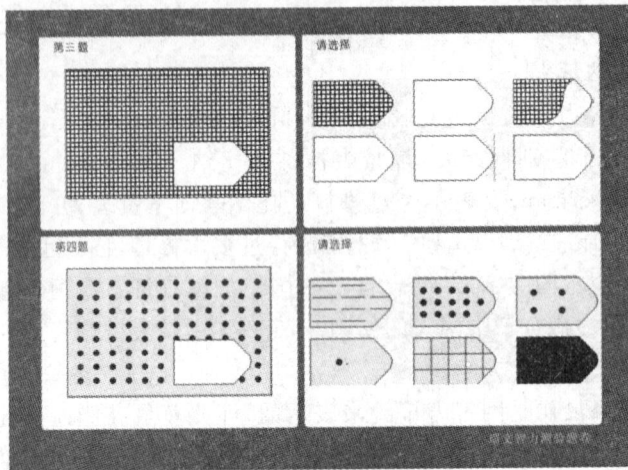

图 2-5　瑞文标准推理测验题示例

　　瑞文推理测验的优点在于测验对象不受文化、种族与语言等条件的限制,适用的年龄范围也很宽,从 5 岁半直到老年,而且不排除一些生理缺陷者。测验既可单独进行,又可团体实施,使用方便,省时省力,结果以百分等级常模解释,直观易懂,因而该测验在世界各国广泛使用。

　　(二)科学运用智力测验

　　目前,智力测验被广泛用于教育、医学等领域,为发现人才、选拔人才和因材施教等提供了一定的指导。但是,智力测验也有它的局限性,对它的批评主要集中在:

(1)智力测验测出的是智力还是知识技能？由于智力和知识技能的关系非常密切，我们很难保证所有的测试题都是被试所未曾经历过的。

(2)智力测验的公平性。人的文化背景和生活经验会有很大差异，智力测验的项目很难保证所有的被试都有相同的机会学习相关方面的内容，因此，有人质疑智力测验不公平。

(3)多元智力理论批评传统的智力测验只测试了语言智力和数理逻辑智力，而其他智力则被忽略了，尤其是个体的创造能力在智力测验中没有得到反映。

(4)智力水平虽然会影响个体的成绩，但并不能决定将来取得成就的大小，反而可能由于操作不当，给个体的心理带来许多消极影响。例如，对智力测验的结果如果没有给予恰当的解释和说明，对高分者来讲，可能因骄傲而疏懒，而低分者可能背上沉重的思想包袱，丧失应有的乐观和自信。

应当看到，上述批评意见不无道理，尤其是在我们对智力含义的理解扩大了之后，传统智力测验的不足就更加突出了。因此，在运用智力测验时我们应当注意以下几点：

第一，现行的智力测验所评估的智力并不能代表智力的全部，充其量只是与学业成就有关的能力罢了。因此假若传统智力测验显示某人的智商并没有高人一等，不必沮丧，因为还有创造、艺术、人际交往等方面的潜能可能尚未被发掘。

第二，现行的智力测验所得的结果并不能预测未来事业的成就或生活的圆满，因为决定一个人成功与否的主要因素是自尊、自信，尤其是自我努力的程度。

第三，智力测验的实施是一项专业性很强的工作，测验的操作必须规范，尤其是对测验结果的解释必须十分慎重。

总之，智力测验作为一个了解人的部分智力以及预测学业成就的工具还是非常有效的，但不能把它看成是对一个人智力的结论性意见。现在很多人主张把智力测验和其他方法结合起来，从多方面来评定个体的能力水平。这些方法包括：自我评价、父母评价、教师评定、创造性测验结果、学业成绩等。只有通过多种途径、运用多种方法，把所得的各种数据相互参照，进行综合分析，才能有效地对智力给予鉴定。

拓展阅读

情绪智力(EQ)

近年来，研究者开始探讨另一种智力——情绪智力，它与加德纳的人际智力、自知智力的概念相关。情绪智力可以定义为4个主要成分：

(1)准确和适当地知觉、评价和表达情感的能力；

(2)运用情感、促进思考的能力；

(3)理解和分析情感、有效地运用情绪知识的能力；

(4)调节情绪,以促进情感和智力发展的能力。

让我们设想这样一种情境,老师在班上提问:"伊斯坦布尔的原名是什么?"汤姆虽然看到帕梅拉举起了手,可他还是将答案脱口而出:"君士坦丁堡。"你会理解帕梅拉为什么会生气,因为汤姆夺走了她的荣誉。我们可以给汤姆一个高 IQ 分,但不会给他一个高 EQ 分。

第二节 运动员的智力特征

一、运动员的一般智力研究

在探讨智力的结构时,尽管不是所有的,但至少是许多心理学家都为运动活动体现的智力留下了一个特殊位置,这个特殊位置也许可以用空间能力或身体运动能力来代表。空间能力指个体知觉空间关系和表象物体位置变化的能力;身体运动能力指控制自己身体运动和精确操作物体的能力。显然,根据一般常识,运动员此类能力明显高于常人。但由于空间能力、身体运动能力仅是能力的一个方面,因此,我们还不能说,运动员的整体能力高于常人。另一方面,运动员除空间能力、身体运动能力外,其他能力是否会弱于一般人?

以差异理论为依据对竞技运动领域运动员智力的研究,大都采用一些传统智力测验来探讨运动与智力的关系,以及运动员的一般智力特征等。这些研究归纳起来主要有以下两种观点。

(一)运动与智力低相关

持这一观点的人认为,运动能力的高低不受智力因素的影响,运动训练也不能促进智力的发展。

Leith-Wood(1971)和 Fowler(1971)分别发表研究报告说,通过运动训练未能发现对运动员的一般智力产生影响。

Weifeld(1983)让 200 名被试对 50 名运动员的智力或其他可能决定运动能力的优势因素做了评价。因素分析结果表明,运动能力同智力显示出低相关。

相厚等人(1985)为了了解运动能力与智力的关系,曾对智商优秀的儿童和智商一般的儿童进行了"镜画"运动学习实验。结果表明,优秀儿童组与一般儿童组并未显示出差异。

孙平(1985)以 472 名体育院系足、篮、排球专业学生、一般大学学生和一般大学足、篮、排球校代表队学生为调查对象,用韦克斯勒成人智力量表进行智力测验。结果发现,体育院系足、篮、排球专业学生的总智商与一般大学文、理科学生间不存在显著性差异,但与普通大学生相比,其操作智商较高而言语智商较低。

毛志雄等人(1992)用瑞文标准推理测验测量了北京体院464名学生和北京林业大学文理科83名学生的智力。结果发现,以术科训练学习活动为主的学生,其一般智力水平明显低于以学科文化学习活动为主的学生。他们认为,运动场与安静的课堂在发展学生一般智力方面的作用可能是不等价的。

张力为等人(1994)用韦氏量表对95名中国乒乓球运动员进行了测验。结果发现,中国乒乓球运动员的智力发展水平从总体上看处于中等。他认为,韦氏智力测验可能不能有效地测定出通过乒乓球训练所促进的那种特殊智力,或者说乒乓球训练对于发展韦氏智力测验所测定的一般智力可能没有特殊的、异于其他活动的促进作用。另外,他还发现,在世界比赛中获前三名的乒乓球运动员无一人韦氏全量表智商超过120。

(二)运动和智力具有相关性

持此种观点的人强调,运动水平的好坏受智力水平的制约,智力低下不可能达到很高的运动水平,运动训练有助于促进一般智力水平发展。

松井三雄(1985)曾将智商在75分以下的儿童与普通儿童的运动能力进行了比较研究,结果表明,前者的运动能力明显低劣。

上田和小杉(1985)对大学体育系学生进行了智力测验,发现体育系大学生的平均智商在116分以上。他们认为,从事体育运动必须具备较高的智力水平,一定的智力水平是体育运动的基础,体育运动也能促进智力的增强。

阿·维·罗季奥昂诺夫认为,只有那些天资聪颖,各个项目特点所要求的心理素质高度发展的运动员才能取得优异成绩。

周家骥等人(1985)曾对上海师范大学体育系和中文系学生进行了韦克斯勒成人智力测验。他们发现,体育系学生智商中上者(IQ≥110)占68.1%,其中智力优秀者(120≤IQ≤129)的比例(23.4%)大大高于常态理论分布水平(6.7%)。从总体来看,他们的平均智商有113.4,远远高于常态理论分布的平均智商100。

刘淑慧等人(1989)用瑞文标准推理测验对北京体育师范学院104名体育专业学生、北京师范大学数学系59名理科学生和中国政法大学法律系60名文科学生进行了测量。将三组被试测验的5项系列分和总分的原始分进行比较,没有显著差异(P>0.05),说明体育专业学生和文、理科学生在知觉辨别力、想象力、类同、比较、图形组合和套合能力以及系列关系、互换等抽象推理能力等方面没有差别。研究者认为,体育专业学生并没有因为参加大量的体育活动而影响了他们智力的发展,恰恰相反,体育学习活动与文理科的学习活动同样都在促进大学生智力的发展,运动场与安静课堂的作用等价。

周成林等人(1993)以李绍衣修订的《儿童智力团体量表》为测试工具,对获得全国少年儿童游泳锦标赛前八名的90名10~13岁少年运动员和104名普通中小学生进行了智力测验。结果发现,我国10~13岁优秀游泳运动员总智商的平均值为120.4,普通学生总智商的平均值为110.4,运动员组智商比普通学生组高10分,差异非常显著(P<0.01)。运动员组的言语智商、操作智商和总智商平均在113～122之间,普通学生组的智商平均在102～113之间,存在非常显著的差异(P<0.01)。在运动员组与学生组言语智商和操作智商的差值比较中发现,操作智商的差值大于言语智商的差值,说明运动员的操作能力优于普通学生。而在运动员组的言语智商与操作智商的比较中发现,运动员的语言能力又优于操作能力。作者认为这一结果说明游泳运动对少年儿童的智力及智力结构的发展起着积极的促进作用。

（三）运动员的一般智力特征

综合上述关于运动员智力的研究和国外其他同类研究的结果,运动员的一般智力具有以下特点:

（1）高水平运动员具备中等或中等以上水平的智商;

（2）体育专业学生的智力发展水平与文理科学生的智力发展水平无显著差异;

（3）运动专项不同,取得优异成绩所要求的智力特征也不相同;

（4）运动技能的类型不同、水平不同,智力因素对技能获得的影响也不相同;

（5）运动技能学习的阶段不同,智力因素对技能获得的影响也不同;

（6）智力缺陷儿童的智商分数越低,技能操作成绩也越差,掌握运动技能也越困难。

图 2-6　高水平运动员具备中等
或中等以上水平的智力

在运动员选材时,大家比较接受的观点是:运动员要具有中等程度的智力发展水平,这是成为高水平运动员的一个必要条件。需要特别指出的是,成为高水平运动员不一定非要具备高水平的一般智力。

二、运动员具有专门的特殊智力

持这种观点的人不但充分肯定一般智力对运动训练和比赛具有良好作用,而且还强调与普通人相比,或在不同运动项目间,运动员还具有专门的特殊智力或特殊的智力结构。

柳立红(1992)用瑞文标准推理测验对北京体育学院90级278名学生的智力发展水平进行了研究。相关分析表明,健将级、一级、二级运动员的测验成绩与他们的训练年限呈低度负相关(r=-0.1973)。均数差异显著性检验表明,二级运动员瑞文测验成绩优于一级运动员,一级运动员瑞文测验成绩优于健将级运动员。研究者认为,运动训练年限长、水平高的运动员由于科学文化知识掌握得不够,知识面不宽,因而影响了智力的发展。另外,研究者还指出,瑞文标准推理测验测量的是智力"G"因素,可能反映不出高水平运动员的某些特殊智力。

张力为等人在相关的研究中也提到,韦氏智力测验可能不能有效地测定出通过乒乓球训练所促进的那种特殊智力。

郑吾真(1992)认为体操运动员智力结构可分为知识结构、一般智力结构和最佳智力结构三个层次。最底层包括一般文化知识、体育基础理论知识和体操专业理论知识。中间层包括注意力、观察力、记忆力、想象力和思维力。高层智力结构是指思维和创造力。

在认知理论的影响和推动下,研究者们提出运动员的智力是以强调运动情境特殊性和运动任务的特殊性为出发点,以运动员应付特殊环境要求的能力为基础。可以说,很少能脱离具体运动环境条件去谈运动员智力,因此,用传统的智力观,用测量普通人的智力测验工具去揭示运动员的智力本质特征显然是难以办到的。

第三节　运动员的思维能力

思维是人脑对客观现实间接、概括的反映,借助语言来实现,是认识的高级阶段。思维能力在一般智力的概念中占据核心地位。在运动情境中,运动员的思维能力又是如何表现? 如何作用于运动表现呢?

一、操作思维

(一)什么是操作思维

根据思维的抽象性可以把思维分为直观动作思维、具体形象思维和抽象逻辑思维。不论是从种系发展还是从个体发展的角度看,人类最初发展的思维形式都是直观动作思维。直观动作思维在个体发展中向两个方向转化:一是它在思维中的成分逐渐减少,让位于具体形象思维;二是向高水平的操作思维发展。

操作思维是伴随操作活动的思维,思维和操作密不可分,两者相辅相成。日常生活和工作中的绘画、弹琴、驾驶、体育运动等都离不开操作思维。操作思维中有形象思维和抽象逻辑思维的成分参与,有过去的知识经验作为中介,有明确的自我意识(思维的批判性)的作用。运动员掌握、表现运动技能,都需要发达的操作思维作为认识基础,这在开放性运动技能中表现得尤为突出。

(二)运动水平与操作思维的关系

鉴于操作思维在运动技能中的特殊作用,可以设想,在运动员认知特征的评定中,操作思维测验应比一般智力测验具有更好的预测效度。

许尚侠(1984)曾用三个筹码测验对篮球运动员进行研究。结果发现,专业篮球运动员操作思维的步数和时间的成绩均明显比体育学院篮球班学生好,体育学院篮球班学生操作思维的步数和时间的成绩均优于师范学院非体育系学生,说明操作思维与运动操作水平有一定关系。

邱宜均等人(1984)用三个筹码测验对302名甲级排球运动员和1506名对照组被试进行了研究。结果发现,甲级排球队运动员的操作思维能力较一般操作职业的工人好,但较大学业余排球队学生和普通大学生差。这一研究结果与许尚侠的研究结果明显不同。

周百之(1984)对不同水平的乒乓球运动员进行的研究表明,操作思维测验的成绩从好到差的顺序依次为:优秀运动员、大学生运动员、一般运动员,见表2-4。

表 2-4　不同运动水平乒乓球运动员的操作思维成绩

测验指标	优秀运动员	大学生运动员	一般运动员
步数平均数	7.93	8.88	9.25
步数标准差	0.85	0.65	0.76
时间平均数/秒	7.21	8.18	8.89
时间标准差/秒	0.61	0.58	0.78

(三)运动项目与操作思维的关系

许尚侠(1984)对不同项目运动员操作思维的测验成绩进行了比较(各项目被试均为20人,共80人),结果见表2-5。他认为操作思维与运动操作类型有明显关系,从事同场对抗项目的篮球运动员的操作思维成绩最好,从事非对抗项目的体操运动员和游泳运动员的操作思维成绩较差。

表 2-5　篮球、武术、体操及游泳运动员的操作思维成绩

测验指标	篮球运动员	武术运动员	体操运动员	游泳运动员
步数平均数	8.21	10.56	16.22	17.00
步数标准差	0.64	0.71	0.97	1.12
时间平均数/秒	7.52	8.00	15.40	19.10
时间标准差/秒	0.66	0.50	0.83	1.04

周百之(1984)对乒乓球、篮球、网球和中长跑运动员的研究也表明,不同运动项目的运动员,其操作思维测验成绩有明显差异。表现最为明显的是,球类运动员的操作思维水平优于中长跑运动员,见表2-6。

表 2-6 乒乓球、篮球、网球及中长跑运动员的操作思维成绩

测验指标	乒乓球运动员	篮球运动员	网球运动员	中长跑运动员
步数平均数	8.17	8.89	10.06	18.90
步数标准差	0.68	0.77	0.81	1.23
时间平均数/秒	7.51	8.61	8.96	21.2
时间标准差/秒	0.59	0.71	0.78	1.14

对抗性项目由于人与人、人与器械之间关系的不确定性大大增加,因而运动员的信息加工量也大大增加,中枢神经系统迅速、灵活、大量地做出决策的机会也大大增加,长期训练会迫使运动员对这种任务要求产生适应性,提高运动员在运动情境中迅速、灵活、大量处理信息并做出决策的能力,这种能力表现在操作思维的测验中。我们可以进一步假设,在各类运动项目中,信息加工数量以及信息加工时间方面的要求越高,运动员的操作思维水平也越高,反之,则越低。在同一运动项目中,只要信息加工数量和信息加工时间具有至关重要的意义,那么运动水平越高,操作思维水平也越高;反之,则越低(张力为,1993)。

二、运动预测

运动预测是指对不完整信息或先行信息的加工过程。认知运动心理学认为,在某些情况下,运动成绩取决于运动预测。例如,为了使自己的动作能防住飞来的冰球,冰球守门员必须对攻方运动员的位置进行准确的估计和判断,也许他不得不依靠不完整的信息做出估计和判断,甚至利用统计推断来估计和判断射门的可能性。

图 2-7 马拉多纳究竟是如何在那一瞬间做出传球的决策的?

琼斯和麦尔斯(Jones & Miles,1978)曾考察了优秀网球运动员和网球初学者预测发球落点的能力。他让这两组被试观看网球发球电影,然后在球触拍之前的1/24秒和球触拍后的1/8秒或1/3秒使电影定格。在击球后1/3秒定格的条件下,两组被试的预测成绩相同,但在击球后1/8秒定格的条件下,优秀运动员预测发球落点的成绩比初学者要好。

韩晨(2000)借鉴了前人的知觉预测研究模式,就我国棒球最高水平的北京棒球队运动员和清华大学棒球代表队的大学生运动员对投球－击球进行判断的准确性进行了实验研究。他也采用影像定格技术,要求这两种不同水平的运动员在2秒的定格时间内,对击球手所击球的落点进行预判。结果发现,优秀棒球运动员在不可能完成有效推理的极短时间内,判断的正确率均大于随机判断概率,被试的预测成绩由于运动训练的技术水平不同而表现出明显的差异,棒球高手能在835毫秒的时间内做出高达62%的正确判断。

三、运动直觉

(一)什么是运动直觉

运动直觉是个体在复杂的运动情境中,根据有限信息,对问题做直接和迅速求解的思维。例如,足球罚点球时,守门员不能等到罚球员的脚触球后才移动扑救,因为球飞行12码距离所用时间,远远快于人对复杂刺激进行反应的反应时间和移动时间。守门员必须根据罚球手过去的习惯、可能的战术、助跑的动作,甚至前一个罚球手射门的情况等先行信息,在极短时间内做出判断和决策。球类运动员在解决此类问题时,往往需要依靠自己的运动直觉。

(二)运动直觉的性质

运动直觉具有以下特征(任未多,邢玉香,1989;王斌,2002):

(1)快速性:运动直觉经历的时间极短,甚至是在瞬间完成。

(2)直接性:运动直觉过程从现象直接到本质,没有经过严密的逻辑程序。

(3)或然性:由于以上两个特点,即运动直觉未经严密的逻辑推理而在瞬间形成解决方案,因此,运动直觉所得结论或所做决策具有不确定性。

(4)情境性:运动直觉多出现于带有一定压力的、复杂的竞争情境。

(5)信息受限性:在运动情境中,当先行线索不充分的时候,高水平运动员容易表现出运动直觉。

(三)认知决策与直觉决策

决策即做出选择的过程。王斌(2002)认为,在运动中存在两种决策:认知决策和直觉决策。认知决策类似于一般情境下的决策活动,以逻辑思维为主导,通过概率论或决策策略来进行决策活动。直觉决策则是在快速运动、时间压力大和结果不确定的复杂运动情境中,运动员做出的具有快速、直接、或然性等特点的决策。

认知决策与直觉决策有着明显的相同点,它们同属于决策过程,均有较好的决策正确性。但是,王斌(2002)认为两者更有以下6方面的区别:

(1)运动情境的要求不同。表面竞争温和、时间较为充裕的非对抗性运动情境(如棋类)更多地促进着认知决策能力的发展和提高;表面竞争激烈、时间极为紧迫的对抗性运动情境(如足球)更多地促进着直觉决策能力的提高。

(2)可以利用的线索不同。认知决策常用于线索较为充分的运动情境(如高尔夫球);直觉决策常用于线索十分有限的运动情境(如篮球运动员突破上篮的一瞬间改变战术,传球给队友)。

(3)决策过程的速度不同。直觉决策速度极快。西蒙曾报道,即便一个简单的再认活动,也需要大约1000毫秒的时间,而手球高手(国家队或九运会冠军队队员)在直觉决策任务的反应时间仅为1200~1400毫秒,可见速度之快。

(4)决策结果的准确程度不同。认知决策以追求决策的准确性为最大目标,希望通过严谨清晰的逻辑思维来保证决策的准确性。直觉决策不但追求决策的准确,还特别追求决策的速度,这一倾向导致运动高手在直觉决策过程中往往采用启发式策略来进行决策。

(5)决策过程的意识程度不同。认知决策之后,决策者往往可以清晰表述决策过程和决策依据。而直觉决策之后,决策者往往难以清晰表述决策过程和决策依据。例如,他们只能以"太快了"、"没看清"(指线索呈现的时间太短了)来说明自己的决策情况。他们明显是凭直觉、靠猜测来做出决策的。西蒙等人(Simon ,1978)认为,运动专家之所以不能解释直觉过程,是因为许多中间步骤没有在短时记忆中出现造成的。

(6)决策过程的分解程度不同。认知决策是分析型决策,各个步骤之间逻辑联系清晰有序,可做详解。直觉决策是整体型(或综合型)决策,决策过程或跳跃发展,或一步到位,难做详解。

四、创造性思维

动一动

你能完成以下2个问题吗?

问题1:你能用六根火柴摆成四个等边三角形吗?

问题 2：你能将图 2-8 中的 9 个点用不多于 4 条直线一笔连在一起吗？

图 2-8　九点连线

　　创造性思维是指独特的、新颖的、解决问题的思维，即在大量已知信息的基础上，产生不同方向和范围的、不因循守旧的、变化的、独特的新产品的思维。而新产品会具有个人价值或社会价值。创造性思维的主要内容是发散思维（车文博，2001）。

拓展阅读

创造性思维：中国乒乓球队长盛不衰 50 年的利器

图 2-9　竞争意味着创造

　　我国著名的乒乓球运动员邓亚萍刚进国家队时，打法基本是正手攻，反手切挡。正手以快速为主，反手以变化为主，形成正手攻、反手防的基本技术结构。因此在比赛中，对手会针对她反手进攻无力的特点，以过渡球压制她的反手，然后伺机进攻两角。针对以上弱点，教练为她设计了新的打法，采取正手攻防结合，反手以变化结合主动进攻。实践证明，这种新的打法效果很好，一改过去以防为主的打法，原来的弱项竟然变成了强项。在这种打法的基础上，邓亚萍结合长胶进攻技术，刻苦训练，练就了举世无双的"狠、快、准、灵"的风格，从此罕遇敌手，多次获得世界冠军。

　　竞争意味着创造。竞争越激烈，创造越频繁。所有竞争领域都是展现创造能力和创造成果的舞台，竞技运动则是一个生动的实例。竞技运动领域创造活动主要表现在技术、战术、理论、教学训练手段、器材设备、测试方法等方面（陈小蓉，1994），这些创造活动产生的创造成果,推动着体育运动不断向前发展,见表2-7。

表 2-7　竞技运动创造活动领域及创造成果

创造活动领域	创造成果实例
技术	跳高:背越式跳高;跳水:压水花;足球:内侧脚背弧线射门;短跑:蹲踞式起跑
战术	足球:2过1;排球:时间差进攻;篮球:全场紧逼
理论	超量恢复理论;训练周期理论
训练手段	Hilo训练法;间歇训练法;高原训练法;多球训练法;电刺激肌肉训练法;乳酸阈训练法
器材设备	乒乓球:长胶;游泳:鲨鱼皮泳装;生物力学:三维测力台;运动生理:功率自行车
测试方法	运动生理:遥测心率;生物力学:激光测速;运动心理:生物反馈

竞技运动领域的创造性思维有其独特之处,最重要的就是它来源于不断的、直接的体育竞赛。体育竞赛是优胜劣汰的公开的、无情的较量,对教练员、运动员形成了巨大的心理压力,也激发了他们的创造才智。陈小蓉(1994)对63名运动技战术创新发明者的研究表明,创新的动因主要来源于和竞赛相关的压力,竞赛压力迫使教练员、运动员揣摩对手,分析现状,预测趋势,推陈出新。

本章小结

1.智力是指顺利完成智慧活动的能力,即人的各种认识能力的综合,包括观察力、记忆力、注意力、想象力和思维力等,其中思维能力是智力的核心要素。智力水平的高低通常用智商(IQ)来评定。

2.人的智力发展水平存在着个体差异。一般来说,智力发展水平的高低被分为超常(IQ超过130)、正常(IQ在70和130之间)和低常(IQ低于70)三类。

3.英国心理学家斯皮尔曼提出的智力二因素论认为,人的智力由两种因素组成:一般因素(G因素)和特殊因素(S因素)。

4.美国心理学家加德纳提出的多元智力理论认为,智力是在特定的文化背景下或社会中解决问题或制造产品的能力,人的智力结构中存在着多种相对独立的智力,每种智力都有其独特的解决问题的方法,都有其自身的符号系统。

5.美国耶鲁大学心理学家斯腾伯格提出的三元智力理论认为,人的智力是由成分智力、情境智力和经验智力三部分构成。

6.美国心理学家吉尔福特提出的智力三维结构模型认为,智力可以区分为三个维度:内容、操作和产品。

7.常用的智力测验有:斯坦福-比纳量表,韦克斯勒量表,瑞文推理测验。

8.高水平运动员具备中等或中等以上的智力水平。

9.操作思维是伴随操作活动的思维,思维和操作密不可分,两者相辅相成。运动员掌握、表现运动技能,都需要发达的操作思维作为认识基础。

10.运动预测是指对不完整信息或先行信息的加工过程。运动心理学研究认为,在某些情况下,运动成绩取决于运动预测。

11.运动直觉是个体在复杂的运动情境中,根据有限信息,对问题做直接和迅速求解的思维。运动直觉具有快速性、直接性、或然性、情境性、信息受限性等特征。

12.创造性思维是指独特的、新颖的、解决问题的思维,即在大量已知信息的基础上,产生不同方向和范围的、不因循守旧的、变化的、独特的新产品的思维。

思考题

1.简述智力的二因素论、多元论和三元论。

2.就你所从事的运动项目而言,运动员需要哪些特殊能力?

3.运动活动可以促进智力的发展吗? 为什么?

4.举例说明运动员的运动预测和运动直觉。

第三章 运动员的人格

图 3-1　乐观、自信是一个优秀运动员的品质

德国哲学家莱布尼茨说：世界上没有两片完全相同的叶子。粗粗看来，树上的叶子好像完全一样，可是仔细比较，却是大小不等、厚薄不一、色调不一、形态各异。世界上更没有两个完全相同的人，即便是同卵双生子。在现实生活中，我们会发现有的人冲动急躁，有的人沉着冷静，有的人泼辣开朗，有的人性情温柔，有的人刚正不阿，有的人阿谀逢迎……所有这些心理差异都是人格差异的表现。人格是一种心理特性，反映了每个人在心理活动过程中表现出来的各自独特风格。运动员人格特征的评定是进行心理选材、心理训练和心理咨询工作的基础。

通过本章的学习，你将能够回答以下问题：

1.什么是人格？

2.解释人格的特质理论有哪些？

3.人格是如何形成的？

4.运动员的人格特征如何影响运动表现？

5.优秀运动员的心理图象是什么？

关键词：

人格；表面特质；根源特质；16PF 特质理论；三因素人格模型；大五人格模型；人格形成；交互作用模型；心理图象

第一节　人格概述

一、什么是人格

人格(personality)是心理学中最难下定义的概念之一。法律上讲"保护人格尊严"是将人格视为权利义务主体的资格。日常话语中讲"人格高尚"或"人格低下",是将人格视为道德的主体,与人品、品格同义。但心理学中讲的人格,虽涉及人的权利和责任,也包含人的道德品质,但远远不只是这些方面。心理学中的人格概念,倒是更接近日常话语中的"性格"一词,如内外向、情绪稳定性、处事和待人的方式等。

从词源上讲,英文 personality 来源于拉丁文 persona,后者的本意是指面具,演戏时演员应剧情的需要所画的脸谱,它被用来表现剧中人物的角色和身份。心理学上把面具指义为人格,包含着两层意思:一是指个人在生活舞台上表演出的各种行为,表现于外、给人印象的特点,即公开的自我;二是指个人蕴藏于内、没有外露的特点,即被遮蔽起来的真实的自我。

心理学界为人格所下的定义多种多样。我们倾向于认为,人格是个人内在的动力组织及其相应的行为模式的统一体。这一概念包含三层含义:

第一,人格通常是指一个人外在的行为模式。与此相近的表述还有:个人在各种情境中所表现出来的一贯的行为方式,个人适应环境的习惯系统,个人的生活风格,个人的生活方式,个人与他人互动的方式,个人实现其社会角色的方式,个人做任何事的共同方式等。例如一个好迟到的人,做什么事都好迟到,开会、约会、聚餐,甚至乘火车,都要别人等他,合作共事时也是他承担的任务最后完成。

第二,人格更是指一个人内在的动力组织。内在的动力组织包括:(1)稳定的动机;(2)习惯性的情感体验方式和思维方式;(3)稳定的态度、信念和价值观等。正是一个人内部的动力组织决定了其外在的行为模式。

第三,人格就是这样一种蕴蓄于中、形诸于外的统一体。这个统一体往往由一些特质所构成,如内外向、独立性、自信心等。

二、人格的理论

心理学家从不同的角度对人格的结构进行描述和研究,从而形成了不同的人格理论,其中最有代表性的是特质理论。特质理论起源于 20 世纪 40 年代的美国,主要代表人物有奥尔波特(G. W. Allport,1897－1967)、卡特尔(R. B. Cattell,1905－1998)和艾森克(H. J. Eysenck,1916－1997)。特质理论认为,特质是决定个体行为的基本特性,是人格的有效组成元素,也是测评人格所常用的基本单位。目前广为流行的各种人格测验主要是特质理论和实践发展的产物。在研究运动员的人格特征时,运动心理学家更多的是沿着特质理论的思路进行探索。

(一)奥尔波特的特质理论

奥尔波特于1937年首次提出了人格特质理论。他将人格特质区分为共同特质和个人特质。共同特质指在某一社会文化形态下,大多数人或一个群体所共有的、相同的特质。个人特质是个人所特有的特质。

奥尔波特将个人特质视为一种组织结构,每一种特质在这个人的人格结构中处于不同的地位,与其他的特质处于不同的关系之中。因而他区分了三种不同的个人特质:

(1)首要特质,是指一个人最典型、最有概括性的特质,它在个人特质结构中处于主导性的地位,影响着一个人各方面的行为。例如,多愁善感可以说是林黛玉的首要特质。

(2)中心特质,是指构成个体独特性的几个重要的特质,在每个人身上大约有5~10个。例如,林黛玉的清高、聪慧、孤僻、内向、敏感等都属于她的中心特质。人们通常用中心特质来说明一个人的性格。

(3)次要特质,是指个体的一些不太重要的特质,往往只有在特殊的情况下才会表现出来。

(二)卡特尔16PF特质理论

表3-1　卡特尔16种人格特质

	人格因素	低分者特征	高分者特征
A	乐群性	沉默、孤独	乐群、外向
B	聪慧性	愚钝、抽象思维能力差	聪慧、抽象思维能力强
C	稳定性	情绪不稳定、无耐心	情绪稳定、有耐心
E	好强性	谦逊、顺从	支配、攻击
F	兴奋性	严肃、审慎	轻松、兴奋
G	有恒性	权宜、敷衍、轻视规则	有恒、负责、遵守规则
H	敢为性	畏怯、退缩	冒险、敢为
I	敏感性	粗心、迟钝	细心、敏感
L	怀疑性	信任、接纳	怀疑、警觉
M	幻想性	实际、合乎常规	幻想、不实际
N	世故性	坦白、直率、天真	精明、能干、世故
O	忧虑性	安详、沉着、有自信心	不安、多疑、自责
Q1	求新性	保守、传统、抗拒改变	自由、批评、求新
Q2	独立性	依赖、随群附和	自立、当机立断
Q3	自律性	冲动、无法自制	克制、自律、严谨
Q4	紧张性	放松、沉着、欲求低	紧张、迫切、欲求高

卡特尔用因素分析法对人格特质进行了分析,提出了 16 种相互独立的根源特质,并编制出"卡特尔 16 种人格因素问卷"(Sixteen Personality Factor Questionnaire,简称 16PF)。表 3-1 表示的是 16 种根源特质的名称以及每种根源特质低分者和高分者的特征。卡特尔认为每个人的人格都可以用这 16 种特质来描述,只是不同的人在每种特质上所得的分数有高低差异而已。

(三)艾森克的三因素人格模型

英国心理学家艾森克采用因素分析法提出了人格的三因素模型。这三个因素是:(1)外倾性(extraversion,E),它表现为内、外倾的差异;(2)神经质(neuroticism,N),它表现为情绪稳定性的差异;(3)精神质(psychoticism,P),它表现为孤独、冷酷、敌视、怪异等偏于负面的人格特征。他还编制了艾森克人格问卷(Eysenck Personality Questionnaire,简称 EPQ),这个量表在人格评价中得到了广泛的应用,在运动心理学文献中显得非常重要(Cox,1985)。

(四)人格的五因素模型

塔佩斯等(Tupes & Christal,1961)运用词汇学的方法对卡特尔的特质变量进行了再分析,发现了五个相对稳定的因素。以后许多学者进一步验证了五种特质的模型,形成了著名的人格五因素模型。这五个因素是:开放性(O),意识性(C),外向性(E),随和性(A),神经质(N),见表 3-2。这五个因素的头一个字母构成了"OCEAN"一词,代表了个性的海洋,中文称"大五人格"。

表 3-2　大五人格因素

主因素	特征		
神经质(N)	焦虑－平静	不安全感－安全感	自怜－自足
外向性(E)	好交际－退缩	多言－寡言	热情－冷淡
开放性(O)	想象－实际	喜欢变化－刻板固执	独创－从俗
随和性(A)	软心肠－硬心肠	信任－多疑	乐于助人－不合作
意识性(C)	井井有条－杂乱	细心－粗心	自律－意志薄弱

人格的五因素模型的效度证据主要来自以下 6 个方面的研究成果:第一,跨文化的一致性;第二,自我评定与他人评定之间的一致性;第三,与动机、情绪及交往技能量表的一致性;第四,人格障碍诊断的功能;第五,遗传影响;第六,跨时间测量的稳定性。

拓展阅读

弗洛伊德的冰山理论

精神分析学派的代表人物弗洛伊德(Freud Sigmund,1856－1939)把人格结构分为三个层次:本我(id)、自我(ego)和超我(superego)。

1. 本我

本我位于人格结构的最底层,是人格中最原始、最模糊和最不易把握的部分,由一切与生俱来的本能冲动所组成。弗洛伊德把本我看作是一口本能和欲望沸腾的大锅。本我是无意识的,无理性的,要求无条件的满足。本我遵循快乐原则。

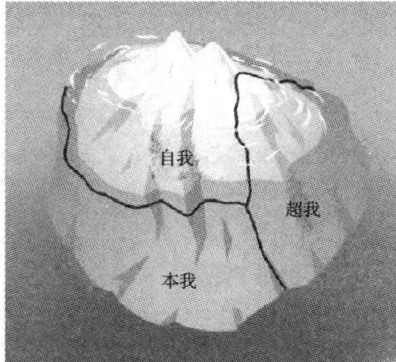

图 3-2　弗洛伊德的冰山人格理论

2. 自我

自我是从本我中逐渐分化出来的,位于人格结构的中间层。自我是现实化了的本能,是在现实的反复教训下从本我分化出来的一部分,受现实原则支配,力争避免痛苦,又能获得满足。自我在人格结构中代表着理性和审慎,在本我需要和现实可能之间加以调节。

3. 超我

超我位于人格结构的最高层次,是道德化了的自我,由社会规范、伦理道德、价值观内化而来,是社会化的结果。超我遵循道德原则,具有三个作用:一是抑制本我的冲动,二是对自我进行监控,三是追求完善的境界。

弗洛伊德认为人格的这三种构成之间不是静止的,而是不断在交互作用的。本我是求生存的必要原动力;超我监督、控制主体按社会道德标准行事;自我对上按超我的要求去做,对下吸取本我的动力,调整其冲动欲望,对外适应现实环境,对内调节心理平衡。当三者处于协调状态时,人格表现出一种健康状况,当三者的力量不能保持动态平衡时,则将导致心理疾病。

他认为一个人的人格就像海面上的冰山一样,露出来的仅仅只是一部分,绝大部分是处于无意识的,而这绝大部分在某种程度上决定着人的发展。所以弗洛伊德把他的精力主要用于对人的无意识的研究,这点受到了后来人的批评。

三、人格的形成

不同的人格类型或人格特质是如何形成的? 这会使我们想到一个古老而又争论不

休的问题：先天遗传与后天环境的关系与作用。现在我们比较接受的观点是，人格是在遗传与环境的交互作用下逐渐形成的。

动一动

是什么使你变成了现在的你？

"你是一个怎样的人？"这个问题看起来宽泛而复杂，但你不必深究，也无须在哲学和玄学中走得太远，只需花一点儿时间思考一下自己的个性特征，即你的"人格特质"：

你易紧张激动还是平静放松？

你内向腼腆还是开朗大方？

你富于冒险精神还是追求舒适安逸？

你合群还是孤僻？

你对未来是乐观还是悲观？

你自信还是自卑？

你勤奋还是懒散？

请思考一下这些问题以及其他你认为与之有关的问题。现在，请回答"你为什么是这样的一个人？"换句话说，是什么因素使你变成了现在的你？

影响人格形成的因素有：生物遗传因素、社会文化因素、家庭环境因素、学校环境因素、早期童年经验、自然物理因素和自我调控因素等。

（一）生物遗传因素

心理学家对"生物遗传因素对人格具有何种影响"的研究已经持续很久了。由于人格具有较强的稳定性，因此人格研究者也会注重遗传因素对人格的影响。

对双生子的研究被许多心理学家认为是研究人格遗传因素的最好办法，并提出了双生子的研究原则：同卵双生子既然具有相同的基因形态，那么他们之间的任何差异都可以归于环境因素造成的；异卵双生子的基因虽然不同，但在环境上有许多相似性，如出生顺序、母亲年龄等，因此也提供了环境控制的可能性。系统研究这两种双生子，就可以看出不同环境对相同基因的影响，或者是相同环境下不同基因的表现。

研究结果表明，遗传是人格不可缺少的影响因素，但遗传因素对人格的作用程度因人格特征的不同而不同。通常在智力、气质这些与生物因素相关较大的特征上，遗传因素较为重要；而在价值观、信念、性格等与社会因素关系紧密的特征上，后天环境因素更重要。人格发展过程是遗传与环境交互作用的结果，遗传因素影响人格发展的方向及形成的难易。

人既是一个生物个体，又是一个社会个体。人一出生后，各种环境因素的影响就开始了,并会作用人的一生。后天环境的因素是多种多样的,小到家庭因素,大到社会文化因素,这些因素对人格的发展更为重要。

（二）社会文化因素

人一出生,便置身于社会文化之中并受社会文化的熏陶与影响,文化对人格的影响伴随着人的终生。社会文化塑造了社会成员的人格特征,使其成员的人格结构朝着相似性的方向发展,而这种相似性又具有维系一个社会稳定的功能。这种共同的人格特征又使得个人正好稳稳地"嵌入"整个文化形态里。

社会文化具有塑造人格的功能,这反映在不同文化的民族有其固有的民族性格,不同的地域有着不同的文化传统,不同的文化发展时期有着不同的文化认同。例如,米德(M. Mead)等人对新几内亚三个民族的人格特征研究发现,来自于同一祖先的不同民族各具特色,鲜明地体现了社会文化对个体的影响力。居住在山丘地带的阿拉比修族,崇尚男女平等的生活原则,成员之间互相友爱、团结协作,没有恃强凌弱,没有争强好胜,一派亲和景象。居住在河川地带的孟都古姆族,生活以狩猎为主,男女间有权力与地位之争,对孩子处罚严厉。这个民族的成员表现出攻击性强、冷酷无情、嫉妒心强、妄自尊大、争强好胜等人格特征。居住在湖泊地带的张布里族,男女角色差异明显,女性是这个社会的主体,她们每日操作劳动,掌握着经济实权。而男性则处于从属地位,其主要活动是艺术、工艺与祭祀活动,并承担孩子的养育责任。这种社会分工使女人表现出刚毅、支配、自主与快活的性格,男人则有明显的自卑感。

社会文化对人格的影响一直被人们所认可,它对人格的形成与发展具有重要的作用,特别是后天形成的一些人格特征,如性格、价值观等。社会文化因素决定了人格的共同性特征,它使同一社会的人在人格上具有一定程度的相似性。

（三）家庭环境因素

家庭常被视为人类性格的加工厂,它塑造了人们不同的人格特征。家庭虽然是一个微观的社会单元,但它对人格的培育起到了至关重要的作用。家庭是社会的细胞,家庭不仅具有其自然的遗传因素,也有着社会的"遗传"因素。这种社会遗传因素主要表现为家庭对子女的教育作用,俗话说"有其父必有其子"不无一定的道理。父母按照自己的意愿和方式教育孩子,使他们逐渐形成了某些人格特征。

强调人格的家庭成因,重点在于探讨家庭间的差异对人格发展的影响,探讨不同的教养方式对人格差异所构成的影响。西蒙斯(P. Symonds)研究认为:"儿童人格的发展和他与父母之间的关系息息相关。这意味着当我们考虑亲子关系时,不仅要注意它们对造成心理情绪失调和心理病理状态的影响,也得留意它们与正常、领导力和天才发展的关系。"

家庭教养方式一般可以分为三类。第一类是权威型教养方式,这类父母在对子女的教育中表现得过于支配,孩子的一切由父母来控制。成长在这种教育环境下的孩子容易形成消极、被动、依赖、服从、懦弱,做事缺乏主动性,甚至会形成不诚实的人格特征。第二类是放纵型教养方式,这类父母对孩子过于溺爱,孩子多表现为任性、幼稚、自私、野蛮、无礼、独立性差、唯我独尊、蛮横胡闹等特点。第三类是民主型教养方式,父母与孩子在家庭中处于平等和谐的氛围中,父母尊重孩子,给孩子一定的自主权,并给予孩子积极正确的指导。父母的这种教育方式使孩子形成了一些积极的人格品质,如活泼、快乐、直爽、自立、彬彬有礼、善于交往、富于合作、思想活跃等。

孩子的人格是在父母与他们的相互磨合中形成的。孩子在批评中长大,学会了责难;在敌意中长大,学会了争斗;在虐待中长大,学会了伤害;在支配中长大,学会了依赖;在干涉中长大,学会了被动与胆怯;在娇宠中长大,学会了任性;在否定中长大,学会了拒绝;在鼓励中长大,学会了自信;在公平中长大,学会了正义;在宽容中长大,学会了耐心;在赞赏中长大,学会了欣赏;在爱中成长,学会了爱人。

(四)学校教育因素

学校是一个有目的、有计划地向学生施加影响的教育场所。教师、班集体、同学与同伴等都是学校教育的元素。

教师对学生人格的发展具有指导、定向作用。教师的人格特征、行为模式与思维方式对学生产生巨大影响。每个教师都有自己独特的风格,这种风格为学生设定了一个"气氛区",在教师的不同气氛区中,学生表现出不同的行为表现。洛奇(Lodge)在一项教育研究中发现,在性情冷酷、刻板、专横的老师所管辖的班集体中,学生的欺骗行为增多;在友好、民主的教师气氛区中,学生欺骗行为减少。心理学家勒温等人也研究了不同管教风格的教师对学生人格的影响作用。他们发现在专制型、放任型和民主型的管理风格下,学生表现出不同的人格特点。很多学生都有受老师鼓励开始发愤图强,受老师批评而导致学习兴趣变化的人生体验。

学校是同龄群体会聚的场所,同伴群体对学生人格也具有巨大的影响。因群体的特点而导致学生人格变化的例子不胜枚举。

(五)早期经验

"早期的亲子关系定出了行为模式,塑成一切日后的行为。"这是有关早期童年经验对人格影响的一个总结。中国也有句俗话:"三岁看大,七岁看老。"人生早期所发生的事情对人格的影响,历来为人格心理学家所重视,特别是弗洛伊德。为什么人格心理学家会如此看重早期经验对人格的作用呢?

斯皮茨(Spitz)在对孤儿院里的儿童所进行的研究发现,这些早期被剥夺母亲照顾的孩子,长大以后在各方面的发展均受到影响,许多孩子表现有哭泣、僵直、退缩、表情木然等特点。

艾斯沃斯对婴儿时期依恋模式影响人格发展进行了数十年的追踪研究,他将婴儿依恋模式分为安全依恋、回避依恋与矛盾依恋三类。研究结果表明,早期安全依恋的婴儿在长大后有更强的自信与自尊,确定的目标更高,表现出对目标更大的坚持性,更小的依赖性,并容易建立亲密的友谊。

早期童年经验的问题引发了许多的争论,如早期经验对人格产生何种影响? 这种影响是否为永久性的? 我们认为,人格发展的确受到童年经验的影响,幸福的童年有利于儿童向健康人格发展,不幸的童年可能会引发儿童不良人格的形成。但二者不存在一一对应的关系,溺爱也可使孩子形成不良的人格特点,逆境也可磨炼出孩子坚强的性格。早期经验不能单独对人格起决定作用,它与其他因素共同来决定人格。

(六)自然物理因素

生态环境、气候条件、空间拥挤程度等这些物理因素也会影响人格的形成。一个著名的跨文化心理学研究实例是关于美国阿拉斯加州的爱斯基摩人(Eskimos)和非洲的特姆尼人(Temne)的比较研究,这个研究说明了生态环境对人格的影响作用。

爱斯基摩人以渔猎为生,夏天在船上打鱼,冬天在冰上打猎,主食肉,没有蔬菜,过着以帐篷遮风避雨的流浪生活。这个民族以家庭为单元,男女平等,社会结构比较松散,除了家庭约束外,很少有持久、集中的政治与宗教权威。在这种生存环境下,父母对孩子的教养原则是能够适应成人的独立生存能力,男孩由父亲在外面教打猎,女孩由母亲在家里教家务。儿女教育比较宽松、自由、不受打骂,鼓励孩子自立,使孩子逐渐形成了坚定、独立、冒险的人格特征。而特姆尼人生活在灌木丛生地带,以农业为主,种田为生,居住环境固定,形成 300~500 人的村落。社会结构紧固,有比较分化的社会阶层,建立了比较完整的部落规则。在哺乳期时,父母对孩子很疼爱,断奶后则管教严格,使孩子形成了依赖、服从、保守的人格特点。由此可见,不同的生存环境影响了人格的形成。

另外,气温也会导致某些人格特征的发生频率提高。如高温会使人烦躁不安,对他人采取负面反应,甚至攻击行为,发生反社会行为。世界上炎热的地方,也是攻击行为较多的地方。

自然环境对人格不起决定性影响作用,更多地表现为一时性影响,而且多体现在行为层面上。自然物理环境对特定行为具有一定的解释作用,在不同的物理环境中,人可以表现出不同的行为特点。

(七)自我调控因素

上述各因素体现的是人格形成和发展的外因,而外因是通过内因起作用的。人格的自我调控系统以自我意识为核心,是人格发展的内部因素。自我意识(self-con-sciousness)是人对自身以及对自己同客观世界的关系的意识,具有自我认知、自我体验、自我控制三个子系统。自我调控系统的主要作用是对人格的各个成分进行调控,保证人格的完整、统一、和谐。它属于人格中的内控系统或自控系统。

自我认知(self-cognition)是对自己的洞察和理解,包括自我观察和自我评价,其中自我评价是自我调节的重要条件。自我观察是对自己的感知、期望、行为以及人格特征的评价和评估。当一个人不能正确地认识自我,只看到自己的不足,觉得处处不如人,就会自卑,丧失信心,做事畏缩不前,甚至失败;相反,过高地评价自己,盲目乐观,也会导致出现失误。因此准确地认识自我,实事求是地评价自己,是自我调节和人格完善的重要途径之一。

自我体验(self-experience)是自我意识在情感上的表现,是伴随自我认识而产生的内心体验。当一个人对自己做正向评价时,就会产生自尊感;做负向评价时,便会产生自卑感。自我体验的调节作用体现在它可以使自我认识转化为信念,进而指导其言行;同时,自我体验还能够伴随自我评价激励积极向上的行为或抑制不当行为。在一个人认识到自己不当行为的后果时,会产生内疚、羞愧的情绪,从而收敛并制止自己不当行为再次发生。

自我控制(self-regulation)是自我意识在行为上的表现,是实现自我意识调节作用的最终环节。当个体认识到社会要求后,会力求使自己的行为符合其社会准则,从而激发起自我控制的动机,并付诸行动。当一个学生意识到学习对于自己的发展具有重要意义时,会激发起他努力学习的动力,从而在行为上表现为刻苦学习、不怕困难、持之以恒、积极进取。自我控制包括自我监控、自我激励、自我教育等成分。

自我意识是通过自我认知、自我体验和自我控制三个方面来对个体进行调控的,使个体心理的各个方面和谐统一,使人格达到统合与完善。

第二节　运动员的人格特征

20世纪40年代,运动员的人格特征开始成为运动心理学中最早受到系统和广泛研究的领域。体育运动领域关于运动员人格的研究主要以横向比较研究为主,通过横向比较试图了解运动员与非运动员之间,以及不同运动员之间在人格特征方面的差异,探讨人格特征和运动表现之间的关系。

一、运动员人格的差异研究

(一)运动员与一般人的人格差异

运动员与非运动员在许多人格特征上存在差异。舒尔等人(Schurr,Ashley & Joy,1977)的研究表明,与非运动员相比,集体和个人项目的运动员更为独立、客观和较少焦虑。哈德曼(Hardman,1973)在分析1952—1968年27篇使用卡特尔16种人格因素问卷的研究结果后发现,运动员与普通人相比,更具聪慧性,智力水平更高一些。此外,库珀(Cooper,1969)在综述1937—1967年有关运动员的人格研究后指出,运动员与非运动员相比,更具自信心、竞争性,性格更开朗。这与摩根(Morgan,1980)和凯恩

(Kane,1976)有关运动员外向和低焦虑的研究结果相同。

图 3-3　优秀运动员常常有着极其鲜明的人格特征
（图为雅典奥运女子 200 米金牌得主牙买加选手坎贝尔）

　　尽管有许多研究支持上述的结论,但是笼统地、不考虑其他因素或无条件地认为所有运动员都具有这样的人格特征,显然是不符合实际情况的。这方面的研究结果只是表明多数运动员与非运动员相比,在人格特征上具有差异。

　　(二)不同运动项目运动员的人格差异

　　这方面最早的研究是对健美运动员人格的研究(Henry,1941;Thune,1949;Harlow,1951)。此后,许多学者开始研究两个或两个以上项目运动员的人格特征差异。

　　克罗尔等人(Kroll & Crenshaw,1970)使用卡特尔 16PF 对橄榄球、摔跤、体操和空手道等项目运动员的人格特征进行了比较。结果表明,橄榄球、摔跤运动员与体操、空手道运动员的人格特征明显不同;体操运动员与空手道运动员的人格特征有所不同,而摔跤运动员和橄榄球运动员人格特征相似。

　　辛格(Singer,1969)使用爱德华个人喜好量表(EPPS)测查了大学生棒球和网球运动员后发现,集体项目的棒球运动员与个人项目的网球运动员在人格特征上有显著的差异,网球运动员在成就、省察(intraception)、自主、支配和攻击等分量表上的得分高于棒球运动员,而在自卑分量表上得分较低。舒尔等人(Shurr,Ashicy&Joy,1977)使用卡特尔 16PF 的研究表明,集体项目运动员与个人项目运动员的人格特征存在着差异,身体直接接触项目与身体非直接接触项目的运动员人格特征也不同。具体地讲,集体项目运动员与个人项目运动员相比,较为焦虑、依赖、外向和警觉,在感受性和想象方面较差;身体直接接触项目(如篮球、橄榄球和足球等)的运动员与身体非直接接触项目

(如排球和棒球等)的运动员相比,较为独立和具有较低的自我力量(ego strength)。

(三)不同场上位置运动员的人格差异

在同一运动项目中,运动员的人格特征是否会因所担负的任务不同而有所不同?考克斯(Cox,1987)对担负不同任务的157名女子排球运动员进行了研究。结果表明,中路拦网手、侧路主攻手和二传手绝大部分人格特征较为接近,仅有的区别表现在她们的注意特点。和中路拦网手、侧路主攻手相比,二传手有更广阔的内部注意,在同一时间分析多个问题的能力更强。

斯车尔等人(Schurretal,1984)也曾进行过类似研究,他们发现橄榄球边线运动员和后场运动员在判断力和知觉理解方面有明显的差异。边线运动员表现出更有组织性,更实际;而后场运动员则更为灵活,适应性更强。

有关同一运动项目不同位置运动员人格差异的研究资料不是很多,但这一问题对于体育管理人员和教练员来说是具有实际意义的。

(四)不同运动水平运动员的人格差异

几十年来,研究人员一直在想方设法探查不同运动水平运动员人格特征上的差异,并试图通过人格测验结果来预测运动员的运动水平或运动成绩,以及选拔运动员。

威廉姆斯(Williams,1980)使用卡特尔16PF测查18名国际水平、34名国家水平和33名俱乐部水平的冰球运动员的人格特征。结果表明,国际水平的运动员与俱乐部水平的运动员在人格特征上有显著不同,但是国家队水平运动员的人格特征与其他两组运动员没有明显区别。

由于运动员运动水平的高低并非决定于某一因素,因此,很难根据对运动员技能的测量和观察来区分运动员的运动水平。所以,若期望仅使用人格测验结果来了解运动员的运动水平会使一些运动员受到伤害。

(五)不同性别运动员的人格比较

威廉姆斯等(Williams,1980)在考查有关女运动员人格研究的许多文献后认为,普通女性与成功女运动员的人格特征明显不同,特别是女运动员在自信、成就定向、支配、自满、独立、攻击、智力和缄默等人格特征方面更像普通男性和男运动员。而普通女性则趋向于被动、顺从、依赖、情绪化、社交性、低攻击性和低成就需要。

女运动员的某些人格特征与男运动员有所不同(Kane,1970;Ogilvie,1971)。但肯尼克(Kennick,1972)在对大学女运动员的调查后发现,女运动员的一些或特定的人格特征只表现在运动情境中。

二、优秀运动员的心理图象

(一)人格和运动表现的关系

运动员都是带着自己基本的人格特征开始从事体育运动的。为了更清楚地说明运动员的人格和运动表现的关系,学者们提出了一种交互作用模型。该模型认为,行为是人与环境相互作用的产物,影响运动表现的最关键因素不是运动员本身的人格特征,而是运动员人格与情境的交互作用,如图3-4。

交互作用模型认为,将运动员的人格、具体情境以及两者之间的交互作用这三大因素叠加,可以解释运动员运动表现的30%～50%,但假如只考虑运动员的人格因素,那么只能解

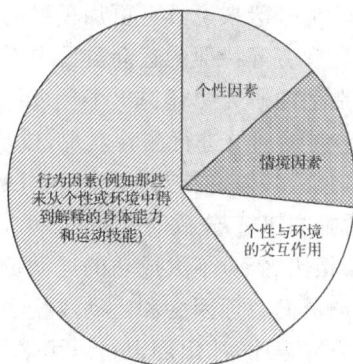

图 3-4 人格因素和情境因素对运动员行为的影响

释运动员运动表现的10%～15%。运动表现除了受人格和情境因素的影响外,还受到运动员的身体能力、运动能力、任务难度等许多其他因素的影响。

(二)优秀运动员的心理图象

摩根(Morgan,1979)以交互作用模型为基础,研究了运动员的心理图象发现,成功运动员和不成功运动员的心理图象有着明显的区别,如图3-5。在图3-5显示的10项心理因素中,有3项是人格特质(特质焦虑、外向、神经质),其余7项是心境状态,综合这10项心理因素能够有效地预测运动员的运动表现。

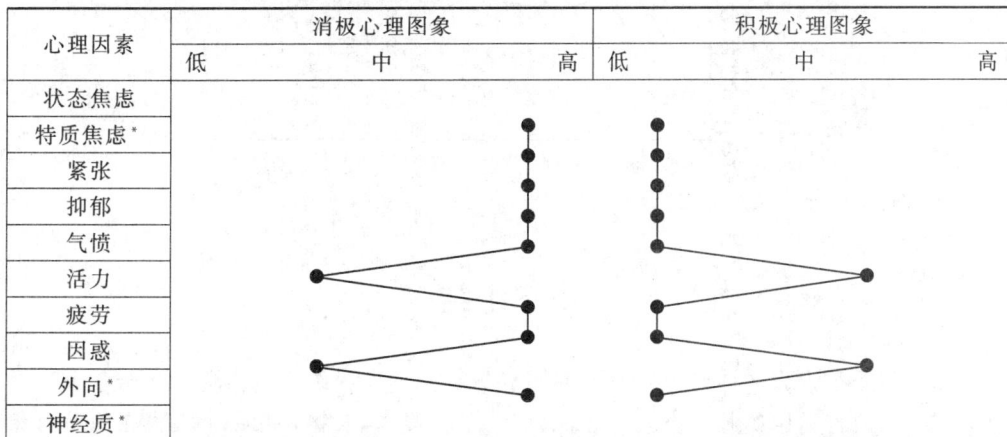

*代表特征

图 3-5 成功运动员和不成功运动员的心理表现

摩根等人(Morgan,1979,1980;Morgan & Johnson,1977,1978)以交互作用模式为基础提出了一个心理健康模型,模型预测运动员的成功与积极的心理状况呈正比关系,与消极的心理状况呈反比关系。他们认为,与不大成功的运动员相比,成功的世界

水平的运动员一般来说具有更加积极的心理图象。具体地说,具有神经质、焦虑、抑郁、内向、困惑、疲劳等特征的运动员比没有上述心理特征的运动员成绩差。

摩根在他的研究中还提出了代表优秀运动员心理特征的冰山图象。用心境状态量表(POMS)对运动员进行测验发现,成功的世界水平的运动员在所有消极心境状态项目(紧张、抑郁、气愤、疲劳和困惑)的分数均低于 T 分数 50,而在积极心境状态项目(活力)的分数则高于 T 分数 50,如图 3-6。成功的世界水平运动员的心理图象看上去很像一座冰山,相比之下,不太成功的运动员其心理图象显得相当平缓。实际上,冰山图象反映了运动员的心理因素和运动成绩之间的重要关系。

许多研究表明,冰山图象可以用来描述优秀运动员的心理特征。例如,摩根等人对女子长跑运动员(Morgan,1987)和男子长跑运动员(Morgan,1988)的研究,以及贝尔和霍尔对铁人三项运动员的研究(Bell & Howe,1988)都表明这一图象是有效的。

从众多的研究来看,优秀运动员在人格特质方面具有低焦虑、低神经质和偏外向的特点,在心境状态方面具有低焦虑、低紧张、低抑郁、低气愤、低疲劳、低困惑和高活力的特点。

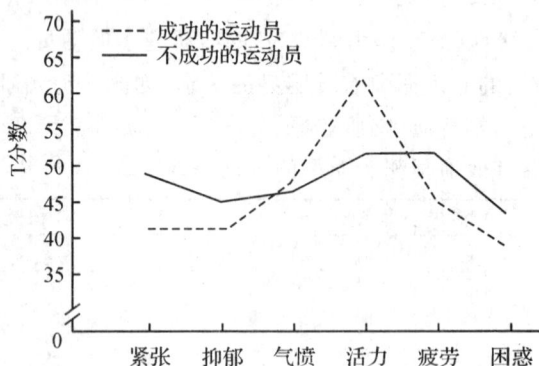

图 3-6　优秀运动员的冰山现象

本章小结

1.人格是个人内在的动力组织及其相应的行为模式的统一体。这一概念包含三层含义:第一,人格通常是指一个人外在的行为模式;第二,人格是指一个人内在的动力组织;第三,人格是一种蕴蓄于中、形诸于外的统一体。

2.奥尔波特于 1937 年首次提出了人格特质理论,他将人格特质区分为共同特质和个人特质。他区分了首要特质、中心特质和次要特质三种不同的个人特质。

3.卡特尔用因素分析法对人格特质进行了分析,提出了 16 种相互独立的根源特质,并编制出"卡特尔 16 种人格因素问卷"。

4. 艾森克采用因素分析法提出了人格的三因素模型,这三个因素是:外倾性(E),神经质(N),精神质(P)。

5. 人格五因素模型的五个因素是:开放性(O),意识性(C),外向性(E),随和性(A),神经质(N)。

6. 影响人格形成的因素有:生物遗传因素、社会文化因素、家庭环境因素、学校环境因素、早期童年经验、自然物理因素和自我调控因素等。

7. 运动员与非运动员在许多人格特征上存在差异。

8. 不同运动项目运动员的人格特征存在差异。

9. 在同一运动项目中,运动员的人格特征会因所担负的任务不同而有所不同。

10. 交互作用模型认为,行为是人与环境相互作用的产物,影响运动表现的最关键因素不是运动员本身的人格特征,而是运动员人格与情境的交互作用。运动员的人格、具体情境以及两者之间的交互作用这三大因素叠加,可以解释运动员运动表现的30%～50%。

11. 优秀运动员在人格特质方面具有低焦虑、低神经质和偏外向的特点,在心境状态方面具有低焦虑、低紧张、低抑郁、低气愤、低疲劳、低困惑和高活力的特点。

思考题

1. 人格的形成受哪些因素的影响?

2. 如何判断优秀运动员与一般人的人格是否有差异?

3. 你所从事的运动项目要求运动员具备哪些人格特质?

第三编　训练心理

　　训练心理编共4章。第四章介绍了动机的概念、分类和作用,重点论述了动机的强化理论、需要层次理论、目标定向理论和自我效能理论在培养、激发和维持运动动机中的应用。第五章介绍了运动技能学习过程的阶段和变化特征,运动技能获得的途径和运动技能的迁移。第六章详细介绍了放松训练、系统脱敏训练、生物反馈训练、模拟训练、表象训练、合理情绪训练和暗示训练等心理技能训练的方法和具体实施。第七章介绍了影响运动团体凝聚力的因素,以及团体凝聚力和运动表现之间的关系,分析了影响教练员领导行为的因素和教练员影响力的形成。

第四章　运动动机

图 4-1　人们从事体育运动的动力是什么？

　　动机是行为的起点。心理学对动机的研究有很长的历史,从早期的本能理论、驱力理论,到当代的认知理论,心理学探讨人类行为动机的兴趣从来就没有衰减过。运动动机是指人们参加运动活动的动力,具有启动人的行为,并使行为以一定强度保持的特性。

　　通过本章的学习,你将能够回答以下问题:

　　1.什么是动机? 动机具有什么功能?

　　2.动机可做哪些分类?

　　3.什么是强化理论? 如何合理运用强化手段激发运动员的运动动机?

　　4.什么是需要层次理论? 应用该理论如何激发运动员的运动动机?

　　5.什么是目标定向理论? 如何设置目标?

　　6.什么是自我效能理论? 如何培养自信心?

　　关键词:

　　动机;生理性动机;社会性动机;外部动机;内部动机;德西效应;积极强化;消极强化;需要层次论;任务定向目标;自我定向目标;目标设置;自我效能;自信心

第一节　动机概述

一、什么是动机

动机是推动人们从事某种活动,并引导活动朝向某一目标的心理动因或内在动力。动机是一种内部心理过程,无法直接观察到,只能从观察人们行为的变化来推测行为背后的动机。

(一)动机的产生条件

动机的产生有两个条件:一是需要,二是诱因。

需要是个体因缺乏某种东西而引起的内部紧张状态和不舒服感。需要使人产生愿望和驱力,并引起人的活动。需要可以分为生理性和社会性需要两类。生理性需要是先天具有的,例如对饥渴、缺氧、缺眠、寒冷等状态改变的需要,回避痛苦或不愉快等有害东西的需要等。社会性需要是在生理性需要的基础上发展起来的,是后天获得的,例如,在人与人之间的和睦相处中求得安定的生活和相互依赖的需要,希望得到认可与赞扬的需要,以及加入社会群体、要求独立自主、逃避惩罚和孤独、追求成就等需要。

诱因是指引起个体动机,并能满足个体需求的外在刺激。诱因是引发动机的目的物,所以它具有诱发或激起指向目标行为的作用。诱因可以是眼前能立即得到的东西,也可以是经过一段时间努力才能得到的东西。诱因有时体现为一些小目标,而这些小目标之所以值得向往,是因为它们通向更有意义的大目标。

个体的行为可以由需要驱动,也可以由环境因素诱发,但往往是在需要和诱因的交互影响下产生。

拓展阅读

驱动力和诱因

驱动力(drive)和诱因(incentive)是动机的两个重要概念。驱动力指驱使有机体进入活动,与身体的生理需要相联系的内部激起状态,是从"身后"对行为的推动。实际上,它就是上面谈到的内部需要。诱因指引起个体动机,满足个体需求的外在刺激,是从"身前"对行为的拉动。尽管这两个概念看起来比较抽象,但仍可在实验条件下给予定量化的说明。比如,在实验室中,可采取某种强迫的方法让受过训练的老鼠在笔直的小径上直奔存有食物的目标箱。当然,老鼠知道在终点处有食物。为使老鼠跑得更快,激发其动机的方法有两个:

1. 增加对食物的需求度

可以增加它们对食物的需求程度,例如增加不给食物的时间,驱使老鼠获取食物。24 小时没进食的老鼠比刚吃过食物的老鼠跑得快,这就是增加驱力的方法。驱力是老鼠获取食物的内在动力,增加驱力就是增加老鼠的内部动机,驱力越大,动机越强,老鼠跑得越快。

2. 增加外部的奖励办法

也可以通过增加外部奖励的办法,例如提高目标箱中食物的数量和质量,诱使老鼠获取食物。数量更多、品种更好的食物更具有吸引力,老鼠跑得也就更快,这就是增加诱因的方法。诱因是老鼠获取食物的外在动力,在一定的范围内增加诱因,有可能增加老鼠的动机,使其相应的行为表现得更加明显。

（引自马启伟,1998）

（二）动机的功能

动机具有激活、指向或选择、调节与维持等功能,它好比汽车的发动机和方向盘,不仅激发个体的行为并且决定着个体行为的方向和强度。

动机的激活功能是指动机具有发动行为的作用,能推动个体产生某种活动,使个体由静止状态转向活动状态。

动机的指向或选择功能是指动机可指引个体的行为朝向某一目标或选择活动的方向。例如,在成就动机支配下的运动员会积极地训练,主动选择有挑战性的任务去做。"方向"与一个人目标的选择有关。

动机的调节与维持功能是指动机具有维持、增强或制止、减弱某一活动的力量。动机会决定行为的强度,动机愈强烈,行为也随之愈强烈。例如,在相同条件下,为什么有的运动员能够长期坚持刻苦训练,而有的却不能,这是动机的强度问题。"强度"与一个人行为的激活程度有关。

二、动机的种类

根据不同的分类标准,可以对动机进行不同的分类。

（一）生理性动机和社会性动机

根据需要的种类和对象,可以将动机分为生理性动机和社会性动机。

生理性动机是指以个体自身的生理性需要为基础的动机。例如,因饥饿、口渴而产生的动机就是生理性动机。生理性动机推动个体去活动,从而满足个体的某种生理性需要,当这种生理性需要得到满足时,生理性动机便趋于下降。当然,人的生理性动机打上了社会生活的烙印。

社会性动机是指以个体的社会性需要为基础的动机。例如,人有社会交往的需要、成就的需要,因而就产生了相应的交往动机、成就动机等。这些社会性动机推动人们与他人进行交往,促使人们努力工作以获得社会和他人的认可,获得社会团体中的某种地位等。

（二）外部动机和内部动机

根据动机产生的来源,可以将动机分为外部动机和内部动机。

外部动机是指在外部刺激的作用下产生的,是为了获得某种外部奖励或避免受到惩罚而产生的动机。例如,某运动员参加比赛是为了获得公众的认可,或者是为了获得某种荣誉和奖金;某学生努力学习是为了得到家长的喜欢或称赞等。外部动机是从外部对行为的驱动,汲取了外部的力量。

内部动机是指以内在需要为基础,通过积极参加某种活动展示自己的能力,实现自己的价值,体验满足感和效能感的动机。内部动机是从内部对行为的驱动,此时,行为本身就是追求的目的,而无需外力的推动。例如,某运动员由于热爱自己的专项而参加训练和比赛,那么他参赛是为了一种内在的快乐,这促使他在比赛中即使不计成绩也会尽全力拼搏。

一般说来,运动员参加体育运动的动机,既有外部的又有内部的,运动员的运动表现同时受到这两种因素的影响(如图4-2),外部动机和内部动机对于体育运动活动均是有意义的。但必须指出的是,外部动机对内部动机的影响既可以是积极的,也可以是消极的。外部动机可能加强内部动机,但也可能削弱内部动机,这主要取决于外部奖励的方式以及运动员对内部奖励和外部奖励重要程度的认识。

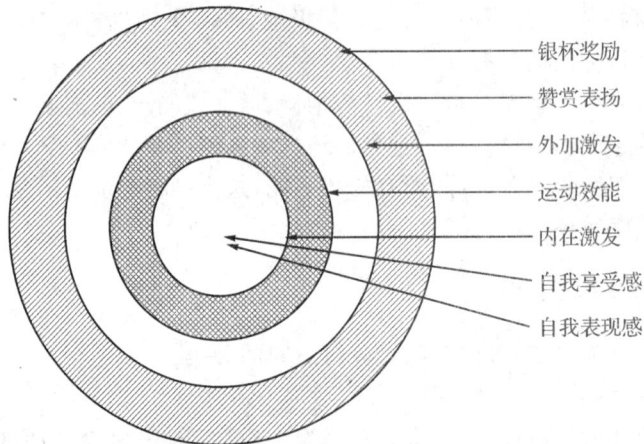

图 4-2　内部动机和外部动机的相互作用(张力为,2003)

美国心理学家德西(E. L. Deci)曾做过一系列的实验来探究内部动机和外部动机的关系。他将被试分为甲、乙、丙三组,让他们在不同的房间里解答一些有趣味的智力题,这些题目不动脑筋还难以回答。甲组被试在开始解题之前就被告知每解出一道题可得到1美元的报酬,乙组被试是在完成规定的解题任务之后宣布解出一道题的报酬,丙组被试不给任何报酬。在规定的解题时间结束之后,三组被试留在各自的房间里,所有房间里放有杂志和另外一些同样类型的题目,他们可以在房间内随意从事任何活动,没有其他人在场,也不对他们提出任何要求。观察发现,丙组和乙组比甲组有更多的人在实验后自由活动的时间里用更多的时间去继续解题。因此,德西得出这样的结论:当一个人正对活动充满兴趣时(内感报酬),给他提供的外部物质奖励(外加报酬)反而会减少这项活动的吸引力。这种外部奖励削弱内部动机的效应,被称为"德西效应"。

随着研究的进一步深入,心理学家发现真正影响行为自我激发和调节的是人对行为的自主性或控制性意识。自主性是指个体自主选择行为和承担行为责任的程度,控制性是指个体在某种压力下做出特定行为的程度。奖励是一种社会控制手段,限制了人的自主性。德西认为,事先就告知将给予奖励的被试,在完成工作任务的过程中,会把当前做的事归于因为我将为此得到报酬,也会考虑给予我的奖励对于我所要完作的任务来说是否值得一干,而在完成解题任务后给予奖励的被试的内部动机则未被削弱。因此,给予外部奖励的时机是一个值得考虑的问题。

拓展阅读

这个故事告诉了什么?

一位老人在一个小乡村里休养,但附近却住着一些十分顽皮的孩子,他们天天相互追逐打闹,喧哗的吵闹声使老人无法好好休息,在屡禁不止的情况下,老人想出了一个办法。

他把孩子们都叫到一起,告诉他们谁叫的声音越大,谁得到的奖励就越多。他每次都根据孩子们吵闹的情况给予不同的奖励,如糖果、钱等。等到孩子们已经习惯于获取奖励的时候,老人开始逐渐减少所给予的奖励,最后无论孩子们怎么吵,老人什么奖励也不给。

孩子们认为受到的待遇越来越不公正,认为"不给钱了谁还给你叫",再也不到老人所住的房子附近大声吵闹了。

这只是一则趣闻,可它蕴涵了什么样的心理学道理?

(三)直接动机和间接动机

根据个体参与某种活动的心理动因是指向于该活动过程、还是指向于该活动结果,可以将动机分为直接动机和间接动机。

个体参与某种活动的动机是指向于活动的内容、方法或组织形式的,是直接动机。个体参与某种活动的动机是指向于该活动可能带来的生理、心理和社会的延迟、间接结果的,是间接动机。

直接动机与运动学习和身体锻炼活动本身相联系,动机内容相对具体,对行为的直接动力作用较大。但当体育活动内容具有一定难度,需花较大精力、较长时间的努力才能学会和掌握时，或运动员对某一练习方法、形式产生单调感、枯燥感时，直接动机作用的局限性就将表现出来，其作用的影响范围和持续时间也就减小。而间接动机虽然与当前运动活动的直接联系相对较少，但它与长时间活动后产生的最终结果和社会意义相联系，其影响持续的时间较长，能使运动员更自觉地、持久地从事体育活动。因此，直接动机和间接动机具有相互联系、相互补充的作用。

（四）缺乏性动机和丰富性动机

缺乏性动机（也称匮乏动机）是以排除缺乏、制止破坏、避免威胁、逃避危险等为特征的动机。它包括生存和安全的一般目的，往往趋向张力的缩减。例如，有的运动员为逃避即将到来的比赛而谎称伤病，不愿出场。诈伤是为了逃避比赛失败的"威胁"，是为了降低或减轻心理负荷，并将这种负荷保持在最低水平，这种动机属于缺乏性动机。还有的运动员为保住自己在队中的主力位置而被迫刻苦训练，这也属于缺乏性动机。

丰富性动机（也称享有动机）是以体验乐趣、获得满足、达到理解、寻找新奇、有所发现、有所成就和创造等为特征的动机。它包括满足和刺激的一般目的，往往趋向张力的增强。例如，人们看恐怖电影，读侦探小说，玩电子游戏，到原始森林探险等，都是在追求刺激，而不是避免刺激，希望得到兴奋、愉快、赏识和威望等。

三、动机强度与行为效率

动机与行为效率的关系主要表现在动机强度与工作效率的关系上。人们倾向于认为，动机强度越高，对行为影响越大，工作效率也越高；而动机强度越低，工作效率也越低。但事实并非如此。研究证明，各种活动都存在动机的最佳水平。动机过强或不足，都会使工作或学习效率降低，中等强度的动机最有利于获得最佳的工作效率。研究还发现，动机的最佳水平随活动性质的不同而不同。在简单容易的活动中，工作效率随动机的提高而上升；当活动难度加大时，工作效率随动机的提高而降低，见图4-3。

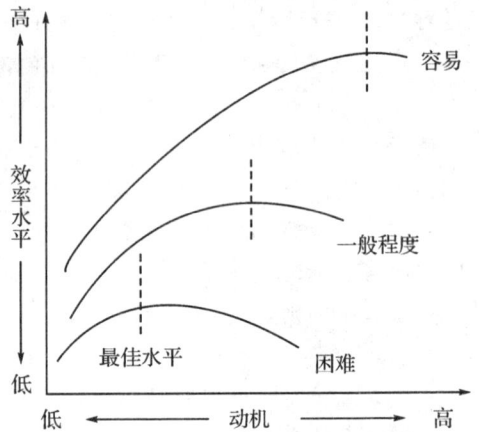

图4-3　动机强度、活动难度和效率的关系

动机是行为的起点，涉及到人的行为动力来源、行为目的和主观能动性，动机问题一直是心理学研究的热点。心理学家们提出了众多的动机理论，从早期的本能理论、驱力理论、强化理论，到当代的人本理论、认知理论等，下面将分节介绍动机的强化理论、需要层次理论、目标定向理论和自我效能理论，以及这些理论在体育运动实践中的应用。

第二节 动机的强化理论和应用

一、动机的强化理论

行为主义心理学派的强化理论在 20 世纪 50 年代有着重要的影响,其代表人物是美国心理学家斯金纳(B. F. Skinner)。斯金纳通过对操作条件反射的研究,提出有机体的操作性行为是通过强化形成的,且强化对行为还起着动机的作用,即受到强化的行为,其发生的次数将会出现增加的趋向。

斯金纳的著名实验是把白鼠关在"斯金纳箱"中,但不呈现食物,允许白鼠在箱内自由探索。白鼠由于饥饿,在箱内乱窜,无意中碰到了一根横木,食物出现了,于是这个碰横木的动作得到了强化,增加了白鼠以后碰横木这一动作的概率。多次强化后,白鼠形成了操纵横木以获取食物的反应,这时的食物强化发挥了引导老鼠行为的作用,斯金纳称之为操作性条件反射。斯金纳认为,人的行为主要是由操作性条件反射构成的,人们已经建立的行为模式,无论是适应良好的行为还是适应不良的行为都可以看做是环境强化作用的直接后果。人类的行为能够借助强化的适当使用而加以控制、指导、改变和形成。

(一)什么是强化

强化是指出现可接受的行为时,或者给予奖励,或者撤除消极刺激的过程。强化可以分为积极强化和消极强化两种。

1. 积极强化

积极强化也称正强化,是指出现特定的行为时给予奖励。奖励有物质奖励和精神奖励,例如,教练员的微笑、表扬、关注,某种荣誉称号,以及奖杯、奖金等。为了能建立一个适应性的行为模式,可运用积极强化的方式,使这种行为模式重复出现,并保持下来。

2. 消极强化

消极强化也称负强化,是指通过撤除消极的结果来鼓励特定的行为。例如,运动员训练主动而且很好完成训练计划时,教练员免于运动员每天训练后例行的 3000 米跑,这就是消极强化。当一个人的某种适应性行为出现时,拿掉他不喜欢的事物,或厌恶的刺激,就可以增强这种行为的出现频率,并保持下来。

一般来说,强化的方法优于惩罚的方法,因为它比惩罚更能鼓励正确的行为。当然,适当的惩罚也是必要的,它有利于减少错误行为反复出现的可能性。

(二)强化给予的时间

斯金纳认为,强化可以在固定的时间间隔或行为反应次数之后给予,也可以在无固定的时间间隔或行为反应次数之后给予。强化安排的不同,对行为反应可能产生不同的影响效果。他的实验研究表明,固定间隔或次数的强化会引发有规律的行为反应,且间隔愈短,行为反应频率就愈快。而不固定间隔或次数的强化会产生快速、稳定、一致的行为反应,且可明显地减缓行为的消退。

二、合理运用强化手段

动机的强化理论在体育教学和运动训练中得到了广泛的应用。教师和教练员经常运用表扬和批评的手段,激励学生和运动员的运动行为。在运用强化手段时,要注意以下几点:

(1)明确规定应获得奖励的行为、奖励的条件以及奖励的标准。

(2)在不同的训练阶段给予不同形式的强化。

对于初学某个技能或刚刚参加体育活动的人来说,在表现出正确行为后,应立即给予积极强化,效果较佳。对他们给予连续性的强化,可促使他们快速、有效地建立起良好的行为习惯。对已经形成一定行为习惯或技能水平的运动员来说,可采用不定期、不定时的强化方式,这种非规律性的间歇强化将会对行为产生更大的促进作用。

(3)奖励不能过量,不能让运动员感到教练员企图在控制他们的行为。

(4)应使运动员懂得,奖励不是目的,奖励只是能力、努力和自我价值的标志,这有利于加强运动员的内部动机。

德西效应告诉我们,外部奖励运用不当会削弱人们的内部动机。因此,要合理运用强化手段,不仅要激发运动员的外部动机,而且也要有利于运动员内部动机的培养。

第三节　需要层次理论和应用

一、需要层次理论

美国心理学家马斯洛(Maslow,1970)通过对各种人物的观察和对人物传记的研究,把人类行为的动机从理论上加以系统整理,提出了需要层次理论。他认为,人类的行为是由一定的需要所驱使的,需要和动机是一回事。人类所追求的需要具有普遍性,包括生理的需要、安全的需要、归属与爱的需要、尊重的需要和自我实现的需要,其中自我实现的需要是人类最高级的需要。

以上五种需要从低级到高级有层次地排列着,如图4-4所示。只有较低一级的需要基本得到满足以后,人们才会产生较高一级的需要,较高一级的需要才能成为行为的驱动力。若低层次需要没有获得满足,人们便会做出一切努力去满足它。

生理的需要。生理的需要是指维持人类自身生存的基本需要,是人类最原始、最基本的需要,例如衣、食、住、行、性的需要。

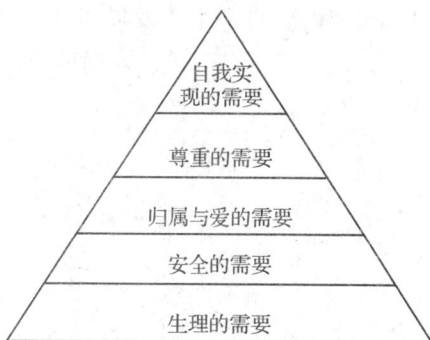

图 4-4 马斯洛的需要层次

安全的需要。在生理需要得到满足之后，人们就会产生安全的需要，如避免职业病及事故，摆脱失业威胁及获得某些社会保障的需要。

归属与爱的需要。人都希望爱别人，也需要得到别人的爱，这是广义的爱的需要。此外，人类还倾向于归属某一团体，在团体中帮助与被帮助、爱护与被爱护，这实际上是交往和归属的需要。

尊重的需要。马斯洛认为，当感情需要得到较大程度满足后，其对行为的激励作用减弱，人们开始产生更高层次的需要——尊重的需要。这时人们追求的是自己稳定的社会地位，要求个人的能力和成就能够得到社会的认可。尊重需要得到满足的时候，人们会感到活得有价值，能体验到活着的用处，对社会充满热情。

自我实现的需要。自我实现的需要是人类最高层次的需要，是指实现个人的理想、抱负，最大限度发挥个人的能力，完成与自己能力相称的事情的需要，即成为自己所期望的人。

马斯洛认为，生理需要、安全需要、归属与爱的需要是低级需要，可以通过改善外部条件来加以满足；而尊重需要和自我实现需要是高级需要，是从内部得到满足的。

马斯洛指出，个人的动机结构并非在下一级需要完全得到满足后，上一级需要才出现，它具有波浪式演进的性质，不同需要之间的优势是由一级渐进到另一级的，如图 4-5 所示。也就是说，早期的基本需要的高峰过去之后，较高一级的需要才能开始起优势作用。

虽然马斯洛一再强调需要满足的顺序性，但他仍指出有例外的情况。例如，有的科学家冒着生命危险从事研究工作，忽略了安全的需要，直接追求自我实现；有的人虽然满足了安全需要，但对交友、权利、创造仍不感兴趣。

马斯洛的需要层次理论，对揭示人类复杂需要的普遍规律作出了贡献，对需要的分类较为系统、具体。但该理论还是存在一些争议的。一是，该理论带有一定的机械主义色彩，忽视了大多数人需要的主观能动性，忽视高级需要对低级需要的调节控制作用。人的需要是复杂的，往往不能机械地、绝对地按层次进行划分，也并不一定严格按上述各个层次逐级去满足。二是,该理论忽视了个人发展与社会发展的结合。马斯洛是人本主义心理学的创始人,人本主义的基本思想是使人都成为自我实现的人,强调个人理想、抱负的实现,却忽视了社会的作用。

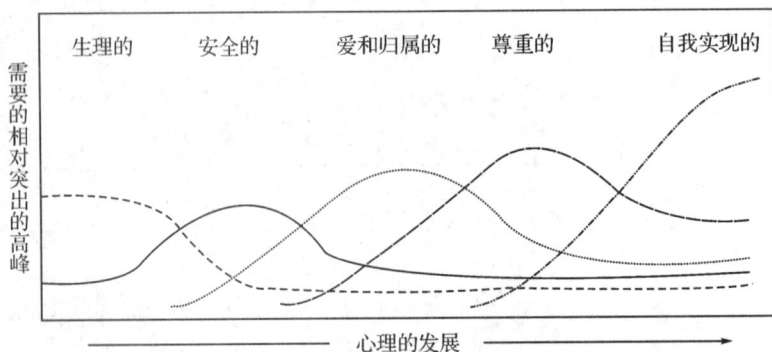

图 4-5　需要层次的波浪式演进(引自马启伟,1998)

尽管需要层次论还存有争议,但其对运动队的管理、运动动机的激发以及其他人际关系领域的实践具有重要的指导意义。例如,在大众体育中,归属需要的满足是理解人们参与动机的主线之一;在竞技体育中提倡自我实现,显然有助于提高运动员训练的自觉性和目的性。因此,了解运动员的各种需要是培养和激发运动动机的必要前提。

二、满足运动员的需要

虽然人们参与体育运动的需要各不相同,但根据马斯洛的需要层次理论,大多数人的需要可以归纳为以下四类:追求运动乐趣的需要、从属于一个集体的归属需要、尊重的需要、展示自我才能和价值的需要。

满足运动员的需要,是有效激发运动动机的关键。在教学训练过程中,要注意运用适当的方法,满足运动员从事体育运动的各种需要。

(一)满足运动员追求乐趣的需要

体育运动的魅力之一就是具有鲜明的挑战性和趣味性,并使身心集于一体。它是富有乐趣的,但同时它也是一项艰苦的劳动。如果教学训练安排枯燥无味,过多剥夺运动员的自由,或者对运动员提出苛刻的要求,那么可能就无法引起运动员训练的乐趣,从而导致运动动机的下降。

浙江省运动心理专业委员会在 2007 年 4 月对 92 名浙江省注册运动员的问卷调查显示,运动员缺乏训练兴趣的主要原因是:训练强度超负荷,训练方法单一,训练缺乏科学性,训练恢复不够好,运动员没有自主性等。为满足运动员追求运动乐趣的需要,应在教学训练中注意以下几点:

(1)训练的难度和强度要适合运动员的能力。如果一个人总是体验失败,那他就不会觉得这项运动有趣。因此,应该有意识地帮助运动员增加成功的体验。

(2)训练方法和手段多样化。在调查中,有的运动员羡慕地说:某队的某教练员经常会在训练计划中安排一些小游戏,他们队的运动员每天很开心!优秀的教练员会让运动员笑着累倒在训练场上。

(3)给予运动员自主权。许多研究表明,给人以控制自己生活的权利,可以加强动机,提高成就,促进责任感和自我价值感的发展。在体育运动中,有许多教练员会包揽训练方案的制订,运动员没有任何发言权,他们只是按计划训练,成为执行计划的机器。其实,这种做法不利于运动员主观能动性的发挥,会挫伤运动动机。教练员如果让运动员参与训练方案的制订,或者指导运动员自己来设置训练计划,给予运动员更多的自主权,运动员可能会有更强烈的责任心来执行计划,训练态度会更积极更主动。

(二)满足运动员归属集体的需要

所有的人都有归属的需要。运动员也一样,他们希望成为集体的一部分,希望被教练员和集体所接受。体育教师和教练员可以用集体的行为规范、集体的目标、集体的荣誉感来激发运动员的动机。

(三)满足运动员尊重的需要

尊重需要既包括对成就或自我价值的个人感觉,也包括他人对自己的认可与尊

图 4-6　集体的归属感和荣誉感

重。有尊重需要的人希望别人认为他们有能力,能胜任工作,他们也关心成就、名声、地位和晋升的机会。

在激励运动员的运动动机时,应考虑运动员的尊重需要。可以采取这样的一些方式:公开的奖励和表扬;布置任务时特别强调任务的艰巨性以及成功所需要的高超技巧等。这些方式可以满足运动员的尊重需要,提高运动员对自己所从事工作的自豪感。

(四)满足运动员展示自我的需要

感到自己有价值的需要是体育运动中最普遍最强烈的需要。展示自己的才能并使他人承认自己的价值,或者不必得到他人的尊重而只需自认为有价值、有能力,都可以满足这种需要。体育运动领域的各种任务时时都在向人的能力提出挑战,教练员必须尽可能去保护运动员,不要使他们失去自我价值感。对于遭受失败的运动员,教练员应帮助他们重新确定目标,并尽可能设法通过成功的体验来满足他们表现才能与自我价值的需要,这样才能有效地培养和激发他们的内部动机。

图 4-7　体育运动的魅力
在于展示自我

第四节　目标定向理论和应用

一、目标定向理论

以社会认知理论为基础对动机的研究,其最新的趋向是集中在个人目标上。目标定向理论(Duda,1993)认为,人们参与体育活动趋向于使用不同的定向,当人们参与体育活动的定向不同时,他们对于参与体育活动的目的、对于自己在体育活动中努力的理由、对自己能力的认识、判断自己是成功还是失败的标准以及参与体育活动时的行为表现等方面也会不同。

（一）什么是目标定向

目标定向指一个人参加某一活动时所依据的成就目标倾向。它不是具体要达到的行为数量标准,而是内心追求的成就取向。成就目标定向是一重要的动机变量,有任务定向和自我定向两种目标取向。

1. 任务定向目标

任务定向目标是指以个人表现的提高为关注重点的目标,比如,"这次比赛我要争取提高个人记录2厘米"。

在完成一项任务的过程中,任务定向目标强调的重点是任务本身,人们对自己表现出的能力的知觉是以自己为参照,不同他人做比较。因此,可以预测,这种任务定向有助于培养和提高人的主观能力感。任务定向占优势的个体在行为过程中,注重于发展自己的能力,注意力主要集中在对任务的把握和理解上,把能力的提高和对任务的掌握程度作为成功的标准,失败被看做是寻求解决问题的方法和达到特定目标的有效途径。

2. 自我定向目标

自我定向目标是指以击败他人为关注重点的目标,比如,"这次比赛我要进入前六名"。

在完成一项任务的过程中,自我定向目标强调的重点是超越他人,人们对自己表现出的能力的知觉是以他人为参照,是对"自己是否比别人强"这个问题做出的评估。因此,可以预测,这种自我定向更有可能使人们产生能力不足之感。自我定向占优势的个体在行为过程中,有向他人展示自己才能和智力的愿望,并极力回避那些可能失败或显示自己低能的情境,倾向于以参照群体来评价自己的成功。

由于个体在运动时,并不是单一的目标定向,常常是两种目标定向的混合。所以有学者对目标定向的类型做了进一步的划分,根据任务定向和自我定向两个维度,将目标定向分为4种类型:高任务定向/高自我定向、高任务定向/低自我定向、低任务定向/高自我定向、低任务定向/低自我定向。

（二）不同目标定向对参加体育活动的影响

在体育运动中，目标定向可能是影响内部动机的重要因素。

杜达和尼克尔斯（Duda & Nicholls,1989）曾以高中学生为被试进行了一项研究，采用《体育活动任务定向和自我定向调查表》来确定任务定向、自我定向和满足感、枯燥感、兴趣感之间的相关。调查结果显示，任务定向与从事体育活动时的乐趣感有可靠的正相关，而与枯燥感呈负相关。威勒兰德等人（Vallerand,1986）的一项实验室研究报告指出，如果让男孩们先从事一项竞争定向的活动而不是任务定向的活动，那么，在以后可自由支配的时间内，他们花在该项任务上的时间就更少。这些研究表明，目标定向和体育运动中的动机过程、成就行为等之间存在着交互影响的关系。

不同目标定向的人在对体育活动的理解、任务选择、活动态度、胜败归因、比赛发挥等方面的表现均有不同，见表 4-1。

表 4-1　不同目标定向对参加体育活动的影响

区别	任务定向	自我定向
对活动的理解	努力尝试，提高技能与体能	和别人相比的高成绩
参加体育活动的目的	给自身或他人带来益处	产生高声望，获取个人利益和荣誉
对体育道德的态度	信奉体育道德，反对欺骗和攻击性行为	认可欺骗和攻击性行为
运动乐趣	成功或失利均体验内在运动乐趣	根据比赛胜负来评价运动乐趣
对比赛的认知与发挥情况	把握自我，把握过程，努力正常发挥	自我中心，目标对抗，难以发挥

因此，目标定向理论认为，体育教师、教练员以及其他体育管理人员应当尽力创造并维持一种积极气氛，帮助体育参加者建立一种高度的任务定向。

二、目标设置

目标具有激励的作用，目标能把人的需要转化成动机，使人们的行为朝向一个方向努力，并将自己行为的结果与既定的目标相对照，及时进行调整和修正，从而能实现目标。人们参与体育运动属于有意识、有目的的行为。因此，我们可以通过目标的设置来激发运动动机，指导运动行为。目标设置直接关系到动机的方向和强度，正确、有效的目标可以集中人的能量，激发、引导和组织人的活动，是行为的重要推动和指导力量。

（一）目标设置的原则

1. 长期目标与短期目标相结合

目标一般是指想要达到的境地或标准。根据实现目标的时间长短，可以把目标分为长期目标与短期目标。例如，"我每周做三次，每次做三组，每组做 20 次负重—深蹲练习，一个月内提高腿部力量 10%"，这是短期目标；"我争取两年内达到国家健将标准"，这是长期目标。

　　运动员一般都有自己的长期目标，但有相当一部分人不善于根据他们的长期目标来制定中期和短期目标。而恰恰是这一将长期目标转化为短期目标的过程才是长期维持高昂动机和自信心的关键。因为每实现一个小的目标都可以使人相对较快地、较明显地看到自己的进步，看到自己的努力和成绩进步的因果关系，并产生不断克服困难以达到下一个子目标的欲望和动机。

　　一般来说，短期目标最有效，对人的行动最容易产生立竿见影的推动作用，但必须有长期目标的引导，行动才能更加自觉、坚持不懈。因此，目标设置时应将长期目标和短期目标相结合。

　　2. 设置具体的、可测量的目标

　　明确、具体、可进行数量分析的目标，是具体目标，它对于激发动机最有效。模糊的、无法进行数量分析的目标则缺少激发动机的作用。有的运动员会给自己设置"尽最大努力"的目标，它看起来像一个最佳的目标，却没有人能够确切地知道自己的"最大努力"是什么，这个目标很难测量，很模糊，因此不是一个有效的目标。

　　许多实验证实，设置具体的、可测量的目标比仅仅设置口号式的目标（如"尽最大努力"）产生更大的动机推动作用，并导致更好的成绩。例如在一项仰卧起坐训练的实验中，将 255 名儿童随机分成四组：短期目标组（每次练习测验提高 4％）、长期目标组（10周训练提高 20％）、短期目标加长期目标组和尽最大努力组。被试每天进行仰卧起坐训练，每周进行一次练习测验，每两周进行一次正式测验，共进行 10 周。结果表明，有具体目标的各组，其成绩提高幅度比只有模糊目标（尽最大努力）的组更大。

　　一般来说，具体的目标不仅有助于导致明确、有效率的行为，而且还有助于结果的评估，有助于定量化地检验是否达到了目标。这种反馈对于目标的动机功能具有极重要的意义。因此，"身体训练做三组仰卧起坐，每组 50 个，5 分钟一组"会比"身体训练做仰卧起坐，尽量做，越多越好"更为有效。

　　3. 设置现实的、具有挑战性的目标

　　现实目标是指通过艰苦努力可以达到的目标。不现实目标是指不论通过多少努力也不可能实现的目标。在现实目标的指导下，通过一段时间的努力，获取一定的成功，自然会加强运动员的自信心。富有挑战性的、困难的但经过努力可以达到的现实目标，对于激发动机更有效。

　　班杜拉认为，人的自信心受过去成功经验的影响最大。成功就是目标的实现。运动员所达到的目标越多，所体验到的成功感就越多，自信心也就越强。因此，将长期目标转化为现实的、具体的中期目标和短期目标对于所有项目的运动员来说都是极其重要的。例如，一个艺术体操运动员要想在球操的比赛中获得成功，她应当在教练的指导下制定出一个中、短期计划，比如预定进行三个月的训练，第一个月将球操的成功率提高到 80%，第二个月提高到 90%，第三个月提高到 95%。然后，再相应地制定每周的训练目标。这样，她便可以开始做出切实的努力来获得成功。

高难目标可能有助于达到个人的最佳成绩，实现个人的最大潜力，但如果未达到所设置的目标，也可能造成失败感，怀疑自己，放弃努力。过易的目标又不可能充分动员、激发人的活动，挖掘人的潜力。因此，运动员应该为自己设立难度适当的目标。

运动员设置不现实目标的原因有：(1)渴望获得给予胜者的奖励；(2)父母、朋友、教练支持其设置超过自身水平的目标；(3)因害怕失败，设置过低的目标；(4)对自己的能力、对手的水平或比赛条件缺乏足够的了解；(5)经历了早期成功的运动员，或有过一两次目标顺利实现的体验，过高估计了自己。

4. 任务定向目标和自我定向目标相结合

任务定向目标强调纵向的自己与自己比较，注重个人努力，有助于内部动机的维持和提高。运动员只要全力以赴并刷新了自己的个人记录，就会产生成功感。自我定向目标强调横向的自己与他人比较，注重社会参照，以超过他人为目标。因此，只要超过了他人，即使自己付出的努力不多，也会产生成功感。自我定向目标对内部动机有损害作用。

目标定向理论提出，任务定向目标是更好的目标。在竞技运动领域，任务定向目标让运动员较少受到对手和其他因素的影响，有利于运动员将注意力集中在当前应当关注的事情上，有助于运动员能力感的提高和内部动机的维持。但自我定向目标又是运动员无法回避的问题，因为冠军永远只有一个。所以，运动员多用自我定向目标来维持长期的训练动机，而多用任务定向目标来建立比赛中的注意定向。

(二)目标设置需要注意的问题

通过目标设置可以激励运动员的运动动机，但是目标设置是否合理将直接影响到训练效果，所以设置目标时要注意以下几点：

1. 对目标的接受和认同

要使所设置的目标起到充分的作用，运动员还必须有对目标的完全接受和认同，即全心地投入到实现目标的过程中去。投入的程度越高，实现目标的可能性也就越大，从目标设置中的获益也就越大。另外，研究表明，只有在组织目标为个人所接受并转化成个人的目标时，组织目标才能对个人的行为起激励作用。

2. 个人参与目标设置

让个人参与目标设置有助于个人更清楚地了解目标，更努力去实现目标。此外，个人参与目标的设置，增强了他的组织归属感，从而更能激发他的动机。

3. 及时反馈并了解结果

目标设置是一个动态的调整过程，需要在实施过程中不断地加以调整、修改和补充。经常将现有成绩与既定的目标相比较，将有利于目标的调整和动机的激发。它告诉运动员两个方面的信息：一方面，目标设置是否合适，是否有必要进行修改；另一方面，对个人努力的程度进行评价，看是否达到了实现目标的要求。

4.目标的公开化

一个人人皆知的目标，有利于社会监督，促使目标制定者努力，这是从外部对动机的激发。一般来说，凡是公开的目标，在可比环境中都不会是个低目标，因为低目标会伤害自己的自尊心。在竞争环境中，大多数人都有维护自己声誉的强烈需要，从而构成了一种强烈的外部动机，促使人们加倍努力。目标的公开化，意味着个体对社会的承诺。

5.目标的多级化

在一些形势复杂、竞争十分激烈的竞技运动领域中，为减轻心理压力，人们常常设立多级目标。一般可设置三级目标：

(1)理想目标：超水平发挥时应达到的目标。

(2)现实目标：正常发挥时应达到的目标。

(3)低限目标：无论出现什么意外情况，也应奋力达到的目标。

设置三级目标是为了减轻那种"不成功便成仁"的单一目标所造成的强大心理负荷，是为了更有利于现实目标的实现。在体育比赛中，对于那些已经处于高度激活状态的运动员，赛前更应制定多级目标，以使其成就动机保持在适宜水平。

第五节　自我效能理论和应用

一、自我效能理论

自我效能源于美国心理学家班杜拉(A. Bandura)的社会学习理论，是社会心理学和动机心理学中的一个重要概念。自我效能理论认为，个体在目标追求过程中面临某项特殊任务时，对完成该项任务的动机强弱，将取决于个体对其自我效能的评估，自我效能是人类活动的一种强大力量，在控制和调节行为方面有着不可估量的价值。

(一)什么是自我效能

动一动

我的潜力到底有多大？

人们往往会低估自己的潜力，因而不敢想，进而不敢做，丧失了许多机会。以下的活动可以帮助运动员认识这个道理。

1.将杯子装满水，放在桌子上。将一把小铁钉放在桌子上。

2.问队员:可以向杯子里放多少枚小铁钉,水刚好不会溢出来?

3.请队员一起讨论,得出一个平均数。

4.选出一个队员,往杯子里一枚一枚放小铁钉,直到水刚好不会溢出来。

5.计算杯中小铁钉的数量,看是否超过了大家讨论的平均数。

6.组织队员讨论:大家为什么会低估杯子的潜力? 我们会经常低估自己的潜力吗? 人有多大的潜力? 如何才能发挥自己的最大潜力?

（引自张力为,2007）

自我效能是指一个人对自己能否成功地完成一项任务所持的信心和期望,或者是对自己成功完成一项任务所具备的潜能的认识。自我效能与一个人所具有的技能水平无关,而是与一个人对自己所具有的技能可以做什么的判断有关。简单地说,自我效能是个体对自己能力和能力可能产生的效能的认知,是一种特定情境中的自信心。通常情况下,自我效能和自信心两个词代表着相同或相近的含义。

与自我效能相反的是习得性无助。它是在个体多次经历了无法挽回的失败和挫折后,再次面对同一任务时产生的无能为力的心理状态。习得性无助对个体的行为动机、认知和情绪会产生不良影响,甚至会导致退避性行为。

(二)自我效能的作用

班杜拉认为,自我效能对行为的作用主要表现在行为的选择、努力程度和坚持性、思维方式和情绪反应等方面。

1.影响行为的选择

人们总是愿意选择自己力所能及并能充分展示自己才能的活动,避免超出自己能力的活动。高自我效能者更有可能选择较高的行为目标,并愿意为之付出更大的努力。

2.影响努力程度和坚持性

参与体育活动必定会遇到体能、技术、战术等方面的困难,高自我效能者在面临困难时,将会更加努力并坚持下去克服困难,而低自我效能者将会降低努力,甚至放弃努力。

3.影响人的思维方式和情绪反应

低自我效能者往往把注意力集中在可能产生的失败或意外上,因而降低能力发挥并产生压力感和焦虑感;高自我效能者把注意力集中在所进行的活动中,对完成活动有信心,情绪乐观稳定。

自我效能是促进动机的重要因素。自我效能影响着人的认知过程,例如成功与失败的表象、目标定向、归因等,这些认知过程进而影响着人们的动机状态(Feltz,1988a)。自我效能高者,参与体育活动的动机也应较高,反之则应较低。嘉西亚等人(Garcia & King,1991)对一组办公室的老年工作人员进行了一项研究,先对他们进行自我效能的初测,然后,将其分入三个不同的身体锻炼组和一个控制组进行为期一年的身体锻炼。结果发现,自我效能与身体锻炼的坚持性有中等程度的正相关,自我效能高者,身体锻炼的坚持性也更好。

运动心理学领域的许多研究表明,自我效能越高,个体的努力程度就越高,运动成绩就越好。韦斯等人(Weiss,Wiese & Klint,1989)发现,省级水平的体操运动员,其自我效能水平与比赛成绩的相关为 r=0.57。在自我效能和运动成绩的关系这一类研究中,自我效能大多能可靠地预测运动成绩,相关系数一般均超过 0.50。费尔茨(Feltz,1981)研究发现,如果利用过去的运动成绩和自我效能一起预测运动成绩,其效果比单独用自我效能预测运动成绩更好。

(三)自我效能的形成途径

班杜拉和他的同事从信息加工的角度对自我效能的形成做了大量的研究,提出自我效能的形成是建立在四种信息来源之上的,即成败经验、替代经验、言语劝说和生理状态。

1.成败经验

行为的成败经验是个体在以往的体育活动和练习操作中的亲身经历,它对自我效能形成的影响最大。成功的经验可提高自我效能感,多次的失败经验会降低人对自己能力的判断,导致较低的自我效能感。在体育运动中,这一信息来源主要是运动员的成绩表现。值得注意的是,自我效能感一旦形成,即便遇到偶尔的失败,也不会轻易降低。

2.替代经验

人们通过观察或想象他人(尤其是与自己能力相当者)的行为会获得替代性经验,这些经验也会对自我效能的形成产生影响。观看或想象与自己能力相当者的成功操作,能提高自我效能感,并相信自己也有能力完成类似的任务;而观看或想象与自己能力相当者的失败操作,则会降低自我效能感,觉得自己也将难以成功。

3.言语劝说

言语劝说包括说服性的建议、劝告以及自我规劝。劝说会使人们相信自己的能力,在完成特定任务时付出更多、更持久的努力。例如,当你尊敬的著名教练员强烈地认为你有能力成功应付某一情境时,可以提高你的自我效能感。

4.生理状态

个体在参加某一活动之前的生理状态是影响自我效能的最直接信息。良好的生理状态能提高个体对自己能力的判断,而过度焦虑、疲劳、伤病等会降低个体对自己能力的判断,会使人感到难以胜任任务。班杜拉指出,人们常把紧张情境中的生理唤醒作为不良信号加以解读,这会降低自我效能感。

班杜拉认为,以上 4 种信息来源常常共同对自我效能的形成产生影响。自我效能的形成以及自我效能对行为的作用可以用图 4-8 来表示。

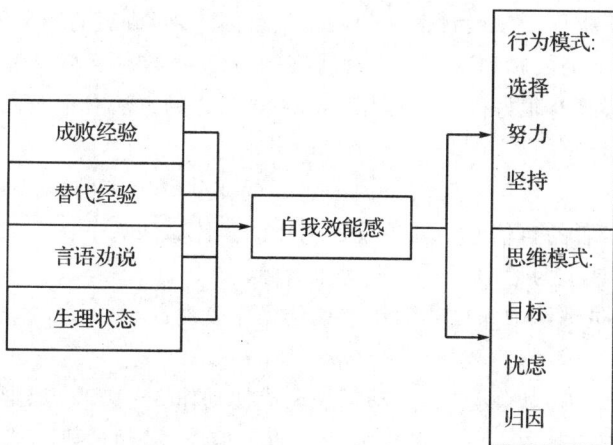

图 4-8 效能信息、自我效能感、行为和思维模式的相互关系

二、自信心训练

动一动

你的自信心强吗?

用优缺点罗列的方法来测量自信心,实施简单,既可以单独施测,也可以集体施测。

一、测量方法

自信心测量分两轮进行。在实施测量前,先发给运动员每人两张答题纸和一支笔。

第一轮测量指导语:我一说开始,请用 3 分钟在这张纸上尽快写出你的缺点。我一说停,不管写在什么地方,都要立刻停止。明白了吗? 好,准备,开始!

第二轮测量指导语:我一说开始,请用 3 分钟在这张纸上尽快写出你的优点。我一说停,不管写在什么地方,都要立刻停止。明白了吗? 好,准备,开始!

注意事项:第一轮测量完毕,收回答题纸;两次测量之间休息 3 分钟;第二轮测量完毕收回答题纸。

二、评分方法

1.字数得分计算方法

字数得分=优点答题纸上的字数-缺点答题纸上的字数。得分越高,自信心越强。

2.维度得分计算方法

维度得分=优点答题纸上的维度-缺点答题纸上的维度。得分越高,自信心越强。

自我效能理论提出了发展自信心的四个关键因素,即成功的亲身体验、可借鉴的他人成功经验、言语上的鼓励和适宜的生理状态等,这对于在体育教学和训练中提高学生或运动员的自信心具有很好的启发作用。训练自信心的方法有很多,这里仅介绍6种。

(一)表象成功动作

西方和前苏联的心理学家对表象训练进行的实验研究表明,对成功动作的表象训练有助于提高受试者的自信心。表象成功动作的具体做法如下:

(1)平时训练课上为运动员的关键动作录像;

(2)剪辑运动员训练中的成功动作或最佳操作表现;

(3)训练课后让运动员观看自己的成功动作;

(4)在放松状态下,如睡觉前,运动员表象成功动作3～10次,以形成心理定势。

运用成功动作的表象训练来提高运动员的自信心,运动员要形成做表象练习的习惯,这样才有可能提高表象的清晰性、稳定性和可控性,从而提高自信心。

(二)设置适宜目标

自信心与目标设置是相互作用、互相影响的关系。一方面,自信心影响着一个人目标设置的高低;另一方面,目标设置是否合理又会反过来影响着一个人的自信心。当目标制定得过低时,往往会使运动员放松努力,无法体验成功;而当设置的目标过高、不切实际时,运动员又会因无法完成任务而感到悲观和焦虑,挫伤自信。因此,教练员和教师应该帮助运动员设置可实现的、具有挑战性、可测量反馈的、自我比较的目标,增加运动员的成功体验,从而增强自信。

(三)正确归因成败

韦纳(Weiner)认为,能力、努力、运气和任务难度是个体对成败归因的要素。当运动员把完成动作的成功和比赛的胜利归因于自己的运气好,而把失败归因于自己的能力差时,自信心必然会受到削弱。因此,教练员有必要将合理的归因技术教授给运动员,使他们善于将成功归因于自己的能力和努力,而将失败归因于运气或没有足够的努力,这样,无论遇到成功还是遭遇失败,运动员的自信心都不会被减弱,反而会逐渐积累和增强。

(四)积极暗示

运用暗示法提高自信心的技术已广泛应用于体育运动心理学领域。积极的自我暗示可以帮助人建立和提高自信心,例如,在遇到失败和困难时,暗示自己"顶住,我能行"来提高自信心。积极暗示的训练方法详见第6章心理技能训练。

(五)集体鼓励

班杜拉的自我效能理论指出,言语劝说是一个人自我效能形成的重要信息来源。因此,可以通过多种途径给予运动员积极的反馈和鼓励,提高他们的自我效能感。具体做法如下:

　　(1)教练员每周在每个运动员的训练日记中及时反馈两个信息:我认为你在哪些方面进步了;我赞赏你的哪些表现。

　　(2)每个队员不记名地写出其他队员的长处,或者喜欢其他队员的哪些方面,然后汇总、集体分享。

　　(3)教练员对队员、队员对其他队员,都不要吝啬鼓励性的话语,最好每天都能说句鼓励性的语言。

　　(六)平时大胆表现

　　运动员的自信包括两个方面,即作为整个人的自信和作为运动员的自信,两者相互影响。运动员的自信心训练还可以从日常行为的改变入手,具体做法如下:

　　(1)开会、上课时挑前面的位子坐;

　　(2)与人交谈时,正视对方的眼睛;

　　(3)与人握手时,用力大一点;

　　(4)昂首挺胸,快步行走;

　　(5)练习当众讲话;

　　(6)尽量多地咧嘴大笑;

　　(7)签名时,将自己的名字写得大一些。

本章小结

　　1.动机是推动人们从事某种活动,并引导活动朝向某一目标的心理动因或内在动力。动机的产生有两个条件:一是需要,二是诱因。

　　2.动机具有激活、指向或选择、调节与维持等功能。

　　3.根据需要的种类和对象,可以将动机分为生理性动机和社会性动机。

　　4.根据动机产生的来源,可以将动机分为外部动机和内部动机。外部奖励削弱内部动机的效应,被称为"德西效应"。

　　5.根据个体参与某种活动的心理动因是指向于该活动过程、还是指向于该活动结果,可以将动机分为直接动机和间接动机。

　　6.动机过强或不足,都会使工作或学习效率降低,中等强度的动机最有利于获得最佳的工作效率。

　　7.强化是指出现可接受的行为时,或者给予奖励,或者撤除消极刺激的过程。强化可以分为积极强化(正强化)和消极强化(负强化)两种。

　　8.美国心理学家马斯洛(Maslow,1970)提出的需要层次理论认为,人类所追求的需要具有普遍性,包括生理的需要、安全的需要、归属和爱的需要、尊重的需要和自我实现的需要,这五种需要从低级到高级有层次地排列着,只有较低一级的需要基本得到满足以后,人们才会产生较高一级的需要。

9.人们参与体育运动的需要各不相同,大多数人的需要可以归纳为四类:追求运动乐趣的需要、从属于一个集体的归属需要、尊重的需要、展示自我才能和价值的需要。

10.目标定向指一个人参加某一活动时所依据的成就目标倾向。它不是具体要达到的行为数量标准,而是内心追求的成就取向。

11.任务定向目标是指以个人表现的提高为关注重点的目标。自我定向目标是指以击败他人为关注重点的目标。目标定向理论提出,任务定向目标是更好的目标。

12.目标具有激励的作用,设置目标的原则有:长期目标与短期目标相结合,设置具体的、可测量的目标,设置现实的、具有挑战性的目标,任务定向目标和自我定向目标相结合。

13.自我效能是指一个人对自己能否成功地完成一项任务所持的信心和期望,或者是对自己成功完成一项任务所具备的潜能的认识。

14.自我效能对行为的作用主要表现在行为的选择、努力程度和坚持性、思维方式和情绪反应等方面。

15.自我效能的形成是建立在四种信息来源之上的,既成败经验、替代经验、言语劝说和生理状态。

16.自信心训练的方法有:表象成功动作,设置适宜目标,正确归因成败,积极暗示,集体鼓励和平时大胆表现。

思考题

1.对运动员进行物质奖励,会产生哪些正面和负面影响?

2.结合自己的专项实际,论述如何设置目标?

3.论述自信心的训练方法。

4.如何激发和维持运动员的运动动机?

第五章 运动技能学习

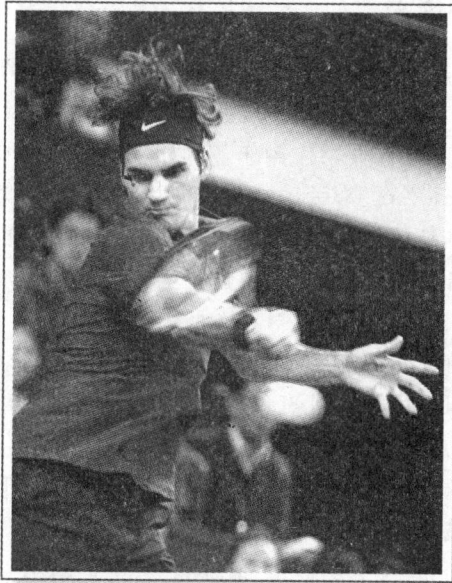

图 5-1 瑞士球王费德勒:2007 年上海网球大师杯决赛

通过本章的学习,你将能够回答以下问题:

1. 什么是运动技能? 运动技能可分为哪几类?

2. 什么是运动技能学习? 费茨关于运动技能学习的三阶段是什么?

3. 运动技能学习过程中哪些特征发生了变化?

4. 闭合环路理论和图式理论是如何解释运动技能学习的?

5. 什么是练习绩效? 绩效具有了哪些特征才能推测学习的发生?

6. 什么是练习曲线? 运动技能在练习过程中的表现有哪些共同趋势?

7. 如何才能进行有效的练习?

8. 什么是运动技能的迁移?

9. 测量运动技能迁移的经典实验是如何设计的?

10. 如何解释运动技能正迁移和负迁移的发生?

关键词:

运动技能;运动技能学习;闭合环路理论;图式理论;练习曲线;练习绩效;高原现象;反馈;整体练习;部分练习;集中练习;分散练习;技能迁移;正迁移;负迁移;前摄迁移;后摄迁移

第一节　运动技能概述

一、什么是运动技能

运动技能(motor skill),也称动作技能,是指通过练习而形成的完成某种任务的动作方式。运动技能是人类生活不可或缺的重要组成部分,涉及人们日常生活、学习活动、生产劳动和体育活动中的各种动作操作。例如,日常生活中吃饭时筷子和勺子的使用,学习活动中的写字和打字,生产劳动中对生产工具的操纵,体育活动中的游泳、打球等都属于运动技能。运动技能主要是借助于神经系统和骨骼肌肉系统实现的。打高尔夫球主要体现为对球和杆的操作,跳远主要体现为外显的肌肉反应,无论使用还是不使用器械,运动技能总是包含有神经系统对有关肌肉的控制。

运动技能具有3个特征:(1)有一定的任务目标,运动技能总是指向一定的操作目标。(2)运动技能是自主运动,受主观意识的支配。(3)运动技能需要身体、头或肢体的运动来实现任务目标,这是运动技能区别于人类其他技能的基础。虽然数学运算也是一项技能,但运算并不需要身体和肢体的运动来实现目标,因此运算不是运动技能,通常把数学运算称作智力技能。

运动技能与智力技能是两个不同的概念,虽然它们有着一定的联系。智力技能(mental skill)是指借助于内部言语在头脑中进行认识活动(如感知、记忆、想象、思维等)的心智操作。智力技能主要表现为思维操作活动,而运动技能主要表现为外显的骨骼肌的操作活动。当然,人们在完成比较复杂的活动时总是手脑并用的,既需要智力技能,也需要运动技能。

二、运动技能的分类

运动技能纷繁复杂,对其进行科学分类是进行该领域研究的前提。目前被广为接受并且应用较多的运动技能分类方法有以下4种。

(一)封闭性与开放性运动技能

根据技能操作环境的稳定性特征,可将运动技能分为封闭性和开放性运动技能。

封闭性运动技能(closed motor skill)的环境背景特征是稳定的,环境背景特征在技能操作过程中不会发生位置上的变化。例如,固定靶射击、跳水、体操、游泳、跳远、标枪、篮球的罚球等均为封闭性运动技能。在完成封闭性运动技能过程中,环境特征和技能的程序基本是固定的,个体很少需要根据环境和对手的情况来进行直接、迅速和反复的技能调节,可以较多采用本体感受器所介入的反馈来调节动作。

开放性运动技能(open motor skill)的环境背景特征是不稳定的,即技能的操作目标、支撑平台和其他人始终处于运动状态。在完成开放性运动技能过程中,个体必须根据环境的变化适时地对动作进行相应的调整,个体完成动作的时机和采取的动作主要由相关的环境线索决定。例如,拳击、击剑、足球的防守等都是开放性运动技能。

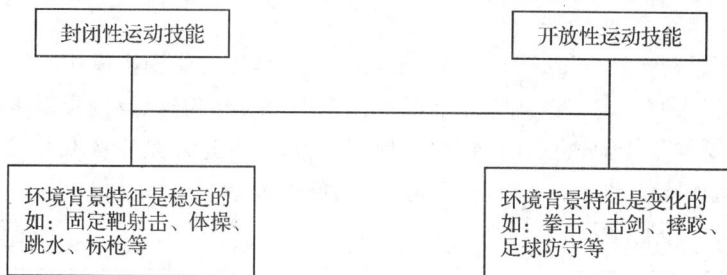

封闭性运动技能	开放性运动技能
环境背景特征是稳定的 如:固定靶射击、体操、跳水、标枪等	环境背景特征是变化的 如:拳击、击剑、摔跤、足球防守等

图 5-2　封闭性和开放性运动技能分类

(二)非连续性和连续性运动技能

根据技能操作过程中动作的起止点是否清晰,可将运动技能分为非连续性和连续性运动技能。

非连续性运动技能(discontinuous motor skill)的主要特征是,一个动作的开始和结束非常明显,且持续时间相对短暂,动作的完成带有一定的爆发性。例如,铁饼、标枪、举重、篮球的投篮等都是非连续性运动技能。

连续性运动技能(continuous motor skill)的主要特征是,运动操作由一个接一个的连串动作或系列动作组成,没有明确的开始与结束。例如,游泳、滑冰、跑步等都是连续性运动技能,这些技能可以任意确定开始点和结束点。

在非连续性和连续性运动技能之间,存在着大量的系列性运动技能。系列性运动技能是由一组非连续性运动技能联结在一起组成的一个新的、更加复杂的技能动作。例如,三级跳远、跨栏、跳高等都属于系列性运动技能。完成系列性运动技能的关键是系列动作之间的节奏。

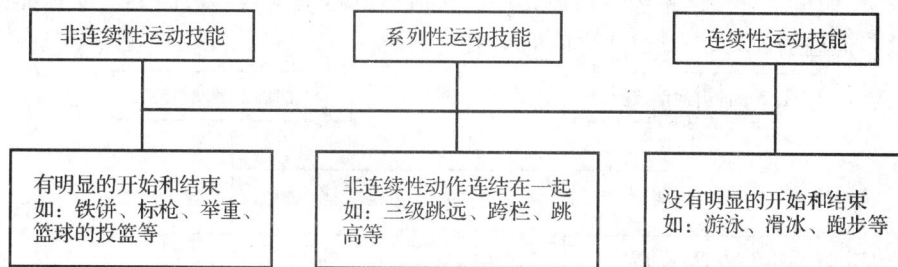

非连续性运动技能	系列性运动技能	连续性运动技能
有明显的开始和结束 如:铁饼、标枪、举重、篮球的投篮等	非连续性动作连结在一起 如:三级跳远、跨栏、跳高等	没有明显的开始和结束 如:游泳、滑冰、跑步等

图 5-3　非连续性和连续性运动技能分类

(三)低策略性和高策略性运动技能

根据技能执行时所需要的认知策略多少,可将运动技能分为低策略性和高策略性运动技能。

低策略性运动技能(low strategic motor skill)是指技能操作成功的重要因素是动作本身的质量,主要要求操作者怎么做,对该做什么动作的知觉和决策要求比较低,例如举重、游泳、体操等。

高策略性运动技能(high strategic motor skill)是指技能操作成功的重要因素是决策在什么情况下做什么动作,例如在羽毛球比赛中,杀球、勾球、放网等基本动作每个运动员都会,重要的是要知道在什么情况下使用什么动作,这才是比赛取胜的关键。现实中多数的运动技能都包含了决策制订和动作实施的复杂组合。

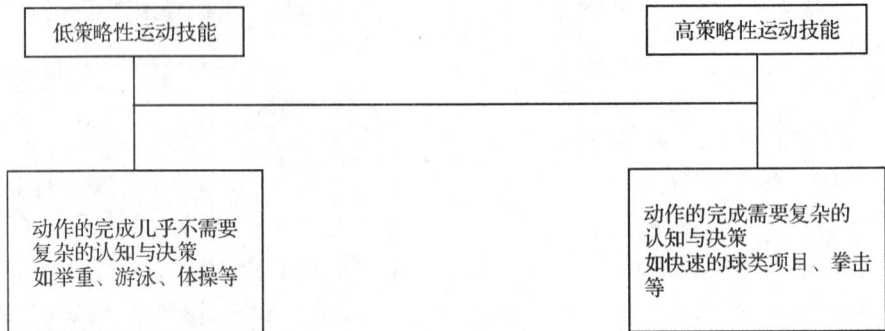

图 5-4　低策略性和高策略性运动技能分类

（四）小肌肉群运动技能和大肌肉群运动技能

根据技能操作时肌肉参与的不同,可将运动技能分为小肌肉群运动技能和大肌肉群运动技能。

小肌肉群运动技能(fine muscle group motor skill)是指以小肌肉群活动为主的运动技能,具有细微、精巧的特点。绣花、织毛衣、写字、打字等都是小肌肉群运动技能。

大肌肉群运动技能(gross muscle group motor skill)是指以大肌肉群活动为主的运动技能,如举重、摔跤、跑步等都是典型的大肌肉群运动技能。这两类运动技能由于肌肉参与的差别极大,因此彼此之间的相关性很低。

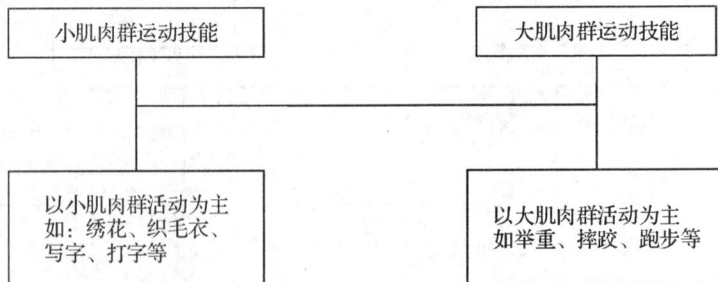

图 5-5　小肌肉群和大肌肉群运动技能分类

第二节　运动技能学习的过程

一、运动技能学习的阶段

运动技能学习的过程是分阶段的,不同的阶段有不同的特点。费茨和波斯纳(Fitts & Posner,1967)提出了运动技能学习的三阶段模型,把运动技能学习划分为认知阶段、联结阶段和自动化阶段。该模型被认为是运动技能学习阶段的经典模型,得到广泛的认可和运用。

(一)动作的认知阶段

动作的认知阶段是运动技能学习的开始阶段。该阶段具有如下特点:练习者的神经过程处于泛化阶段,内抑制尚未精确建立;知觉的准确性较低;注意范围比较狭窄;紧张程度高;动作的完成不精确;动作之间的联系不协调,多余动作较多;能初步利用结果的反馈信息,但只能利用非常明显的线索;较多利用视觉来控制动作,动觉的感受性较差;难以发现动作的缺点和错误;意识的参与较多。

运动技能学习的认知阶段,主要应强调练习者对任务的认知,即知觉和理解动作的术语、要领、原理或规则,以及做动作时应知觉的线索(包括来自身体内部或外部的线索),以便使练习者做动作时尽可能正确。例如,网球初学者需要了解网球的基本任务、抓握球拍的正确动作、击球点的最佳位置等。在此阶段,练习者主要是通过视觉观察示范动作并进行模仿练习,因此,来自教师的指导、示范、反馈等信息可以帮助他们更有效地进行技能操作。

(二)动作的联结阶段

练习者经过一定的练习之后,初步掌握了一系列局部动作,并开始把个别动作联系起来,这个阶段是动作的联结阶段。该阶段具有如下特点:练习者的神经过程逐渐形成了分化性抑制,兴奋和抑制在空间和时间上更加准确;注意的范围有所扩大;紧张程度有所减缓;动作的准确性提高;多余动作逐渐消除,动作之间建立了初步的联系;视觉仍起一定的作用,肌肉运动感觉逐渐清晰明确;识别错误动作的能力有所加强。

运动技能学习的联结阶段,重点是使练习者将动作的各个组成部分建立起固定的联系,强调在正确的知觉和积极思维的基础上反复练习,以找到改进动作的方法,合理地使用力量、速度,建立准确的空间方位,最后把动作各个组成部分联合成一个整体,建立起动作连锁。例如,网球学习者进入动作联结阶段时,已经知道在击球之前如何跑动和挥动球拍,以达到预期的球速和落球点。

(三)动作的自动化阶段

动作的自动化阶段是运动技能形成的最后阶段。该阶段具有如下特点:练习者的动作已在大脑中建立起稳固的动力定型;神经过程的兴奋和抑制更加集中和精确;注意范围扩大,注意主要用于对环境变化信息的加工上,对动作本身的注意很少;动作的自动化程度扩大,意识只对个别动作起调节作用;视觉控制作用减弱,动觉控制作用加强;练习者已经形成较高的错误觉察能力,能够发现错误和纠正错误。

在运动技能学习的自动化阶段,一长串的动作系列似乎是自动流出来的,无须特殊的注意和纠正,这时的动作已经程序化了,心理和机体的能量消耗出现节省化。例如,一个高水平的武术或体操运动员在演练套路时,并不需要思考每一个动作以及动作之间的顺序,技能的操作已经达到自动化。需要指出的是,许多运动技能需要经过多年的和大量的练习才能达到和保持自动化的水平。

动作的认知阶段、联结阶段和自动化阶段构成了一个完整的运动技能学习过程,虽然各个阶段有各自的特点,但各个阶段不是互相割裂、截然分开的,这三个阶段是紧密相连的完整体。

二、运动技能学习过程的变化特征

运动技能学习是指通过练习或经验,引起动作行为持久性改变的历程(Schmidt,1988)。运动技能学习过程的变化特征主要体现在动作控制的意识性、线索的利用、运动程序的作用、动觉反馈的作用和能量消耗的节省化等方面。

(一)动作控制的意识性

运动技能是通过练习从低层次的感知系统与运动系统的协调关系向高层次的协调关系发展,最终达到高度完善和自动化程度。运动技能的学习过程就是技能的自动化形成过程。在技能学习的初期,技能的各种动作都受意识控制,如果此时意识控制稍有削弱,动作就会出现停顿或出现错误,正确的技能就很难形成。但在技能的熟练期,人们完成技能时所关心的是怎样使这些技能服从于当前任务的需要,而不是如何操作的问题,技能操作的控制逐渐由意识性向自动化方向发展。例如,篮球运动中的基本运球动作,初学阶段我们只能把注意力放在拍球力度与节奏上,甚至常出现人跟着球跑的现象,但成为优秀的控球后卫后,运球的同时可以游刃有余地指挥全队的攻防战术,运球的动作几乎不需要注意。

随着运动技能熟练程度的增加,意识控制逐渐减弱,动作控制呈自动化,但这并不是不需要意识的参与。如果技能操作环境发生变化,意识会很快参与对新情境的决策。

(二)线索的利用

任何运动技能的完成都受情境中的线索指导,但在不同的技能学习阶段,对线索的利用情况并不相同。在运动技能形成的初期,练习者只能对很明显的线索(如教练的提示)产生反应,自己并不能觉察到动作的全部情况,难以发现自己的错误。而随着技能的形成,练习者能觉察到自己动作的细微差别,能运用细微的线索,使动作日趋完善。

技能达到自动化程度时,练习者根据很少的线索就能完成动作。例如,优秀的长跑运动员在比赛中能够觉察到自己某一圈速度是快了还是慢了,从而做出调整节奏的决策,而新手则很难觉察。

（三）运动程序的作用

运动技能是由若干动作按一定的顺序组织起来的动作体系,任何一种运动技能都具有时间上的先后动作顺序和一定的空间结构。例如,原地推铅球技能,从持球蹬腿、转体到最后出手用力的动作顺序是不变的,动作的空间结构也具有稳定性。当运动技能在经过充分的练习达到熟练程度时,不仅技能的局部动作已综合成大的动作连锁,而且神经系统已发展了一个内部运动程序,使完整的技能操作畅通无阻地进行。优秀运动员熟练的运动技能都是由运动程序来控制执行的,很少需要视觉系统的监控。例如,跨栏运动员在比赛中如行云流水般地自动跨过 10 个栏架,攻栏、跨栏、落地、再攻栏……,技能的完成是按一定的程序依次进行的。可以说,技能的学习过程就是运动程序的获得过程。

（四）动觉反馈的作用

在技能学习的初期阶段,练习者主要依靠外部反馈,特别是视觉反馈来控制动作。例如,篮球初学者在运球时,眼睛紧盯着手里的篮球;自行车初学者,视线离不开自行车把手和前轮胎。随着技能的形成和完善,运动技能的操作借助于运动程序的控制来完成,此时,视觉反馈的作用降低了,而动觉反馈的作用却大大加强。动觉反馈是运动程序的控制器,保证着运动技能的顺利操作。

（五）能量消耗的节省化

运动技能的学习过程也是技能操作能量节省化的过程。运动技能的自动化成分越大,或者说运动技能越完善,技能操作过程中耗费的能量就越少。完成同样的运动技能,初学者往往要消耗很多的能量,而熟练者则能节省能量的消耗。与运动过程有关的能量消耗有:(1)生理能量消耗,即技能操作时所消耗的生理能量,可通过测量技能学习过程中的热量消耗来确定生理能量的消耗;(2)机械能量消耗,可通过计算个人新陈代谢来测定机械能量消耗;(3)知觉能量消耗,即个体对能量消耗的主观感觉。运动技能的练习可以减少能量的消耗。

运动技能学习可以减少能量消耗,这已经得到了许多研究的支持。Sparrow 和 Hudles 等(1999)对被试进行为期 6 天的划船练习,实验结果发现,被试在 6 天的练习中,心率、氧气消耗量和知觉能量消耗率都显著降低,当练习者采用个人喜欢的划法和速度划船时,新陈代谢中能量消耗具有经济性。Almasbakk 等(2001)也研究指出,通过几天的模拟障碍滑雪器练习,练习者在练习过程中的耗氧量缓慢下降。

三、运动技能学习的理论

关于运动技能学习的机制,研究者从不同的角度提出了多种理论解释。最早是用行为主义理论来解释运动技能的学习过程,出现了刺激—联结学说、行为强化学说等。20 世纪 50 年代后兴起的认知心理学,主要从信息加工的观点来解释运动技能的学习过程,其中最具代表性的是亚当斯的闭合环路理论(Adams,1968)和施密特的图式理论(Schmidt,1975)。

(一)闭合环路理论

亚当斯的闭合环路理论(closed-loop theory)用闭合环路反馈的模式(对错误的认知、错误的修正)来解释运动技能的学习过程。该理论将个体视为信息加工系统,刺激信息先输入到比较器,经过比较器加工后的信息传至执行系统,然后通过效应器输出运动结果,运动结果经由反馈链传回比较器,与参照值比较,继而对动作进行修正。亚当斯认为,运动技能学习是运用正确参照值进行错误觉察,再通过反馈进行不断循环修正,使其与目标达成一致的过程,见图 5-6。

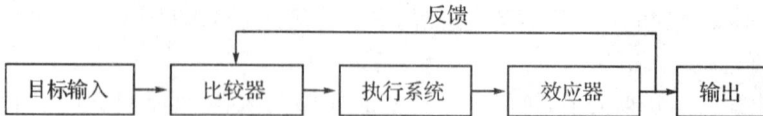

图 5-6　闭合环路控制系统

闭合环路理论得到了很多实验性研究的支持。但这种理论比较适用于慢速运动技能(运动时间在 120~150 毫秒以上)学习的机制解释,对于快速和复杂运动技能学习的机制解释则存在着局限性。在快速和复杂的运动技能学习中,若还要经过反馈的历程,再选择动作参数以产生技能表现,在时间上是来不及的。闭合环路理论也无法解释新动作的产生。

(二)图式理论

施密特的图式理论(schema theory)是目前广为人知且最重要的运动技能学习理论。该理论认为运动技能学习的过程是一种开环方式,在练习过程中逐渐形成图式,建立图式后,就可以根据动作程序选用不同的技能执行参数来成功地完成动作,以达到动作学习的目标。

图式是个体学习的动作的抽象法则。练习者在反复练习同一类别动作的过程中,每一次动作反应的结果与组成运动程序的参数均能形成一组相关数据而储存在记忆中。随着练习的进行,这种参数与动作结果间的对应关系逐步稳定,形成动作图式。施密特认为形成动作图式要有 4 种信息来源:

(1)初始状况的信息。执行一个有效的动作,必须了解开始状况的信息,包括产生动作前身体的位置、周围环境状态、与目标的距离等信息。

(2)产生动作反应的特定方式的信息。在执行所要完成的动作时,有关肢体的方向、力量、速度,必须有其特定的规格或参数,必须储存这些相关的参数信息。

(3)动作反应的感觉信息。动作反应的感觉信息,可以通过各种感觉通道,如视觉、听觉、本体感觉等反馈而获得。

（4）动作反应的结果信息。动作反应的结果信息，来自于对动作结果的反馈。

练习者在动作练习中所获得的这4种信息，都储存在短期记忆中，经过不同情境下的反复练习，能使这些信息产生联结，这个联结最后是以一种抽象化的方式表现出来，即成为一种动作图式。

图式理论的重点在于通过图式来解释运动技能的学习，认为运动技能的学习是一种开环方式，可以解释快速、复杂运动技能的学习，也可以解释个体新动作的产生。

第三节　运动技能学习的途径

一、练习和练习曲线

（一）练习和绩效

任何运动技能都是通过练习而形成的，练习是运动技能学习的根本途径。练习是指以掌握一定的动作或活动方式为目标的反复的操作过程。随着练习的进行，个体的绩效水平会发生变化，绩效水平的提高是练习所带来的最直接、最明显的结果。

绩效是探讨运动技能学习时经常用到的一个术语。所谓绩效，是个体操作运动技能时能被直接观察到的行为，如百米赛跑的成绩，投篮的命中率等。需要说明的是，绩效水平的变化并不等同于运动技能学习的发生，只有具备某些特征的绩效改变才提示运动技能学习的发生。这些重要的绩效变化特征是：

（1）绩效提高的持久性。绩效的提高必须能持续一段时间，这可以通过保持测验来评估。练习后休息一段时间，再测验与练习时相同的内容，称为保持测验。练习结束到进行保持测验之间停练的时间长度是任意的，但停练时间的长度要足以排除所有影响绩效效果的因素，如疲劳、情绪、动机等，以评估练习期间人们学到了什么。学校体育教学中的许多运动技能测验多为保持测验，总在技能学习结束后某个时间段里进行。

（2）绩效改变的一致性。随着学习的进步，绩效改变的一致性提高，即从一次绩效到下一次绩效，个体的绩效特征会变得更为相似。在学习的早期阶段，各练习间的绩效特征通常是不稳定的。

绩效是观察到的行为，而学习并非能够直接观察到。所以，只有通过对人们练习绩效的特点进行推断才能来评估学习的状况。

（二）练习曲线

练习曲线是表示一种技能形成过程中练习绩效随练习次数或练习时间变化的曲线图，也称为绩效曲线。练习曲线通常有三种表述方式：（1）练习次数或练习时间与完成动作所需时间的关系；（2）练习次数或练习时间与单位时间内完成工作量的关系；（3）练习次数或练习时间与错误量的关系,错误量常用均方根误差(RMSE)来表示。

二、练习过程的一般趋势

在运动技能学习的过程中,练习的最直接结果就是绩效的提高,练习绩效的提高主要表现为速度的加快和准确性的提高。速度加快是指单位时间内完成的工作量增加,或每次练习所需要的时间减少。准确性提高是指每次练习出现的错误次数减少。不同运动技能的练习进程不可能完全相同,但它们具有一般的、共同的发展趋势。这些共同趋势表现为:练习进步的先快后慢;练习进步的先慢后快;练习进步的高原现象;练习进步的起伏现象。

(一)练习进步的先快后慢

练习进步的先快后慢表现为个体在练习的开始阶段绩效提高较快,但随着练习的进行,绩效提高的速度逐渐减慢的现象,如图 5-7 所示。短跑、跳远等技能的练习都表现为这种情况。

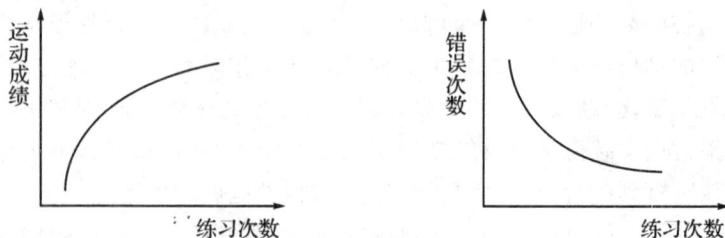

图 5-7　先快后慢的练习曲线

出现这种现象的原因可能有:

(1)练习初期,练习者可以利用过去的经验和方法,所以练习绩效的提高较快。但到了技能练习的后期,可利用的经验成分越来越少,需要新建的神经联系越来越多,此时技能的任何进步都要付出极大的努力,所以绩效的提高逐渐缓慢下来。

(2)练习初期,常把复杂的运动技能分解为较为简单的局部动作进行练习,若此时测验的是局部动作而不是整体技能,就会看到练习绩效进步较快。在练习的中后期,需要建立复杂的动作联系,若此时测验的是整体技能,练习绩效的进步就会减慢。

(3)练习初期,练习者的练习兴趣浓厚,情绪饱满,练习积极主动。而练习后期,练习者的积极性降低,对练习产生枯燥感,因而造成练习绩效的提高减慢。

(二)练习进步的先慢后快

练习进步的先慢后快表现为个体在练习的开始阶段绩效提高较慢,但随着练习的进行,绩效提高的速度加快的现象,如图 5-8 所示。这种现象多出现在游泳、滑冰等技能的学习过程中。

出现这种现象的原因可能是,诸如游泳、滑冰等技能的操作环境与练习者的生活环境有很大差异,个体可利用的过去经验和方法极少,可利用的运动程序有限,练习者必须建立新的神经联系,还要克服其他动作程序的干扰,因此练习初期绩效的提高较慢,一旦掌握了基本的技能程序,绩效提高的速度就明显加快。

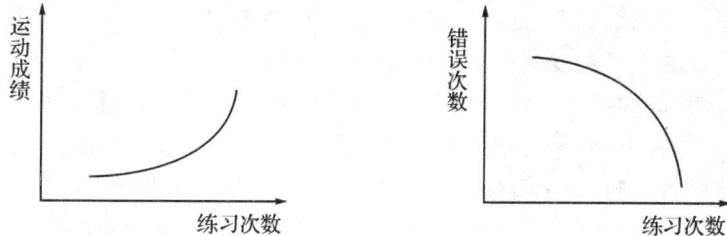

图 5-8　先慢后快的练习曲线

（三）练习进步的高原现象

练习进步的高原现象是指在练习的过程中,个体的练习绩效并非一直上升,有时会出现暂时停顿的现象,其主要表现为:练习绩效在某水平出现停顿,甚至有些下降,但经过一段时间的调整,绩效又会继续上升。图 5-9 所示是某人完成一项复杂追踪任务的练习曲线,在第 23 至 27 次练习之间出现了明显的高原现象。

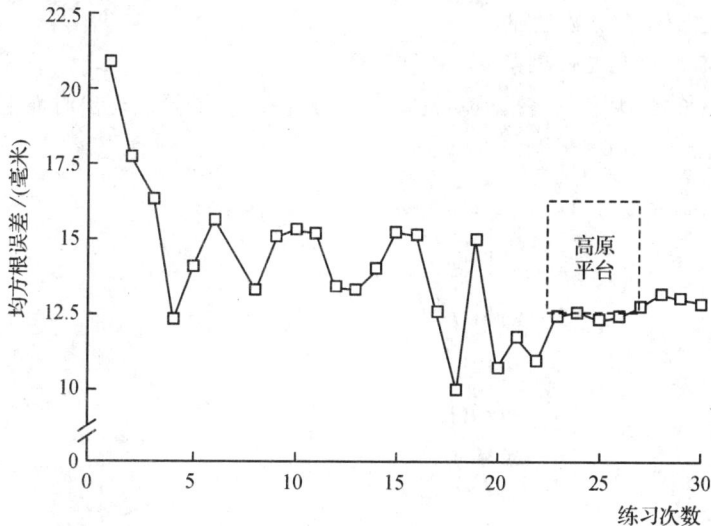

图 5-9　复杂追踪任务的练习曲线(引自 Magill,2004)

产生高原现象的原因可能有以下几种:

（1）当练习者从技能学习的一个阶段向另一个阶段过渡时,技能的提高需要改变旧的动作结构,建立新的动作结构,形成新的策略。因此,在练习者还没有适应技术改造之前,或新策略完全形成前,练习绩效的高原现象发生了。

（2）有些技能的提高需要身体素质作保障,身体素质发展的落后会制约运动技能的发展,出现练习绩效的暂时停顿现象。只有身体素质得到适当的提高,技能水平才可继续发展。

(3)经过一段时间的练习后,练习者的动机水平下降,兴趣降低,情绪厌倦,或者练习者身体疲劳,出现伤病等,也会使绩效进步出现停滞。

(4)高原现象更可能发生在复杂技能的学习中。在复杂技能的学习中,单个动作的连接以及整体技能的程序都较复杂,分解练习中的单个动作的执行时机、力度在整体技能中都有不同的要求,如果测验的是整体技能,则会看到高原现象的发生。

(5)有研究者认为,高原现象是技能练习的绩效特征,而非学习特征。也就是说,高原现象可能在练习曲线(或绩效曲线)中出现,但学习仍然进行着(Magill,2004),高原现象是由于绩效指标的局限性引起的。当绩效测量中出现"天花板或地板效应(ceiling or floor effect)",即绩效的测量值不允许超出或低于某个点时,绩效高原现象就会出现。例如,将一组 20 个罚球线投篮命中数作为绩效分,那么当个体达到 100% 命中率时,就不再能观察到绩效的提高,即出现了天花板效应。此时,尽管练习绩效不再提高,但是个体的技能可能仍在不断提高。

高原现象在运动技能学习中普遍存在,但应当指出的是,高原现象并不是任何运动技能在学习过程中都会发生的。

(四)练习进步的起伏现象

练习进步的起伏现象是指运动技能在练习过程中,绩效表现出时而上升、时而下降的现象,如图 5-9、图 5-10 所示。

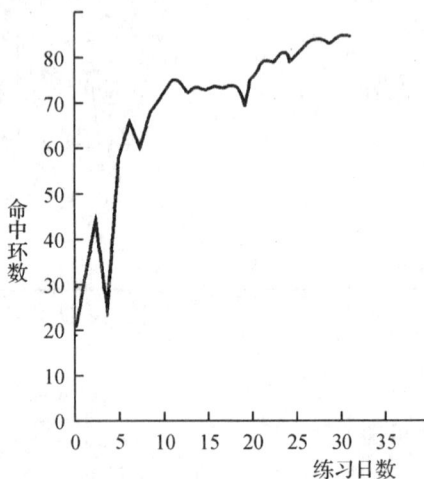

图 5-10　步枪射击的综合练习曲线(引自张力为,2003)

造成练习进步起伏现象的原因有客观和主观两方面的因素。客观因素包括学习环境、练习设备、练习内容、教师指导方法等,主观因素包括练习者的动机、兴趣、注意、情绪、意志、学习方法和身体状况的变化等。

三、有效练习的条件

任何运动技能的学习或获得都是通过练习来实现的。练习者在同一种运动技能的学习过程中表现有很大的个体差异,这除了有先天学习能力的制约外,练习的条件也起着重要的作用。影响运动技能有效练习的条件有:练习的目的和要求、练习方法、练习时间的分配和练习的反馈等。

（一）明确练习目的和要求

在运动技能的学习过程中,练习者明确自己的练习目的和要求,对于练习的效果具有重要意义。无目的的练习是简单重复,简单重复的练习不可能使活动方式得到改善,因为重复练习对正确和错误的活动方式均有巩固作用。

（二）正确选用整体练习法和部分练习法

整体练习法是指每次练习都完整地把技能从头到尾操作一遍的方法。部分练习法是指将技能分解成若干个局部动作分别进行练习,在有一定基础时,再把局部动作联合起来练习的方法。

采用整体练习法还是采用部分练习法更为有效,取决于技能的种类、复杂程度,练习者的年龄、能力、身体状况,以及场地、器材等条件。一般地说,学习简单的运动技能适合采用整体练习法,学习复杂的运动技能适合采用整体—部分—整体练习法,即在整体练习的基础上进行部分练习,再进行整体练习。具有相对独立性的技能,如篮球中的运球、传球、上篮等,排球中的发球、接球、垫球、吊球、扣球等,可以就局部动作进行部分练习。而对于各个动作程序之间无法截然分开的技能,如游泳,采用整体练习法较为有效。另外,对于新手,部分练习法较为合适,而对于技能水平较高的优秀运动员,整体练习法可能更为有效。

（三）合理分配练习时间

练习时间的分配是指实际练习时间和休息时间之间的比例。根据比例的大小,练习时间的分配有两种方式:常把较长的练习加上较短的休息称为集中练习,而练习间若有较长的休息,则称为分散练习(也可称为分布练习)。研究中通常以练习与休息时间比为1:1作为判断的标准,若休息时间短于练习时间为集中练习,休息时间等于或长于练习时间则为分散练习。

许多研究表明,分散练习的绩效优于集中练习。曹日昌(1980)在一个镜画练习实验中,要求两组被试都练习12次,练习分为两个阶段进行,即在第6次与第7次练习之间间隔24小时。甲组被试第1～6次练习是分散练习,各次练习之间休息1分钟,第7～12次练习是集中练习,各次练习之间无休息。乙组被试相反,第1～6次练习是集中练习,各次练习之间无休息,第7～12次练习是分散练习,各次练习之间休息1分钟。

实验结果如图 5-11,横坐标是练习次数,纵坐标是每次练习完成作业所用的时间,分数越低表示所用时间越短,绩效越好。研究结果表明,甲组前 6 次练习的绩效提高比乙组快,而乙组后 6 次练习的绩效提高比甲组快。

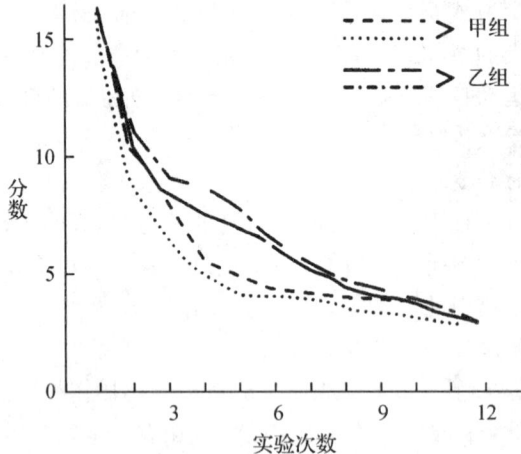

图 5-11　镜画实验中集中练习和分散练习的比较(引自张力为,2003)

杨博民(1989)曾就三种练习方式对大学生手枪射击成绩的影响进行研究。实验结果发现:经过短时休息和长时休息的练习方式,射击成绩的提高均达到显著性水平;而连续练习 100 次不休息者,射击成绩提高很少。黄希庭(1991)在转盘追踪练习实验中发现,每次练习间的休息时间越长,被试的绩效越好。

集中练习效果不佳的原因可以从疲劳的角度去解释。在很长一段时间内连续地进行相同的练习,或每次练习间仅有极短时间的休息,练习者无法消除在练习中产生的疲劳,从而使下一次练习的绩效提高缓慢,甚至下降,影响了练习的进程。但也有研究者(Stelmach,1969)指出,虽然减少练习间的休息时间大大降低了练习成绩,并减慢了进步速度,但在休息一段时间后的迁移测验中发现,集中练习与分散练习的结果并没有明显差异。集中练习效果不好主要是因为暂时的疲劳,但疲劳在休息后会迅速消失,对实际的学习成绩影响不大。所以,无论是集中练习还是分散练习,影响的都只是暂时的练习效应,而对学习效应影响不大。

当然,要合理地分配练习时间,还必须考虑技能的性质、复杂程度,练习者的水平、身体状况,以及练习中如何消除疲劳、克服遗忘等因素。例如,对于如投篮、跳远或掷棒球等非连续性运动技能,由于动作持续时间很短,多采用分散练习,而对于如游泳或自行车等连续性运动技能,则多采用集中练习。

(四)反馈

在运动技能学习过程中,有效而恰当的反馈对于提高运动技能的练习效率有着显著的影响。反馈的目的是向练习者提供动作过程或结果的有关信息,使练习者了解和比较其运动操作与运动目标之间的距离,从而调整练习的方式。按信息来源不同,可以将反馈分为自然反馈和追加反馈两种,见图5-12。

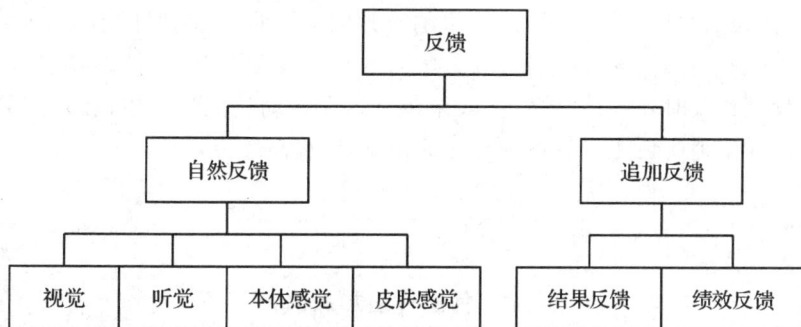

图 5-12　反馈的分类

1.自然反馈

自然反馈是指个体在动作完成后通过自身的视觉、听觉、本体感觉、皮肤感觉等感受器自然获得,不需要利用其他途径获得信息的方式。如一个网球练习者发球时腰部、肩部的肌肉用力情况,正手击球时击中与否,回球的具体位置等,这些运动信息在运动过程中或运动结束后,即不需要他人告知,也不需要任何的装置提供信息,练习者就可以直接获得,这些信息的反馈方式就属于自然反馈。自然反馈是人类进行学习的主要反馈方式。

2.追加反馈

追加反馈是指个体在动作执行后凭借外力或外物而获得关于动作结果或动作过程信息的方式,这些信息是追加的信息。例如,教师纠正错误动作时的语言、射击比赛中的成绩显示等。追加反馈常有两种不同的形式:结果反馈和绩效反馈。

结果反馈是指在动作结束后提供有关动作结果的相关信息,如 100 米蛙泳后告知运动员其成绩是多少。结果反馈是追加反馈中最重要的一种反馈方式,它可以通过语言或非语言的形式提供,可以在运动结束后即刻或一段时间后提供。

绩效反馈是指在动作结束后提供有关运动操作特征的相关信息,如在进行投篮练习中,教练说"压腕不充分"等。绩效反馈通常以影像反馈、运动学反馈、动力学反馈等方式进行。Newell 等(1981)认为,对于复杂的、需要身体综合协调完成的运动技能,学习时提供有关技能形态的运动学反馈、动力学反馈比只提供运动结果的反馈更有效。练习者通过影像等资料观察到自己在练习过程中身体的动态信息,对于技能的习得是大有益处的,当然这需要关键部位和线索的提示和分析。

如何使用反馈使运动技能的学习更有效,这涉及到反馈的频率和时间等因素。

黄希庭(1991)在实验中遮住被试的眼睛,让他们画 10cm 长的线段。实验安排了 3 组被试:第 1 组有 20%的实验次数让被试知道结果,第 2 组有 50%的实验次数让被试知道结果,第3组100％的实验次数让被试知道结果。实验结果表明,反馈频率越高,学习速度越快。格林斯普恩和弗曼(Greenspoon & Foreman,1956)在实验中,让被试画一条三英寸长的线段,但告诉被试结果的延迟时间不同,延迟时间有0秒、10秒、20秒和30秒。实验结果发现,反馈越及时,学习成绩越好。因此,传统的观点认为,反馈频率越高、反馈越及时,练习者的学习效果越好。在运动技能学习中,教师应采取多种方法及时地、详细地告诉练习者各种练习的信息,以提高练习效率。

拓展阅读

究竟如何进行追加反馈?

　　长期以来人们总认为每次练习后都应提供追加反馈,100％的追加反馈频率是最有利于技能学习的。但Winstein等(1990)以不同频率反馈对复杂追踪任务学习的影响研究表明,50％频率反馈的保持测验成绩好于100％频率反馈,随后又有许多研究证实了这一观点(Goodwin等,1995;Chiviakowsky,2002)。现在研究者一般认为,降低追加反馈频率可以促进运动技能的学习,但并不一定有利于所有运动技能的学习。因此,多少的反馈频率最有利于运动技能的学习,这要根据所学运动技能的性质和练习者个人的特点来选择。

　　在一次练习后多长时间给予反馈最有效?是即刻反馈还是延迟反馈?传统的观点认为及时反馈可促进运动技能的学习,延迟反馈不利于运动技能的学习,但这一观点近来受到了普遍的质疑。有研究者(Swinnen,1996)发现,在某些特定情境中,即刻反馈不利于技能的获得,这是因为即刻反馈可以提供解决问题的信息,可以对练习者起到强大的指导作用,这在练习的早期很有用,但随着练习的进行,个体对反馈产生了依赖,这种依赖阻碍了个体利用其他的学习信息,无法形成自身的错误觉察能力,导致练习绩效下降。金亚虹(2004)研究认为,即刻反馈更有利于复杂技能、开放性技能和不熟练技能的学习,而适当地延迟反馈较利于简单技能、封闭性技能和较熟练技能的学习。反馈延迟时间的适宜值可能与练习技能的复杂程度、技能性质,个体技能的水平、年龄与成熟度,以及获取信息的通道有关。

第四节　运动技能的迁移

一、什么是技能迁移

　　不同运动技能之间的学习会产生相互影响。例如,学会了投手榴弹的技能会影响掷标枪技能的学习;反过来,学会了掷标枪的技能对于投手榴弹技能的保持也会产生影响。我们把一种运动技能的学习对另一种运动技能学习的影响,称为运动技能的迁移。

　　运动技能间的相互影响可以是积极的,也可以是消极的。根据技能间相互影响的性质,可以把技能迁移分为正迁移和负迁移。

　　一种运动技能对另一种运动技能的学习产生积极影响,叫做技能的正迁移。例如,学会了跳高之后再学习撑竿跳高,学会了技巧的前翻动作后再学习跳马动作等,都会因为一种运动技能的学习而促进另一种运动技能的学习。

　　一种运动技能对另一种运动技能的学习产生消极影响,叫做技能的负迁移,也称为技能的干扰。例如,学会了自行车后学习骑三轮车,学会了俯卧式跳高之后再学习背越式跳高等,都会因为一种运动技能的学习而阻碍另一种运动技能的学习。

　　运动技能间的相互影响还存在着时间序列的问题。我们通常会片面地把技能迁移理解为已形成的运动技能对后续运动技能学习的影响。然而也存在这样的现象,即后续的运动技能学习也可能对先前运动技能的学习发生某种影响,这种影响也应当看做是运动技能学习的迁移现象。所以,根据运动技能间相互影响的时间序列,可以把技能迁移分为前摄迁移和后摄迁移。前摄迁移是指已学的运动技能对新技能学习的影响,后摄迁移是指后学运动技能对先前技能保持的影响。

　　运动技能学习领域的迁移现象是相当普遍的。技能的迁移问题一直是教育学和心理学研究的核心问题之一。

二、技能迁移的测量

　　要测量一种运动技能的学习对另一种运动技能的学习或保持存在怎样的影响,比较经典的实验是 Cratty(1973)设计的前后测验法,用以研究前后任务间的相互影响,如图 5-13 所示。

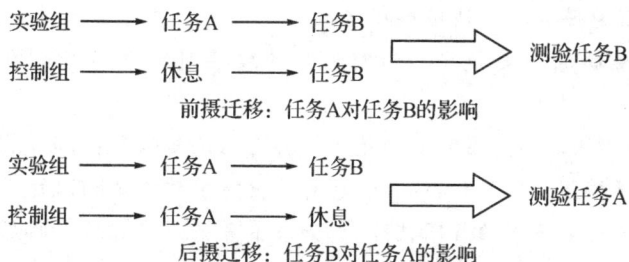

图 5-13　前摄迁移和后摄迁移的实验设计

　　在前摄迁移的实验中,实验组先学习任务 A,控制组休息,然后两组都学习任务 B,最后测验任务 B 的成绩。如果实验测得两组的任务 B 成绩相同,说明任务 A 对任务 B 没有影响;如果实验组任务 B 的成绩好于控制组,则说明学习任务 A 对学习新任务 B 起到了促进作用,即发生了正迁移;如果实验组任务 B 的成绩差于控制组,则说明学习任务 A 对学习新任务 B 起到了干扰作用,即发生了负迁移。

在后摄迁移的实验中,实验组和控制组先学习任务 A,然后实验组学习任务 B,此时控制组休息,最后测验任务 A 的成绩。如果实验测得两组的任务 A 成绩相同,则说明任务 B 的学习没有对已学任务 A 的保持产生影响;如果实验组任务 A 的成绩好于控制组,说明后学任务 B 对前任务 A 的保持起到了促进作用,即发生了正迁移;如果实验组任务 A 的成绩差于控制组,说明后学任务 B 对前任务 A 的保持起到了干扰作用,即发生了负迁移。

拓展阅读

两侧迁移

当我们学会用某一侧的手或脚操作一项运动技能时,就很容易学会用另一侧的手或脚来操作这项技能,这种现象称为两侧迁移,又称对侧迁移或交叉迁移。关于两侧迁移的实证研究非常多:武德沃斯(Woodworth,1899)的镜像追踪实验、布雷(Bray,1928)的目标定位试验、库克(Cook,1933)的迷津试验、艾伦(Allen,1948)的镜画练习等研究都发现了肢体的对侧迁移现象,而且发现不但手对手可以产生迁移,甚至手对脚、脚对脚、脚对手也可以产生技能迁移。

两侧迁移是否对称? 练习优势肢体对另一侧的迁移与练习非优势肢体对另一侧的迁移,发生两侧迁移的量是否有差异? 目前普遍接受的观点认为,两侧迁移是非对称的,即如果一个人最初从优势肢开始练习,会有大量的迁移发生。Magill(2004)认为,最初的优势肢练习很可能会产生巨大的激励因素,鼓励人去继续追求和实现其他目标——能够利用任意肢体熟练地进行技能操作。

两侧迁移发生的原因是什么? 两侧迁移的发生可以用认知论和动作控制论来解释。

认知论认为,两侧迁移产生的基础是获得共有的认知信息:需要怎么做才能达到技能目标。不管练习的是哪侧肢体,这种信息对于技能操作都是相同的。例如,用右手投篮与用左手投篮是完全不同的篮球技能,但如果不考虑投球者所用的是哪一只手,投球时眼睛盯着目标、蹬地、起跳、伸臂、拨球、出手等,这些动作顺序是相同的,正是这些相同的信息促使了技能的两侧迁移。

动作控制论认为,动作的执行是由程序控制而完成的,而一类动作是由共同的一般运动程序控制的。例如,左手或右手单手肩上投篮动作是由相同的一般运动程序控制,只是在某一变量上选用的动作参数不同。通过一侧肢体练习获得的这种一类动作的一般运动程序,就可以用于另一侧的相同技能操作,从而表现出两侧迁移的效果。

三、技能迁移的原因

技能学习过程中的正迁移和负迁移是如何发生的？多年来,研究者们已经提出了很多的假说来解释学习迁移发生的原因。

（一）正迁移发生的原因

1. 共同要素理论

行为主义心理学家桑代克（Thorndike,1913）提出共同要素理论来解释迁移的效果。他认为,迁移的产生是由于技能之间或技能操作情境之间有许多共同成分,这种成分一般包括刺激和反应方面的相同或相似。两种技能或两种技能操作的情境相似性程度越高,两者之间的正迁移数量就越多。例如,与排球的发球技术相比,网球与壁球的发球技术之间相似程度更高,所以两者之间的正迁移数量就较多。同样,与实际比赛情境高度相似的练习条件也将产生较多的正迁移。

2. 加工需求相似性理论

加工需求相似性理论认为,正迁移产生的原因是两种技能操作过程中认知加工特征的相似性,而不是两种技能的成分或两种技能操作情境特性的相似性。许多活动项目的技能成分虽然不同,但在操作中却有相似的策略、规则。例如,虽然在不同的场地或者使用不同的球拍,但比赛的规则相似。网球、壁球和板球都需要建立一个回击反弹球的决策过程,在一种情境中学习有关球的反弹速度、方向、启动角度、球的旋转等特征,可以对其他一些知觉因素相似的情境提供更多的积极性迁移。迁移的发生更重要的是因为两种技能操作的认知加工过程具有相似性。

（二）负迁移发生的原因

尽管负迁移在运动技能的学习中很少出现,并且持续的时间很短暂,但是在实际教学和训练情境中,认识负迁移产生的原因以及如何应对仍具有非常重要的意义。如何解释负迁移效果？最合理的解释是两种技能操作时的刺激是相同或相似的,但是要求作出的反应不同。例如,俯卧式跳高和背越式跳高,由于手的用力不同,脚尖的动作不同,或踏跳动作的不同,两者之间会产生负迁移。

对相同或相似的刺激作出反应时,反应空间位置的改变和反应时间结构的改变是产生负迁移的两个重要变量。例如,当你驾驶一辆别人的汽车,这辆车的变速挡位置与你已经习惯的位置正好相反,你会发现自己很容易在习惯的位置上换挡;或者你在一台不熟悉的电脑上打字,有些键的位置（空格或回车键）与你习惯的位置不同,你会发现打字时容易出现错误。这些例子都是因为反应的空间位置发生变化而产生了负迁移。对于已经获得的运动技能,反应时间结构的改变也是引起负迁移的重要因素。例如,操作一套熟练的艺术体操动作需要 1 分 30 秒,此时若要求运动员在 1 分 25 秒内完成全套动作,则运动员在初期会遭遇很多的失败,需要进行多次的尝试才能建构新的动作结构模式。

在运动技能的学习过程中,教师必须意识到当练习者需要对旧刺激作出新反应时,练习初期的错误数量会比较多,甚至还会出现反应困难的现象。教师应将练习者的注意指向引发负迁移的任务特征或反应特征的变化上,练习者对这些特征的关注以及继续练习会有利于负迁移的克服过程。

四、技能迁移的原则

"为迁移而教",有效地指导和组织运动技能的学习,以促进最大的学习迁移,是多数教育过程追求的重要目标。要实现技能学习的最大化迁移,应注意以下一些原则:

(1)两种技能间的相似程度越高,迁移量越大。教师要指出技能间的相似性,让学生寻找技能间相似的一般运动模式,借用已经熟悉的运动模式,以完成新技能的学习,从而实现技能间的快速迁移。

(2)两种技能操作的认知加工特征越相似,迁移量越大。教师要指出技能间的认知因素方面的相似性,如规则、概念、策略和机械原理等。

(3)两种技能的训练条件高度相似时,迁移量最大。模拟训练对训练程序的迁移可能是有用的。

(4)刺激相似而反应相同时,会产生正迁移;随着刺激相似性的增加,正迁移量也增加。

(5)刺激相似而反应不同时,会产生负迁移;随着新反应与旧反应相似性的减少,负迁移量增加。

(6)在运动技能学习的后期阶段,运动技能的迁移量一般很小,即使两个技能间非常相似,迁移量也非常小。但在运动技能学习的早期阶段,当技能水平很低时,已有的经验与技能对于练习者学习新技能可能是有用的。

本章小结

1.运动技能(motor skill),也称动作技能,是指通过练习而形成的完成某种任务的动作方式。运动技能与智力技能是两个不同的概念。

2.根据技能操作环境的稳定性特征,可将运动技能分为封闭性和开放性运动技能;根据技能操作过程中动作的起止点是否清晰,可将运动技能分为非连续性和连续性运动技能;根据技能执行时所需的认知策略多少,可将运动技能分为低策略性和高策略性运动技能;根据技能操作时肌肉参与的不同,可将运动技能分为小肌肉群运动技能和大肌肉群运动技能。

3.费茨和波斯纳(Fitts & Posner,1967)提出了运动技能学习的三阶段模型,把运动技能学习划分为认知阶段、联结阶段和自动化阶段。

4. 运动技能学习过程的变化特征主要体现在动作控制的意识性、线索的利用、运动程序的作用、动觉反馈的作用和能量消耗的节省化等方面。

5. 亚当斯的闭合环路理论用闭合环路反馈的模式(对错误的认知、错误的修正)来解释运动技能的学习过程。

6. 施密特的图式理论通过图式来解释运动技能的学习,认为运动技能的学习是一种开环方式。图式是个体学习的动作的抽象法则。

7. 绩效是指个体操作运动技能时能被直接观察到的行为。绩效水平的变化并不等同于运动技能学习的发生。绩效只有具备了提高的持久性和改变的一致性等特征才能推断学习的发生。

8. 练习曲线是表示一种技能形成过程中练习绩效随练习次数或练习时间变化的曲线图,也称为绩效曲线。

9. 运动技能在练习过程中的共同趋势表现为:练习进步的先快后慢;练习进步的先慢后快;练习进步的高原现象;练习进步的起伏现象。

10. 练习进步的高原现象是指在练习的过程中,个体的练习绩效并非一直上升,有时会出现暂时停顿的现象。

11. 练习进步的起伏现象是指运动技能在练习过程中,绩效表现出时而上升、时而下降的现象。

12. 影响运动技能有效练习的条件有:练习的目的和要求、练习方法、练习时间的分配和练习的反馈等。

13. 整体练习法是指每次练习都完整地把技能从头到尾操作一遍的方法。部分练习法是指将技能分解成若干个局部动作分别进行练习,在有一定基础时,再把局部动作联合起来练习的方法。

14. 分散练习的绩效优于集中练习。把较长的练习加上较短的休息称为集中练习;而练习间若有较长的休息,则称为分散练习。

15. 按信息来源不同,可以将反馈分为自然反馈和追加反馈两种。追加反馈常有结果反馈和绩效反馈两种不同的形式。结果反馈是指在动作结束后提供有关动作结果的相关信息。绩效反馈是指在动作结束后提供有关运动操作特征的相关信息。

16. 技能的迁移是指一种运动技能的学习对另一种运动技能学习的影响。技能的正迁移是指一种运动技能对另一种运动技能的学习产生积极的影响。技能的负迁移是指一种运动技能对另一种运动技能的学习产生消极的影响。

17. 前摄迁移是指已学的运动技能对新技能学习的影响,后摄迁移是指后学运动技能对先前技能保持的影响。

18. 测量运动技能迁移的经典实验设计是前后测验法(Cratty,1973)。

19. 共同要素理论认为,正迁移的产生是由于技能之间或技能操作情境之间有许多共同成分,这种成分一般包括刺激和反应方面的相同或相似。

20.加工需求相似性理论认为,正迁移产生的原因是两种技能操作过程中认知加工特征的相似性,而不是两种技能的成分或两种技能操作情境特性的相似性。

21.发生技能负迁移的原因是两种技能操作时的刺激是相同或相似的,但是要求作出的反应不同。

思考题

1.如何测评运动技能的学习?

2.分析具备高水平运动技能的运动员的心理特征。

3.练习过程中高原现象产生的原因可能有哪些?

4.结合某种运动技能的学习,论述有效练习的条件。

5.设计一个测量运动技能前摄迁移的实验方案。

第六章 心理技能训练

图 6-1 心理训练是运动员科学训练的重要组成部分

在技术、战术达到顶尖水平的今天,高水平运动员之间的较量,实际上是心理素质、心理技能的较量。心理训练与身体、技术、战术训练相结合,共同构成了现代运动训练的完整体系。

通过本章学习,你将能够回答以下问题:

1. 什么是心理技能训练?心理技能训练应遵循哪些原则?

2. 心理技能训练的两大理论基础是什么?

3. 什么是渐近性放松训练?如何实施渐进性放松训练?

4. 什么是自生放松训练?如何实施自生放松训练?

5. 系统脱敏训练的原理是什么?如何实施系统脱敏训练?

6. 什么是生物反馈训练?

7. 什么是模拟训练?如何实施模拟训练?

8. 表象训练的原理是什么?如何实施表象训练?

9. 合理情绪训练的原理是什么?如何实施合理情绪训练?

10. 什么是暗示训练?暗示训练的实施应注意哪些事项?

关键词:

心理技能训练;放松训练;系统脱敏训练;生物反馈训练;模拟训练;表象训练;合理情绪训练;暗示训练

第一节 心理技能训练概述

一、什么是心理技能训练

在运动心理学领域,心理技能训练包括两个层次的含义。

广义的心理技能训练是指有目的、有计划地对运动员的心理过程和个性心理施加影响的过程。狭义的心理技能训练是指采用特殊的方法和手段使运动员学会调节和控制自己的心理状态,进而调控自身行为的过程。

心理技能训练具有多方面的作用。

第一,心理技能训练有助于运动员掌握和改进运动技能,尤其是把运动表象训练与技术练习结合起来进行运动技能的学习,效果比较好。在身体疲劳、伤病或条件不允许进行技术、身体练习时,进行运动表象训练有助于肌肉运动感觉的建立、恢复和巩固。

第二,许多心理技能训练,如合理情绪训练、暗示训练和放松训练等,能帮助运动员识别运动中的消极思维,建立积极的自我暗示,减轻应激的消极反应,提高积极的增力情绪。

第三,运动员在大强度的训练之后,进行适当的心理放松技能训练,能逐渐降低精神和身体的兴奋水平,松弛肌肉紧张状态,促进血液循环和新陈代谢,减轻疲劳,恢复体力。

心理技能训练能够提高运动员的运动技能训练效果和在比赛、训练中的心理调节能力。熟练技能的一个特征是能够对其他技能或在其他情境中产生效应,即产生技能的迁移现象。通过训练获得的熟练心理技能,和其他技能一样,会产生迁移现象。心理技能不仅运用在运动员的训练和比赛中,还能扩展到运动员生活的其他方面,成为运动员的行为习惯,促进运动员心理品质和人格的发展,直至影响运动员的一生。

二、心理技能训练的原则

(一)自愿原则

心理技能训练的效果取决于运动心理学工作者对运动员的正确引导和心理技能训练方法、手段的恰当选择与运用,以及运动员是否自觉自愿地参与心理技能训练。其中,运动员的自愿参与是内因,是心理技能训练产生作用的主要决定因素。如果运动员不相信心理技能训练的作用,不了解心理技能训练的原理,对心理技能训练持怀疑、观望甚至否定的态度,或在教练员的强迫命令下接受心理技能训练,不仅不会产生良好的结果,甚至还会起反作用。任何心理技能的掌握和应用,都不可能脱离人的主观能动性而起作用,如果运动员失去了内部动力,产生厌烦和对立情绪,便失去了心理技能训练的意义。

（二）长期系统性原则

任何运动技能的形成和巩固都需要经过有目的、有计划、长期系统的教学与训练过程。射门、扣球、三分投篮等运动技能都需要在技术训练中进行上万次的重复练习和比赛中千百次的重复运用才能达到炉火纯青的地步，在比赛中发挥其效力，心理技能的训练也是如此。任何一项心理调控的技术，如焦虑水平的控制能力、注意力的控制能力、运动表象的能力等，也必须经过反复的系统练习才能掌握。心理技能的训练是一个不断重复有效的心理和行为调节方法的过程，是在心—身之间建立稳固联系的过程，这样，才能在比赛的关键时刻发挥其效力。再优秀的教练员在比赛中对门外汉做指导，其作用也是极有限的，不能指望门外汉会取胜。同样，运动心理学工作者在比赛中，对于没有心理技能训练基础的运动员也难以进行有成效的帮助。

心理技能训练一开始应在专业心理学工作者的指导和帮助下进行。心理学工作者应同教练员、运动员一起认真分析存在的问题，制定详细的心理技能训练计划，然后按照计划实施，当然，必要时可以改变计划。教练员应自始至终了解心理技能训练的全过程，以便将来可以独立实施心理技能训练。

（三）与专项运动训练相结合的原则

在心理技能训练中，要把心理技能训练与专项运动的身体训练、技术训练、战术训练有机地结合起来，使心理技能训练具有各专项运动的特点。当然，也不能片面地、机械地要求每次心理技能训练课的实施都和专项运动密切结合。

（四）因材施教原则

在心理技能训练中要以运动员的个人心理特点为依据，有针对性地选择心理技能训练的方法，区别对待。

三、心理技能训练的实施阶段

心理技能训练是一个长期系统的过程，它的实施要分成几个阶段。在一般的心理技能训练实施过程中，中国学者（肖开宁，1986）将整个训练分为四个阶段：(1)基础训练阶段，为期6个月；(2)赛前针对性训练阶段，从赛前2个月开始；(3)以临场心理调节和咨询为主要内容；(4)赛后心理恢复阶段。

在美国，一些学者（马腾斯和邦普，1992）认为，心理技能训练是一个长期的过程，通过三个阶段来进行。(1)向运动员介绍每一种心理技能，让运动员认识到这些技能是可以学习的，这些技能是有用的，以及他们如何才能获得这些技能；(2)帮助运动员通过循序渐进的训练掌握这些技能；(3)练习这些技能，以使运动员能够将其运用到比赛中。

还有一些学者（Seiler, 1992; Straub, 1992）认为心理技能训练过程应结合专项，融于通常的训练计划中，至少是结合一个完整的训练周期或准备一次重大比赛的数年周期来实施心理技能训练。

　　针对某次比赛设计的心理技能训练过程就更加具体,如 2004 年韩国射箭国家队备战奥运会的心理技能训练程序主要有五步:(1)心理技能训练教学及心理状态评估阶段,历时 4 个月;(2)心理技能训练在练习中的运用,历时 2 个月;(3)心理技能训练在比赛中的运用,历时 3 个月;(4)个人设置计划,历时 2 个月;(5)心理技能训练在奥运会中的运用(郑清喜,2005)。

四、心理技能训练的理论基础

　　心理技能训练的理论来源于多种学派。其中最具代表性的学派有行为主义心理学和认知心理学。

(一)行为主义心理学

　　行为主义心理学是 20 世纪初起源于美国的一个心理学流派,它的创建人为美国心理学家华生。行为主义心理学理论主要有三部分组成,即经典条件反射、操作条件反射和模仿学习理论。

　　俄国著名的生理心理学家巴甫洛夫(I. P. Pavlov)在实验室研究狗的消化过程中,发现了应答性条件反射,即经典的条件反射。狗不仅仅在食物出现时流唾液,而且在与食物出现有关的其他刺激物单独出现时也流唾液。巴甫洛夫提出了"无条件反射"和"条件反射"两个概念。在巴甫洛夫的经典条件反射原理中,一个非常重要的概念是强化,即无条件刺激物是条件反射建立必不可少的因素。巴甫洛夫认为,条件反射建立后,若条件刺激多次出现,而没有无条件刺激的强化,那么已经建立的条件反射就会逐渐消退。

　　美国心理学家斯金纳(B. F. Skinner)提出了操作性条件反射,试图解释人类有目的行为的发展。斯金纳认为,当一个操作之后接着出现强化刺激,那么操作的频率就会增加。操作虽然重要,但关键的变量却是操作后的强化,操作只是为进一步强化提供机会。强化是很重要的,行为之所以发生变化,是由于强化的作用,控制强化物就是控制行为。他认为,人的行为主要是由操作性条件反射构成的,人们已经建立的行为模式,无论是适应良好的行为还是适应不良的行为都可以看做是环境强化作用的直接后果。人类的行为能够借助强化的适当使用而加以控制、指导、改变和形成。

　　美国心理学家班杜拉(A. Bandura)是社会学习理论的主要代表人物。社会学习理论强调榜样的模仿作用,认为人类的大量行为是通过对榜样的模仿学习而获得的,不一定都要通过尝试错误学习和进行反复强化。模仿学习可以在既没有模型也没有奖励的情况下发生,个体仅仅通过观察其他人的行为反应就可以达到模仿学习的目的。

　　建立在行为主义心理学理论基础上的心理技能训练方法有:放松训练、系统脱敏训练、生物反馈训练、模拟训练等。

（二）认知心理学

认知心理学是 20 世纪 50 年代中期在西方兴起的一种心理学思潮,20 世纪 70 年代成为西方心理学的一个主要流派。认知心理学主要强调认知的作用,认为认知是决定人类行为的主要因素,它研究人的高级心理过程,主要是认识过程,如注意、知觉、表象、记忆、思维和语言等。以信息加工观点研究认知过程是现代认知心理学的主流,它将人看作是一个信息加工的系统,认为认知就是信息加工,包括感觉输入的变换、简约、加工、存储和使用的全过程。

建立在认知心理学理论基础上的心理技能训练方法有:表象训练、合理情绪训练、暗示训练等。

第二节　基于行为理论的心理技能训练方法

一、放松训练

所谓放松,就是使自己的思想、情绪和肌肉都处在一个不紧张或松弛宁静的状态,放松训练的种类很多。渐进性放松法是美国生理学家雅克布森(Jacobson)创立;自生放松法是本世纪初德国精神病学舒尔茨(Schultz)创立;静默法是使自己静坐、闭眼、凝神于某种形象物体(如一束鲜花)或某种意境(如畅游于湖光山色之间),排除一切杂念而使情绪宁静下来。我国气功中的静功、印度瑜伽(Yoga)中的某种类型和日本的坐禅都属于这一方法。

放松练习后,大脑呈现一种特殊的松静状态。放松练习的作用最主要的有:(1)降低中枢神经系统的兴奋性;(2)降低由情绪紧张而产生的过多能量消耗,使身心得到适当休息并加速疲劳的恢复;(3)为进行其他心理技能训练打下基础。

（一）渐进性放松法

我们在平常的生活中常有这样的体验,心理紧张时肌肉也不由自主地紧张,如肌肉发抖僵硬,说话哆嗦,全身有发冷的感觉等,而当心理放松时,骨骼肌肉也自然放松。由此看出,大脑与骨骼肌具有双向联系,即信号不仅从大脑传至肌肉,也从肌肉传往大脑。从运动器官向大脑传递的神经冲动,不仅向大脑报告身体情况,而且也是引起大脑兴奋的刺激。因此,肌肉活动积极,从肌肉往大脑传递的冲动就多,大脑就兴奋,运动前的准备活动就能起这种作用。反之肌肉越放松,向大脑传递的冲动就减少,大脑的兴奋就降低,心理上便感到不那么紧张了。

渐进性放松法是指通过一定的方法与程序使练习者的肌肉放松,从而达到心理平静、安宁,消除身心紧张的一种心理技能训练方法。渐进性放松法首先让练习者进行身体局部一组肌肉先紧张后松弛的练习,然后根据指导语逐步进行身体其他部位肌肉先紧张后松弛的练习,从手开始,循上肢、肩、头部、颈、胸、腹、臀、下肢一直到脚的顺序,最后达到全身放松。在训练过程中要求练习者对每一次紧张、放松肌肉时都要进行仔细认真的体会。

1.渐进性放松法的准备姿势

让练习者坐在椅子上,取一个舒适的位置。

2.渐进性放松法的20项练习

注意:一个"…"号代表5秒钟的停顿。

(1)请注意倾听以下指示语,它们会有助于你提高放松能力。每次我停顿时,继续做你刚才正在做的事。好,轻轻地闭上双眼并深呼吸三次……

(2)左手紧握拳,握紧…注意有什么感觉…现在放松……

(3)再次握紧你的左手,体会你感觉到的紧张状况…再来一次…然后放松并想象紧张从手指上消失……

(4)右手紧紧握拳,全力紧握,注意你的手指、手和前臂的紧张状况…好,现在放松……

(5)再一次握紧右拳…再来一次…请放松……

(6)左手紧紧握拳,左手臂弯曲使二头肌紧张,坚持着…好,全部放松,感觉暖流沿二头肌流经前臂,流出手指……

(7)右手握紧拳头,抬起手,使二头肌紧张,坚持着,感觉这紧张状态…好,放松,集中注意这感觉流过你的手臂……

(8)请立即握紧双拳,双臂弯曲,使双臂全部处于紧张状态,保持这个姿势,体会感觉到的紧张…好,放松,感觉整个暖流流过肌肉,所有的紧张流出手指……

(9)请皱眉头,并使双眼尽量闭小(戴眼镜的人要摘掉眼镜)。要使劲眯眼睛,感觉到这种紧张通过额头和双眼…好,放松,注意放松的感觉流过双眼…好,继续放松……

(10)好了,上下颚紧合在一起,抬高下巴使颈部肌肉拉紧并紧闭嘴唇…好,放松……

(11)现在,各部位一起做。皱上额头,紧闭双眼,使劲咬上下颚,抬高下巴,拉紧颈肌,紧闭双唇,眼、上下颚、颈部和嘴唇保持姿势…好,放松,请全部放松并体会感觉……

(12)现在,尽可能使劲地把双肩往前举,一直感觉到后背肌肉被拉得很紧,特别是肩胛骨之间的地方。拉紧肌肉,保持姿势…好,放松……

(13)重复上述动作,同时把腹部尽可能往里收,拉紧腹部肌肉,感到整个腹部都被拉紧,保持姿势…好,放松……

(14)再一次把肩胛骨往前推,腹部尽可能往里吸。拉紧腹部肌肉,紧拉的感觉贯穿全身…好,放松……

(15)现在,我们要重复曾做过的所有肌肉系统的练习。首先,深呼吸3次……准备好了吗？握紧双拳，双臂弯曲，把二头肌拉紧，紧皱眉头，紧闭双眼，咬紧上下颚，抬起下巴，紧闭双唇，双肩向前举，收腹，并用腹肌顶住。保持姿势，感觉到强烈的紧张贯穿上述各部位…好，放松……深呼吸一次，感到紧张消失…想象一下所有的肌肉，手臂、头部、肩膀和腹部都放松，放松……

（16）现在轮到腿部，把左脚跟紧紧靠向椅子，努力往下压，抬高脚趾，结果使小腿和大腿都绷得很紧。紧抬脚趾，使劲蹬紧后脚跟…好，放松……

（17）再一次，把左脚跟紧紧靠向椅子，努力往下压，抬高脚趾，结果使小腿和大腿都绷得很紧。紧抬脚趾，使劲蹬紧后脚跟…好，放松……

（18）接着，把右脚跟紧紧靠向椅子，努力往下压，抬高脚趾，结果使小腿和大腿都绷得很紧。紧抬脚趾，使劲蹬紧后脚跟…好，放松……

（19）双腿一起来，双脚后跟紧朝椅子压，压下双脚后跟，尽力抬高双脚趾，保持姿势…好，放松……

（20）好，深呼吸三次……正像你所练习的一样，把所有练习过的肌肉都拉紧，左拳和二头肌、右拳和二头肌、前额、眼睛、颚部、颈肌、嘴唇、肩膀、腹部、右腿、左腿，保持姿势…好，放松……深呼吸三次……然后从头到尾再做一次，接着全部放松。在你深呼吸以后，全身绷紧接着又放松的同时，注意全部放松后的感觉。好，拉紧…放松……接着，进行正常的呼吸，享受你身体和肌肉完全无紧张的惬意之感……

（二）自生放松法

自生放松法是通过指导语诱发练习者自身产生某种感觉体验，进而达到精神和身体放松的方法。自生放松法有六种基本练习内容，这六种基本练习内容和指导语如下：

沉重感练习：我的右臂很沉重；

温暖感练习：我的右臂很温暖；

呼吸调控练习：我的呼吸是平和、舒缓的；

心跳调控练习：我的心跳是轻柔、缓慢的；

腹部调控练习：我的腹部是温暖、舒适的；

额部调控练习：我的额部是凉爽、舒展的。

上述的每个内容都应分别进行练习，直至练习者能够在每个部位产生相应的体验。每个部位的单个感觉练习之后，可以安排组合练习。

1.准备姿势

练习者舒适地坐在一张椅子上，胳膊和手放在椅子的扶手或自己的腿上，双腿和脚取舒适的姿势，脚尖略向外，闭上双眼。或者，练习者仰面躺下，头舒服得靠在枕上，两臂微微弯曲，手心向下放在身体两旁，两腿放松，稍分开，脚尖略朝外，闭上双眼。

2.自生放松练习指导语

（1）平静而缓慢的呼吸，我的呼吸很慢、很深。

(2)我感到很安静。

(3)我感到很放松。

(4)我的双脚感到沉重和放松。

(5)我的踝关节感到了沉重和放松,我的膝关节感到了沉重和放松,我的双脚、踝关节、膝关节、臀部全部感到了沉重和放松。

(6)我的腹部、我身体的中间部分感到了沉重和放松。

(7)我的双手感到了沉重和放松,我的手臂感到了沉重和放松,我的双肩感到了沉重和放松,我的双手、手臂、双肩全部感到了沉重和放松。

(8)我的脖子感到了沉重和放松,我的下巴感到了沉重和放松,我的额部感到了沉重和放松,我的脖子、下巴和额部全部感到了沉重和放松。

(9)我整个身体都感到安静、沉重、舒适、放松。

(10)我的呼吸越来越深、越来越慢。

(11)我感到很放松。

(12)我的双臂和双手是沉重和温暖的。

(13)我感到十分安静。

(14)我的全身是放松的,我的双手是温暖的,放松的。

(15)轻松的暖流流进了我的双手,我的双手是温暖的,放松的。

(16)轻松的暖流流进了我的双臂,我的双臂是温暖的,放松的。

(17)轻松的暖流流进了我的双腿,我的双腿是温暖的,放松的。

(18)轻松的暖流流进了我的双脚,我的双脚是温暖的,放松的。

(19)我的呼吸越来越深、越来越慢。

(20)我的全身感到安宁、舒适和放松。

(21)我的头脑是安静的,我感觉不到周围的一切。

(22)我的思想已专注到身体的内部,我是安静的。

(23)我的身体深处,我的头脑深处是放松、舒适和平静的。

(24)我是清醒的,但又处于舒适的、安静的、注意内部的状态。

(25)我的头脑安详、平静,我的呼吸更慢更深。

(26)我感到一种内部的平静。

(27)保持一分钟。

(28)放松和沉静现在结束。深吸一口气,慢慢地睁开双眼,我感到生命和力量流进我的双腿、臀部、腹部、胸部、双臂、双手、颈部、头部。这力量使我感到轻松和充满活力。

每次练习的时间可以逐渐缩短。每次练习之后,都要进行"动员"练习,即用指导语暗示练习者感到放松后浑身充满了活力,精力充沛,能量聚集,练习和比赛的欲望提高,跃跃欲试,做好了活动的身体与精神准备,特别想投入到运动活动中。

二、系统脱敏训练

(一)什么是系统脱敏训练

心理学家发现,有许多焦虑起源于条件反射。也就是说,我们曾经对某种刺激或事物产生焦虑或紧张,后来再遇到类似的刺激或事物时也会感到焦虑或紧张。有意思的是,即使后来出现的刺激或事物不再对自己造成真正的威胁,也会有同样的反应出现。例如,小时候在公众场合发言,因为说错话而遭到众人嘲笑,一旦留下深刻印象,长大成人后就不敢在人多的地方发言。这是因为以前的经验,使他对类似情境产生强烈焦虑的缘故。

系统脱敏训练法又称交互抑制法,是一种以渐进方式克服神经症焦虑的技术。系统脱敏训练是由美国学者沃尔帕创立和发展的,他认为,人的肌肉放松状态与不良情绪状态是一对抗过程,一种状态的出现会对另一种状态起抑制作用。例如,放松状态下的肌体,各种生理生化指标,如呼吸、心率、血压、肌电、皮电等,都会表现出同焦虑状态下完全相反的变化,这就是交互抑制作用。根据这一原理,系统脱敏训练首先从能引起个体较低程度的焦虑或恐怖反应的刺激物开始进行,一旦某个刺激不再引起练习者焦虑或恐怖反应时,便可向处于放松状态的个体呈现另一个比前一刺激略强一点的刺激。如果一个刺激所引起的焦虑或恐怖状态在练习者所能忍受的范围之内,经过多次反复的呈现,他便不再对该刺激感到焦虑和恐怖,训练目标也就达到了。

(二)系统脱敏训练的程序

系统脱敏训练包括三个程序:(1)建立恐怖或焦虑的等级层次,这是进行系统脱敏训练的依据和方向;(2)进行放松训练;(3)要求练习者在放松的情况下,按某一恐怖或焦虑的等级层次进行脱敏练习。

1.建立恐怖或焦虑的等级层次,由指导者根据练习者详细描述的引起焦虑的刺激,和练习者一起制定焦虑刺激等级表。

2.放松训练。一般需要6~10次练习,每次历时半小时,每天1至2次,以达到全身肌肉能够迅速进入松弛状态为合格。

3.分级脱敏练习。在完成以上两项工作之后,即进入系统脱敏练习。系统脱敏在练习者完全放松的状态下进行,这一过程分三个步骤进行:

(1)放松。具体放松方法与技术参见本章"放松训练"。

(2)想象脱敏训练。由指导者做口头描述,并要求练习者在能清楚地想象此情境时,伸出一个手指头来表示。然后,让练习者保持这一想象中的情境30秒钟左右。想象脱敏训练一般在安静的环境中进行,想象要求生动逼真,像演员一样进入角色,不允许有回避或停止行为产生,一般忍耐一小时左右视为有效。实在无法忍耐而出现严重恐惧时,采用放松训练对抗,直到达到想象最高等级的焦虑事件情境也不出现惊恐反应或反应轻微而能忍耐为止。一次想象训练不超过 4 个等级,如果在某一级训练中仍出现较强的情绪反应,则应降级重新训练,直至完全适应。

(3)适应训练。这是训练的关键步骤,也是从最低级到最高级逐级进行训练,以达到心理适应。每个焦虑等级的适应训练一般均重复多次,直到情绪反应完全消除方可进入下一等级。每周练习 1 至 2 次,每次 30 分钟左右。

三、生物反馈训练

生物反馈训练是在放松训练的基础上,借助现代化电子仪器将体内不易感觉到的生理活动信息(如血压升降、心率快慢等)显示出来,让练习者根据这一信息学习,使生理活动朝着要求的方向变化。生物反馈是 20 世纪 60 年代发展起来的一门医疗技术,一般认为它是操作性条件反射的一种。

生物反馈的种类主要有:脑电反馈,肌电反馈,心率反馈,血压反馈,皮肤电反馈,皮温反馈等。练习者可以根据自己的身心特点选择最适合自己的生物反馈方法。生物反馈训练能克服放松练习的盲目性,加速放松训练过程,提高放松训练效果,并为监测放松的效果提供客观指标和准确数据。

由于电子技术和计算机技术的迅速发展,现在的生物反馈仪已经具备以下特征:(1)可同时记录肌电、皮电、皮温、呼吸、脑电、心率等多种生物电和机体内部信息;(2)可呈现视觉和听觉等多种形式的反馈;(3)配有计算机数据储存和处理系统,可以进行描述性统计运算;(4)体小量轻,便于携带。尽管生物反馈仪的制造技术突飞猛进,但生物反馈的原理却没有改变。下面,仅介绍几种常用的生物反馈技术的一般原理。

(一)肌电反馈

肌肉是由许多肌细胞组成的,当肌细胞兴奋或静息时,由于去极化和再极化的作用就会产生一定的生物电活动。生物电流是由于肌纤维中各个肌细胞正离子和负离子的运动造成的电位差而产生的。所谓肌电,通常是指多个肌细胞在兴奋或静息时的综合生物电变化。

肌电反馈是目前运动员心理技能训练中使用最为普遍的反馈形式之一。肌肉的松弛和紧张程度与肌电反馈仪测量的表面肌电电压幅度有良好的线性关系。肌肉紧张时,肌电值迅速上升;肌肉放松时,肌电值迅速下降。肌电反馈的优点是能较为敏感而且迅速地反映机体不同部位肌肉的紧张程度,也可反映情绪的兴奋程度。肌电反馈多用于放松训练和表象训练。

(二)皮电反馈

皮电反馈仪是通过对皮肤汗腺活动变化的测定,来反映交感神经系统活动性的变化。皮电变化能够非常迅速敏感地反映情绪状态的变化,尤其是当情绪紧张时。例如,在实验室中闭目想象大赛临上场前的情境或在安静的放松过程中突然听到刺耳的电话铃声,可以观察到皮电阻的迅速下降。从过度紧张到放松的过程中,也可观察到皮电阻的显著上升,但变化速率不如从放松进入应激状态那么快。皮电反馈也是运动员心理技能训练中最常使用的反馈形式。

（三）脑电反馈

脑电反馈是测定所选定频带范围内头皮表面复杂交流信号的振幅和频率,并给出相应的反馈信息。脑神经细胞的极化活动构成脑电活动,脑电活动产生脑电势的变化。将传感器置于头部的不同位置,就能感知脑电势的变化,再由仪器电路对该电势的变化进行放大、处理,并给出反馈信号。脑电反馈的技术较为复杂,由于头发的阻碍,电极的安放也不如其他类型的生物反馈方法那样方便,因此,其实际应用受到一些限制。

利用生物反馈技术控制某一生理活动的过程是一个学习过程。练习者要了解生物反馈的原理,仪器的使用方法,视觉或听觉形式反馈信号的意义,坚持长期系统的练习。生物反馈放松达到一定效果后,应逐渐摆脱对反馈仪的依赖,凭练习者自己的感觉进行身心活动的放松。

四、模拟训练

（一）什么是模拟训练

模拟训练是针对比赛中可能出现的情况或问题进行模拟实战的反复练习的过程。模拟训练的主要作用在于提高运动员临场的适应性,在头脑中建立起合理的动力定型,以便使技战术在千变万化的特殊情况下也能正常发挥。模拟训练实际上是一种适应性训练,适应是模拟训练的核心思想。

模拟训练可分为实景模拟和语言图象模拟两类。

实景模拟是设置竞赛的情境和条件对运动员进行训练,包括模拟对手可能采用的技术、战术,赛场上可能出现的意外情况,比赛的天气、场地,观众的行为等。由于实景模拟要给运动员提供各种仿真条件,所以,训练效果一般比较好。

语言图象模拟是通过录像、电影、图片、录音、语言等手段展示正式的比赛情境,并结合暗示、想象等,在运动员心理上造成比赛气氛和情境的模拟训练。这种模拟训练不需要设置比赛的条件,不需要对手、裁判员及观众,只需要在头脑中去想象,是一种比较简便易行的模拟训练。

（二）模拟训练方法

在实施模拟训练时,应根据运动项目特点及其比赛规则、比赛的实际情况和运动员本人的特点来选择合适的训练方法。下面介绍几种常用的模拟训练方法。

1. 对手的模拟

模拟国内外竞争对手的技术、战术特点,是许多对抗性运动项目训练的常用方法。通过让队友或教练员模拟对手的各种活动,以更深入细致地了解对手的特征,演习各种有效的对策,增加运动员对对手技术和战术的适应性。

2. 比赛关键情境的模拟

比赛关键情境包括固定比赛情境(如篮球罚球、足球点球等)和动态比赛情境(比分领先、落后、相持等),对这些比赛关键情境的模拟,有助于克服运动员在关键时刻的紧张情绪,提高心理状态的稳定性,使运动员对比赛进程的不同情况产生适应性。例如,羽毛球比赛的模拟训练可从 17:18 开始,乒乓球比赛的模拟训练可从 7:8 开始,以锻炼运动员在落后情况下或比赛的关键时刻沉着冷静的品质、转败为胜的顽强意志。

3. 裁判判罚的模拟

裁判的错判、误判和漏判是比赛场上最难应付的问题之一。裁判员的错判、误判和漏判会对运动员的心理产生很大的干扰,轻则影响技术水平的正常发挥,重则引起全队队员的情绪波动,甚至导致全局的失败。通过模拟裁判在比赛场上所有可能出现的判罚情况,一方面可以培养运动员对裁判的尊重,使运动员适应裁判的各类判罚;另一方面,也可以培养运动员控制注意的能力,将注意集中在可以控制的事情上(如下一步的技术、战术),而忽略那些自己难以控制的事情(如裁判的行为)。

4. 观众的模拟

观众的鲜明态度和立场往往通过震耳欲聋的呼喊声和激烈的表情动作表现出来,给运动员带来压力和干扰。在这种情况下,即便是最有经验的运动员也有可能分心或过于激动、紧张。如果在模拟比赛中组织一些"特殊观众",有意识地给运动员制造干扰,如喝倒彩、吹口哨、为对方加油等,或者播放事先采集的重大比赛场上观众的声音,培养运动员在不安静或不公正的气氛中进行比赛的能力,有助于减少运动员在实际比赛时因为观众干扰而产生的不适应。

5. 地理环境的模拟

地理环境对运动员的比赛状态有重要的影响,通过对地理环境的模拟训练,可以提高运动员适应不同地理环境的能力。地理环境模拟一般包括:气温、湿度、气压、风力风向等。地理环境模拟训练最常见的形式是高原模拟训练。

"汤姆斯杯"羽毛球比赛曾多次在印尼首都雅加达举行,那里气候炎热,室外温度常常高达 30℃,比赛场地挤满 12000 多名观众,体育馆内没有空调设备,为了防止比赛受风的影响,馆内的门窗都关着,这就对运动员在高温条件进行比赛提出了很高的要求。高温下的模拟训练显然有助于提高运动员对高温条件的适应性。

6. 时差的模拟

到国外参加比赛的运动员需要考虑时差的适应问题。研究认为,6 小时以上时差的地方,到达后最好 3 至 4 天内不进行训练或进行轻微活动,4 天后可逐渐加大训练强度,10 天后参加比赛可能出现好成绩。对时差问题进行模拟训练,可以采用这些具体的方法:

（1）到与比赛地点临近的经度地区训练；

（2）在临出发前的一段时间内，在国内安排"倒时差"，即按比赛国时间进行作息，以减少时差的影响；

（3）一次"倒时差"法，即不管路程多远，时差多大，旅途中尽量坚持不睡，抵达目的地后熟睡一觉，先在睡眠时间上倒过来，这样就可以缩短适应时间。

第三节　基于认知理论的心理技能训练方法

一、表象训练

（一）什么是表象训练

表象是一种不需外部刺激直接参与，在头脑中对人体的一切感觉（视觉、听觉、触觉、本体感觉等）经验进行再现或重构的心理过程。

从表象产生的主要感觉通道来划分，表象可分为视觉表象、动觉表象、听觉表象、味觉表象等。视觉表象是指视觉感受器感知过的客观事物在脑中重现的视觉形象。动觉表象是指动觉感受器感知过的肌肉动作重现在脑中的动作形象。

从表象中自己所处的视角，可以把表象分为内部表象和外部表象。内部表象是指用"眼睛的后部"体验表象情境，感受自我的操作活动。外部表象是指表象时从旁观者角度看到表象的内容，看到自己外观上的变化。例如，运动员在表象跳远动作时，不仅要看到自己助跑、起跳、腾空、落地的样子，更要能体验加速跑、起跳有力、蹲踞、挺胸、空中走步等整个跳远动作在时间、空间和力量上的特点。

表象训练，又称"视觉化"训练、内心演练、意象演习或想象训练等，是指运动员有意识地在头脑中再现或完善某种运动动作或运动情境，从而提高运动技能、增强心理调控能力的过程。表象训练是体育运动领域最为普遍的一种心理技能训练方法。

表象训练有利于建立和巩固正确动作的动力定型，有助于加快运动技能的学习。表象训练还具有调节人的情绪以及生理唤醒水平的作用。表象自己成功地完成动作，能够增强运动员的信心，使注意力更加集中于当前的任务，从而达到最佳的竞技状态。

（二）表象训练的原理

1.心理神经肌肉理论

心理神经肌肉理论认为，由于在大脑运动中枢和骨骼肌之间存在着双向神经联系，人们在进行动作表象时，会引起有关的运动中枢兴奋，兴奋经传出神经传至相关肌肉，引起相应肌肉的活动。这种神经—肌肉运动模式与实际做动作时的神经—肌肉运动模式相似，所以通过表象训练可以促进动作技能的改进和完善。

动一动

线坠摆动小实验

1.请你拿着一根长 35cm 左右细线的一端,线的另一端系有小重物。

2.现在开始尽可能清晰地表象小重物开始向前后的方向摆动。稍过一段时间,你发现了什么?

3.停止表象后使小重物重新静止下来,再表象它开始沿着左右方向摆动。稍过一段时间,你又发现了什么?

你会发现小重物真的沿着你表象的方向摆动起来。出现这样的现象,依据心理神经肌肉理论的解释,是由于表象可以引起意识不到的手部肌肉的微弱用力,从而导致小重物的运动。

动作表象时产生的肌肉活动虽难以觉察,但可以通过肌电仪测量出来。实验证明,让田径运动员表象蹲踞式起跑动作和小提琴家表象拉琴动作,同时记录他们腿部和手臂的肌肉电流,可以发现肌肉电流明显增强。尽管表象演练所产生的肌肉运动并不外显,肌电活动比较微弱,但却足以激发和拓通技术动作的神经通道,强化技术动作的心理图式,多次激发可以加深动作记忆,从而使通过表象训练来改善运动技能成为可能。

2.符号学习理论

符号学习理论认为,表象训练是在头脑中建立和巩固动作图式,将动作的序列和环节进行符号编码,形成动作程序的过程。反复进行动作表象训练,就是在调试动作的程序,协调序列和环节符号之间的联系,消退无用的图式,发展最佳图式,从而使动作技能的完成准确而流畅。

(三)表象训练的程序

马腾斯认为表象训练可分为 4 个基本程序:

(1)表象知识介绍:使运动员了解运动表象的特点及其在运动中的作用。

(2)表象能力测定:了解运动员的表象能力,确定表象训练的主要任务。可以让运动员表象一种运动情境,对表象中听觉、视觉、动觉的清晰性,情绪体验的深度,以及对表象的控制能力等进行 5 级评分。

(3)基础表象训练:基础表象训练是最为重要的一个程序,主要围绕如何提高感觉觉察能力、表象清晰性和表象控制性来进行。

(4)针对性表象训练:结合运动专项进行的针对性表象练习是表象训练的又一重要程序。

（四）基础表象训练的实施

1.感觉觉察能力训练

表象训练是利用贮存在记忆中的经验,创造出自己能够组织和控制的形象,并对这些形象进行操纵。这就要求练习者首先能够在头脑中存储动作的体验,也就是在完成动作时要主动意识到各种感觉,并将它们加工、贮存到动作记忆中。练习者能够看到、听到、触到的刺激越多,在意识中觉察得越细,存储就会越巩固,就越可能在运动表象中清晰地体验到这些感觉。

感觉觉察练习:光着脚在操场上慢走。放慢动作的节奏,将注意力专注在各种感觉上,反复练习,使感觉更细致、更清晰,加深感觉体验。这些动作体验,是唤起动作表象的基础。

2.表象清晰性训练

表象的清晰性是评价表象能力优劣的标准之一,它不仅仅是指视觉表象的清晰,还包括完成动作所涉及到的所有感觉的清晰性。表象清晰性练习的目的是提高运动表象的鲜明性和真实性。练习时必须利用所有的感觉经验,尽可能生动地、真实地进行表象演练。表象的内容越逼真,体验越深刻,对实际操作的积极影响也就越大。下面介绍几种表象清晰性练习。

（1）手掌观察练习

注视自己的手掌,仔细观察手掌纹路的深浅、粗细、走向、交叉等特征,然后闭上眼睛进行回忆,回忆得越形象细致越好。反复多次的练习之后,就不用再看手掌了,每次练习时直接闭目回忆自己手掌的纹路特点,每次都设法将各个细节清晰地回忆出来。

（2）冰袋练习

想象自己扭伤了脚踝,疼痛难忍,并伴有强烈的烧灼感,努力体验这种受伤后的感觉。此时,医生用冰袋敷在你的脚踝部,以减轻可能的肿胀。脚踝部位立即产生了丝丝凉意,疼痛感与烧灼感渐渐减轻。随着冰敷的时间延长,脚踝部位越来越凉,凉得发麻,渐渐地失去了感觉。现在,冰敷结束,医生将冰袋拿走,你的脚踝逐渐恢复知觉,温暖感逐渐扩散,脚踝暖和起来,但轻微的疼痛又隐隐出现。在整个表象过程中,要努力地产生各种感受,真实地去体验它们。

（3）提桶练习

想象自己正用右手提着一个空塑料桶,直臂慢慢将其向体侧抬至与肩同高的水平,体验手臂用力的感觉。现在,想象有人往桶里倒水,倒了5公斤,桶的重量增加了,手臂所用的力量也要增加,努力去感受手臂增加用力的感受。又倒了5公斤水,水桶的重量又增加了,手臂的用力再次发生了变化,努力体验用力感觉的变化。随着时间的推移,手臂的疲劳感不断增加,感到越来越沉重,再次努力体验这种用力和疲劳的感觉。现在,有人将水桶从你的手臂上拿开,手臂立刻轻松起来,想象自己慢慢放下手臂,体验手臂上产生的轻松感觉。

3. 表象控制力训练

另一个评价表象能力的标准是表象的控制力,也就是变化、操纵、调节表象的能力。清晰但无法控制的表象,会使运动表象无法以正确的动作流畅地进行。下面介绍几种表象控制力练习。

(1)比率练习

在头脑中表象一位熟悉朋友真实、完整的形象。然后,在脑中按比例将其缩小一倍,想一想他变成了什么形象。再将他缩小一倍,他又变成了什么形象。之后,将他放大,放大到与真人一样。再将他按比例放大一倍,想一想他变成了什么形象。再将他放大一倍,他又变成了什么形象。然后,在头脑中将他恢复至正常的形态。

(2)木块练习

在头脑中想象出一块六面都涂有红漆的正方体木块。想象将此木块均匀地切成两半,得到了两个木块,这两个木块有多少红面,多少不是红色的面。在头脑中将这两个木块再均匀地切开,得到多少木块,多少红面,多少不是红色的面。如再继续将木块切开,每一次切块后,将得到多少木块,多少红面,多少不是红色的面。

(五)针对性表象训练的实施

针对性表象训练是结合运动专项进行的表象练习。刘淑慧(1993)指出,身体任何部位的肌肉紧张都会影响表象的清晰性,因此,表象练习一般从放松练习开始。另外,由于表象不如感知觉那么直观,没有实物的支撑,很难长时间将注意集中在表象上,表象的时间不宜太长。表 6-1 是一位武术运动员的表象练习。

表 6-1　武术专项表象练习法

目的	熟悉自己的成套动作
方法	1. 放松预备:坐在椅子上,闭眼,放松。 2. 表象内容: (1)想象自己的头发今天梳理得格外光洁,红色的表演服领子已扣好,系上黑色的腰带,人显得特别精神、漂亮。袖口、裤脚熨得很平整,穿起来很舒服,比赛鞋也正是最合脚的时候。一切停当,轻轻一抬头,"看见"了场地,周围坐满了注视着自己的观众。 (2)我沉着轻松地走进场地中间,站在自己起式的位置上,调整一下呼吸,潇洒舒展地做了一个起式。第一段重点组合做得极完美(每个人的套路不一样,按自己的动作编排去表象,并伴有一定的肌肉动作)。第二段力点准确,动作稳健。第三段没感到累就轻松地完成了。第四段速度一点也没减,干净利落。停住! 一秒,二秒,规范,沉稳,充分显示了自己的功底。收式非常精神。上步,轻灵地转身,向裁判示意,听到观众的热烈掌声。自豪地退场。
说明	准备工作中,如闭上眼睛后心情平静不下来,可以增加一些放松暗示,或听音乐,或想象自己在沐浴,温暖的水从头上流下来,一直流到脚下……

(张力为,2004)

针对性表象训练可根据不同的动作技能、不同的训练阶段、不同的练习目的和不同的运动员设计相应的表象练习方法与程序,以提高表象训练的针对性和表象训练的效果。

二、合理情绪训练

在比赛中遇到强劲对手时,一名运动员可能会想:"这是一次锻炼自己的好机会啊!"另一名运动员可能会想:"我又要输给他了。"显然,两名运动员对同一运动情境产生了不同的看法和体验。每个人的认知结构有其自身的特点,当面对同一情境或同样的外界刺激时,不同人的认知活动是不一样的,由此产生的态度、观念与情绪体验也各不相同,因而表现出的行为也是形形色色的。

大量的研究证明,在运动竞赛中,运动员的紧张、焦虑大都由于消极思维影响所致。因此,改变一个人对事物的不合理的认知,或者说改变他对事物的解释与评价,有助于消除他不良的情绪体验,从而改变不适应的行为方式。

合理情绪训练是 20 世纪 50 年代由艾利斯在美国创立,其基础是 ABC 理论。合理情绪训练的主要目标是:帮助人们培养更实际的生活哲学,减少自己的情绪困扰与自我挫败行为,也就是减轻因生活中的错误而责备自己或别人的倾向(消极目标),并学会如何有效地处理未来的困难(积极目标)。

（一）ABC 理论

ABC 理论的基本观点是,人的情绪不是由某一事件本身所引起,而是由经历了这一事件的人对这一事件的解释和评价所引起的。在 ABC 理论模式中,A 是指诱发性事件;B 是指个体在遇到诱发事件之后相应而生的信念,即他对这一事件的看法、解释和评价;C 是指个体的情绪及行为反应。

通常人们会认为,人的情绪和行为反应是直接由事件 A 引起的,即 A 引起了 C。ABC 理论则认为,人们对事件 A 所持的信念、看法、解释,才是引起人的情绪及行为反应的更直接的原因。事件 A 只是引起情绪及行为反应的间接原因。

在生活中我们经常可以看到,不同的人对于同样的事情会有不同的想法。在合理情绪训练中把这种想法称之为信念,信念有合理的和不合理的。合理的信念会引起人们对事物适当、适度的情绪和行为反应;而不合理的信念则相反,往往会导致不适当的情绪和行为反应。因此,合理情绪训练就是要以理性治疗非理性,帮助练习者以合理的思维方式代替不合理的思维方式,以合理的信念代替不合理的信念,从而最大限度地减少不合理的信念给情绪带来的不良影响。合理情绪训练是通过以改变认知为主的方式,来帮助练习者减少或消除他们已有的不良情绪和行为反应。

（二）合理情绪训练的步骤

合理情绪训练分四个步骤进行。

(1)找出使当事人产生异常紧张情绪的诱发事件(A),例如,比赛、受伤、人际关系等。

(2)分析挖掘当事人对诱发事件的解释、评价和看法,即由它引起的信念(B),从理性的角度去审视这些信念,并且探讨这些信念与所产生的紧张情绪(C)之间的关系。帮助当事人认识到异常的紧张情绪之所以发生,是由于存在不合理的信念。

(3)扩展当事人的思维角度,与其不合理信念进行辩论,动摇并最终放弃不合理信念,学会用合理的思维方式代替不合理的思维方式。

(4)随着不合理信念的消除,异常的紧张情绪开始减少或消除,并产生更为合理、积极的行为方式。行为所带来的积极效果,又促进着合理信念的巩固。最后,个人通过情绪与行为的成功转变,从根本上树立起合理的思维方式,不再受异常的紧张情绪的困扰。

这4个步骤一旦完成,不合理信念及由此而引起的不良情绪和行为反应将消除,当事人就会以较为合理的思维方式代替不合理的思维方式,从而较少受到不合理信念的困扰了。

(三)合理情绪训练的技术

合理情绪训练最常用、最有效的技术就是与不合理的信念辩论,另外,认知家庭作业、合理情绪想象、角色扮演等也是常用的技术,下面具体谈谈这些技术的运用。

1.与不合理信念辩论技术

与不合理信念辩论的技术,是指导者向当事人所持有的关于他们自己的、他人的及周围环境的不合理信念进行挑战和质疑,从而动摇他们不合理信念的过程。采用辩论方法的指导者必须积极主动地、不断地向当事人发问,对其不合理的信念进行质疑。通过与不合理信念的辩论,使当事人在辩论的过程中,经过主动思考,使自己的认知发生某种改变,直至放弃其不合理信念。

与不合理信念辩论的提问方式,可分为质疑式和夸张式两种。

(1)质疑式。指导者直接向当事人的不合理信念发问,如"你有什么证据能证明你自己的这一观点?""是否别人都可以有失败的记录,而你却不能有?""是否别人都应该照你想的那么去做?""你有什么理由要求事物按你所想的那样发生?""请证实你自己的观点"等。当事人一般不会简单地放弃自己的信念,面对指导者的质疑,他们会想方设法为自己的信念辩护。因此,指导者借助这种不断重复和辩论的过程,使对方感到自己的辩解不合理,从而让他们认识到:第一,那些不合理的信念是不现实的、不合逻辑的;第二,那些信念是站不住脚的;第三,什么样的信念是合理的信念;第四,最终以合理的信念取代那些不合理的信念。

(2)夸张式。指导者针对当事人信念的不合理之处故意提出一些夸张的问题。这种提问方式犹如漫画手法,把对方信念的不合逻辑、不现实之处放大给他们自己看。夸张式的提问方式由于使对方在这一过程中自己也感到自己的想法不可取,从而容易让他放弃自己的不合理想法。例如,一个有社交恐怖情绪的当事人说:"别人都看着我。"指导者问:"是否别人不干自己的事情,都围着你看?"对方回答:"没有。"指导者说:"要不要在身上贴张纸条,写上'不要看我'的字样?"答:"那人家都要来看我了!"问:"那原来你说别人都看你是否是真的?"答:"……是我头脑中想象的……。"在这段对话中,指导者抓住对方的不合理之处发问,前两个问题均可纳入夸张式问题一类。

(2)认知家庭作业技术

认知家庭作业是配合与不合理信念辩论的方法进行的。当事人的不合理信念并非偶然形成,从面对面的质疑辩论到使当事人改变其观念需要一个过程,应当给当事人一个反复思考的时间,让他有较充分的时间在自己的头脑中展开辩论。布置家庭作业就是为了促进当事人在面谈以后,继续思考,并且约好下次谈话时检查作业完成情况。

(3)合理情绪想象技术

合理的情绪想象技术是指当事人在理性思维的指导下通过想象来体验自己所不适应的情境,用想象来代替现实,然后再去适应现实。其基本步骤如下:

第一,当事人需首先想象自己进入不适应情境中的消极情绪体验。

第二,在想象的情境中调整情绪,用良好的情绪状态取代消极的情绪体验。

第三,停止想象,分析在想象过程中的成功与失败,强化合理的观念与积极情绪,纠正不合理的观念与负性情绪。有时想象需要反复进行,在想象中逐步消除负性情绪,使积极的情绪状态占据主导地位。理性情绪想象技术可与认知家庭作业结合进行,如果当事人能在生活中主动进行合理的情绪想象,定会增强训练效果。

(4)角色扮演技术

这一技术的核心也是与不合理信念辩论,但进行时让当事人与指导者互换角色,即让指导者扮演当事人,为不合理观念进行辩护,而让当事人扮演指导者来进行反驳和质询。这样,指导者实际上像镜子一样反映出当事人所持观念的不合理之处,同时当事人通过寻找理由和证据进行反驳的过程,为建立自己新的合理观念提供了依据和材料。

(四)合理情绪训练的注意事项

1.以改变认知为重心

合理情绪训练虽然在具体的技术中吸收了对认知、情感和行为进行干预的方法,但认知改变是其重点和关键所在,因此,指导者要将主要精力用于当事人的认知改变,将其他方法纳入情绪训练的框架体系中。

2.把握辩论和质询的时机和分寸

合理情绪训练主要采用与不合理信念辩论的技术,而辩论与质疑技术具有尖锐、逼人的一面,可能会引起当事人心理上的抗拒。因此,指导者一定要注意把握好时机和分寸,只能对事不对人地进行质询,不能将自己的价值观强加在对方身上,更不能给对方以控制和攻击的感觉。此外,指导者应时刻注意和当事人建立和维持良好的咨询关系,这会为训练效果提供良好的基础和氛围。

3. 保持耐心

当事人的许多不合理观念来自于自己的生活经验和所受的教育,指导者期望以三言两语、几个回合的辩论让当事人立即放弃其不合理的观念,显得不太现实。因此,指导者的耐心显得尤为重要,尤其是当事人表现出动摇、反复,甚至出现沉默的时候,更应有耐心,给当事人充裕的时间去进行自我思考、自我辩论,让他清理、整合自己的思维方式和观念,并把握时机,促进当事人的认知转变。

4. 防止新的认知偏差出现

在帮助当事人放弃其原有的不合理信念,重建新的合理观念时,应防止从一个极端走到另一个极端,即防止形成新的不合理观念。

5. 进行新观念言语操练时,应注意某些非言语因素

当事人最初可能不习惯进行新的合理观念的言语操练,因而在重复进行言语对话时,往往不大自信,声音显得漂浮。对此,指导者一方面要从动机入手,坚定其信念;另一方面,也要训练当事人的非言语表达,如声音要实在有力、身体要站好站直、语速不要太快等,以配合其言语操练。

6. 把握合理情绪训练的适宜对象

合理情绪训练对那些主要由认知偏差所引起的行为和情绪问题的当事人比较有效,其中,智商水平较高、受教育程度较高的当事人尤为有效,对那些不能做理性分析、不愿接受该方法或对该方法有偏见者、智力太低者、年龄太大或太小者、与现实脱节而沉湎于幻想者,都不大适合。

三、暗示训练

(一)什么是暗示训练

暗示训练是利用言语等刺激物对运动员的心理施加影响,并进而影响行为的过程。最早的暗示训练法可以追溯到中国古代的气功和印度的瑜伽中所使用的方法。早在19世纪,德国心理学家舒尔茨(Schultz)对瑜伽中的暗示法产生了浓厚的兴趣,他首先对暗示的作用进行了实验研究。他在给病人治疗时把患者分为给药组和给药加暗示组,经过一个阶段治疗发现,自我暗示对疾病治疗有显著效果。他于1932年出版了《暗示训练》一书,开始了心理学界对暗示进行研究的历史。20世纪,暗示训练已经广泛应用于各领域。目前,暗示训练在体育运动中的作用正日益受到人们的重视。运动心理学研究表明,自我暗示能够使运动员激动和烦躁的心情平静下来,能够提高动作的稳定性和成功率。

我国蛙泳女王罗雪娟在雅典奥运会上,100米蛙泳决赛时抽到了第一泳道。在这

样一个世界最顶端的比赛中,泳道不好就意味着失利,当时教练和队员多为她担心。罗雪娟平静地说了句"第一泳道,就是第一"。结果,凭借扎实的基础和良好的心理素质,她获得了 2004 年雅典奥运会女子 100 米蛙泳金牌。通过这个事例,可以看出运动员简单的、精炼的、富有睿智的自我暗示是可以提高比赛成功率的。

图 6-2　罗雪娟的自我暗示:第一泳道,就是第一

(二)暗示训练的原理

巴甫洛夫曾把词语称为"包罗万象"的刺激物,并以它为人类行为的最高调节器。通过言语,人能接受暗示和进行自我暗示,通过代表外部环境和体内环境的一切事物和现象的言语来调节认知、情感和意志过程。

暗示训练就是通过语词,即第二信号系统的作用来调节运动员中枢神经系统的兴奋水平,从而调节人体内部过程,如调节人的心境、情绪、意志和信心,改变内脏活动,提高和降低体温,加速和减缓新陈代谢过程等。例如,自我暗示说"我在吃一颗酸梅,很酸很酸的梅",口腔唾液分泌会不由自主地增加。由此可见,人们的语言和所想象的形象结合在一起,会使人的内脏器官或运动器官产生相应的变化。

(三)暗示训练的程序

暗示训练有 6 个主要步骤:

(1)使运动员理解语言对情感和行为的作用。

(2)找出运动员在训练、比赛中经常出现的消极想法,如"这个动作我是学不会了"。

(3)确定如何认识这种消极想法。

(4)确定取代这种消极想法的积极暗示语,如"世上无难事,只怕有心人"。

(5)不断重复相应的对子,如"这下完了—还有机会,拼搏到底"。可以视情况具体规定重复的时间,如可规定每天早、中、晚各重复两次。

(6)通过不断重复和定时检查,举一反三,在生活中养成对待困难的积极态度和良好习惯。

（四）暗示训练应注意的事项

暗示训练主要是通过暗示语来进行的,在选择暗示语时要注意以下事项:

(1)测验和比赛时的暗示语应多考虑过程性问题,少考虑结果性问题。

过程性暗示语如:发别的落点,动手腕,多向前摩擦,上手快点等。结果性暗示语如:胜利,我准能赢这场球等。

(2)暗示语应为积极的肯定词汇,不应为消极的否定词汇。积极的肯定词汇如:放松,稳住,我有信心踢进去,主动权在我手里等。消极的否定词汇如:我不紧张,我不会输等。表 6-2 是一些积极暗示语和消极暗示语的示例。

表 6-2　积极暗示语与消极暗示语

消极暗示语	积极暗示语
这些观众真讨厌。	他们在为我加油,在期待我打得更好。
落后这么久,没戏了。	这不是最后的结局。你有领先,我有机会。
千万别猛扣扳机。	放松,食指单独用力,"慢扣等响"。
真倒霉,我又扣响了。	我的稳定性好,有充分的时间做到"慢加力"。
这次比赛(训练)我打不好了。	只要我一发一发地做好扣扳机的动作,我会打出水平的。
别紧张,别着急。	放松,稳住。
(打球时)这场球千万别输在我手上。	我一定能踢进去的。

(引自张力为,1995)

(3)暗示语应是有针对性的,具体化的,可操作的。

有针对性的暗示语如:固定拍型,掌握击球点;要耐心追,咬住;要冷静,只有冷静下来才能打球等。无针对性的暗示语,如:遇到困难,我要解决困难;遭遇逆境,我要摆脱它。

本章小结

1.广义的心理技能训练是指有目的、有计划地对运动员的心理过程和个性心理施加影响的过程。狭义的心理技能训练是指采用特殊的方法和手段使运动员学会调节和控制自己的心理状态,进而调控自身行为的过程。

2.心理技能训练遵循的原则有:自愿原则,长期系统性原则,与专项运动训练相结合的原则,因材施教原则。

3.心理技能训练的理论来源于多种学派。其中最具代表性的学派有行为主义心理学和认知心理学。

4.渐进性放松法是指通过一定的方法与程序使练习者的肌肉放松,从而达到心理平静、安宁,消除身心紧张的一种心理技能训练方法。

5.自生放松法是通过指导语诱发练习者自身产生某种感觉体验,进而达到精神和身体放松的方法。

　　6.系统脱敏训练法又称交互抑制法,是一种以渐进方式克服神经症焦虑的技术。系统脱敏训练包括三个程序:(1)建立恐怖或焦虑的等级层次,这是进行系统脱敏训练的依据和方向;(2)进行放松训练;(3)要求练习者在放松的情况下,按某一恐怖或焦虑的等级层次进行脱敏练习。

　　7.生物反馈训练是在放松训练的基础上,借助现代化电子仪器将体内不易感觉到的生理活动信息(如血压升降、心率快慢等)显示出来,让练习者根据这一信息学习,使生理活动朝着要求的方向变化。

　　8.模拟训练是针对比赛中可能出现的情况或问题进行模拟实战的反复练习的过程。模拟训练实际上是一种适应性训练,适应是模拟训练的核心思想。

　　9.常用的模拟训练方法有:对手的模拟,比赛关键情境的模拟,裁判判罚的模拟,观众的模拟,地理环境的模拟,时差的模拟。

　　10.表象训练是指运动员有意识地在头脑中再现或完善某种运动动作或运动情境,从而提高运动技能、增强心理调控能力的过程。表象训练是体育运动领域最为普遍的一种心理技能训练方法。

　　11.心理神经肌肉理论认为,由于在大脑运动中枢和骨骼肌之间存在着双向神经联系,人们在进行动作表象时,会引起有关的运动中枢兴奋,兴奋经传出神经传至相关肌肉,引起相应肌肉的活动。

　　12.基础表象训练是表象训练最为重要的一个程序,主要围绕如何提高感觉觉察能力、表象清晰性和表象控制性来进行。

　　13.合理情绪训练是20世纪50年代由艾利斯在美国创立,其基础是ABC理论。ABC理论认为,人们对事件(A)所持的信念、看法、解释(B),才是引起人的情绪及行为反应(C)的直接原因,事件A只是引起情绪及行为反应(C)的间接原因。

　　14.暗示训练是利用言语等刺激物对运动员的心理施加影响,并进而影响行为的过程。

思考题

　　1.模拟训练常用的方法有哪些?

　　2.结合自己的实践经验,论述表象训练的作用。

　　3.分析自己在日常生活中存在的不合理信念,并确定取代这些不合理信念的合理信念。

　　4.结合实践论述暗示训练在运动训练和比赛中的应用。

第七章 运动中的团体凝聚力和领导行为

图 7-1 2004 年雅典奥运会,中国女排夺冠瞬间

2004 年北京时间 8 月 29 日凌晨,中国女排赢来了重要的历史时刻,在雅典奥运会女排决赛中战胜俄罗斯队赢得冠军。团体的成功是建立在和谐团结的基础之上的,由此导演出的个人的成功乃是团体力量发挥的结果。

通过本章的学习,你将能够回答以下问题:

1. 什么是团体? 什么是团体凝聚力?

2. 影响团体凝聚力的因素有哪些?

3. 团体凝聚力与运动成绩有什么关系?

4. 什么是领导? 教练员的领导具有什么功能?

5. 影响教练员领导行为的因素有哪些?

6. 教练员的影响力是如何形成的?

关键词:

团体;团体凝聚力;领导;领导方式;领导功能;领导行为;影响力;强制性影响力;自然性影响力

第一节　运动中的团体凝聚力

一、团体凝聚力概述

(一)什么是团体凝聚力

人们总是生活在这样或那样的社会群体中,但这些群体未必就是团体。在心理学中,团体是指人们彼此之间为了一定的共同目的,以一定的方式结合在一起进行活动的集合体。体育运动中的团体是指由体育教师、学生或运动员、教练员等人在同一规范与目标的指引下,协同工作的组织形式(马启伟,1996)。在体育教学、运动训练或比赛中,团体成员团结在一起,为了实现共同的目的,遵守一定的规范,各司其职。

现代体育运动集体项目中,技术水平日渐完美,战术也层层翻新、日新月异。但是,要取得比赛的胜利仅仅靠技战术的完美不一定能成功。因为,集体项目仅仅靠个人的单打独斗是不会取得成功的。例如,NBA 中,乔丹加盟公牛队后,连续拿了三个全联盟得分王。然而,公牛队在全联盟中的名次却不好。主教练杰克逊和队员一起讨论、商量怎样发挥集体的作用,个人和集体的关系等一系列问题。后来,在球场上乔丹的个人表现少了,他更多是把球分给队友,为队友多创造机会,加强与队员的默契配合,充分发挥集体的作用和团体凝聚力,从而使公牛队获得了 6 次 NBA 冠军。一定的凝聚力是一个社会团体存在和发展的基本要求。体育团体作为一个特定的社会团体也不例外。

凝聚力,也即内聚力、向心力,是指团体成员之间心理结合力的总体。团体凝聚力既是表现团体团结力量的概念,也是表现个人心理感受的概念。个人的心理感受具体表现为对团体的认同感、归属感和力量感。认同感是指团体成员对重大事件与原则问题保持共同认识与评价的心理感受。归属感是指团体成员在情绪上融入团体,作为团体一员的心理感受。力量感是指团体成员依靠团体、得到支持、完成任务的信心方面的心理感受。认同感对团体成员的认知以知识和信息,归属感是团体成员情感上的依据,力量感则给团体成员以力量,使团体成员的活动坚持不懈。

(二)团体凝聚力的分类

任务凝聚力和社交凝聚力是团体凝聚力的两个独立组成部分。

任务凝聚力是指团体中的成员团结一致,为实现某一特殊的和可识别的目标做出努力的程度。例如,排球比赛中后排队员补位掩护前排队员"背飞",NBA 比赛中最后几秒钟防守球队突然发动"紧逼",某主力队员接受教练安排放弃个人单项全力参加团体比赛等,这些队员间的携手合作都体现了高度的任务凝聚力。

社交凝聚力是指团体中的成员相互欣赏,并喜欢成为团体中的一员。例如,马拉多纳领军的阿根廷足球队,队内成员始终如铁板一块,团结一心,一致对外,在随后的几届世界杯赛上,无论外界怎么议论猜测、捕风捉影,内部从来都风平浪静。1990年的意大利世界杯,尽管没有多少人喜欢他们,他们却匪夷所思地苦战到决赛。有人曾形容阿根廷足球队有股"匪气",其实他们靠的是内部同舟共济的凝聚力。反观人才济济、球星云集的荷兰队,队内白人球员与黑人球员之间素来不睦,阿贾克斯出身的球员与其他球会出身的球员又向来互不服气,内讧不断,人际关系复杂,即便在"三剑客"鼎盛时期也未能染指世界杯,到了2002年的世界杯连进军决赛的资格也没有了。因此,建立和谐的人际关系,对于增强体育团体凝聚力,稳定其发展和充分发挥其训练效益和比赛潜能,都具有重要意义。

(三)团体凝聚力的测量

团体凝聚力测量的最常用方法是社会测量法和问卷法。

1.社会测量法

20世纪30年代美国社会心理学家莫雷诺(J. Moreno)首创的社会测量法是研究群体互动的分析工具,它可以揭示群体成员之间的情感及吸引力程度。这种方法主要通过面谈等方式向团体成员提出问题,让他们回答。例如,"请你提出你所在团体里3个你最喜欢同他们一起工作的人,并按喜欢的程度顺次排列"等。对于所得结果,可以采取两种方法进行处理。一种是画出人际关系矩阵表,这是一种根据群体内总人数n而制成的n×n的行列表,表内记入各成员的选择结果,用分数表示喜欢或不喜欢的程度。另一种方法是用图示的形式表示团体成员社交偏好的图形。图中每一小圆圈表示一个人,圆圈间的实线箭头表示一方对另一方的肯定关系,虚线箭头表示否定关系。

莫雷诺提出的人际关系类型有6种,见图7-2。这六种类型可以分析团体特点、团体结构、团体分化、团体凝聚力和稳定性等,这种方法在以后的社会心理学研究中得到了很广泛的应用。但是,社会测量法能够很好地测评社会凝聚力的水平,但是对于评价一个以任务为中心目标的运动团体的凝聚力,还存在局限性。

2.问卷法

运动心理学家研制出了一些专用于运动团体凝聚力的测验。这些测验问卷有:体育运动凝聚力问卷(SCQ,1971)、团体凝聚力问卷(TCQ,1981)、体育运动

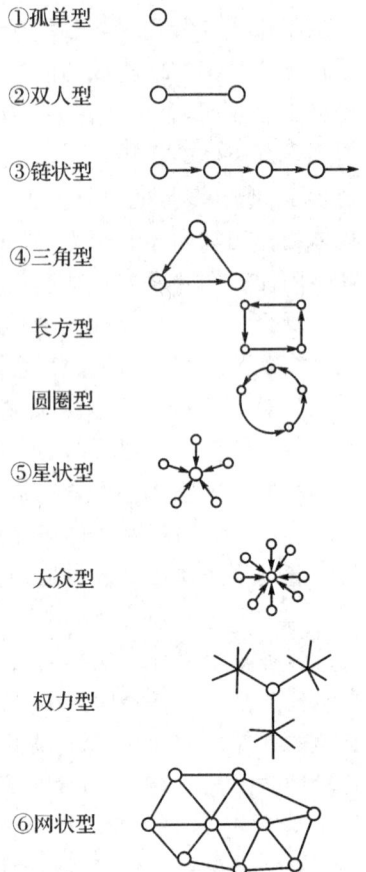

①孤单型
②双人型
③链状型
④三角型
长方型
圆圈型
⑤星状型
大众型
权力型
⑥网状型

图7-2　人际关系类型

凝聚力测试(SCI,1984)、团体环境问卷(GEQ,1985)、团体心理问卷(TPQ,1992)。在这5个用于测量团体凝聚力的问卷中,团体环境问卷(GEQ)是体育运动领域中测量团体凝聚力最常用的测试工具。

二、影响团体凝聚力的因素

凝聚力是团体生活中最为重要的方面之一,影响团体凝聚力的因素有很多。

（一）团体成员需要的满足

一个团体越能满足成员的需要,它对成员的吸引力就越大,它的凝聚力也越大。团体成员参加运动团体的动机、各自的需求不完全一致,因此,教练及领队应该了解队员的实际需求,并在可能的情况下充分考虑队员的需求,通过各种方式满足队员的需要,让队员体验与团体共同成长的乐趣。如果队员的需求总是无法得到满足,则可能影响他们对团体的信任,影响团体凝聚力。

（二）团体成员的能力、地位和作用

运动员参加运动团体时的能力对他们在运动团体中的自信心有很大的影响,同时他们也会通过对同伴队员的观察和分析,判断自己在团体中的地位和作用,并且比较自己的能力是否在团体中获得相应的地位,发挥相应的作用。如果他们认为自己及队友的能力与获得的地位和作用都很匹配,那么,团体就可能形成一种良性竞争的机制,激发队员们刻苦锻炼的动机。如果队员觉得自己在团体中没有得到公平的机会,那么队员对团体的归属感和信任感就会受到很大的伤害,削弱团体的凝聚力。

（三）团体内人际关系

体育团体的人际关系是影响制约全队竞技水平的主要因素。体育团体要取得好的成绩,只靠队员个人技术水平的提高是远远不够的。要想赢得比赛,除了个人的技术和能力外,还有赖于对同伴的信心和信赖。团队成员之间建立良好的人际关系,必然使体的凝聚力提高,有助于群体目标的顺利实现,同时也满足了成员情感上的需要,产生愉快的心理体验,即使在挫折与困难面前,他们能互相安慰、互相激励,以使在以后的比赛中取得好的成绩。

（四）领导因素

运动队中的教练对团体凝聚力起着重要的影响作用。教练的道德品质、行为方式和管理方式对队员起着重要影响,同时也影响团队的凝聚力。领导因素将在本章第二节展开论述。

（五）团体规模与稳定性

团体规模的大小对团体凝聚力的影响是显而易见的。规模大、人数多的团体,一方面成员间相互接触的机会相对减少,另一方面管理和训练的时候难以协调一致,容易造成意见的分歧,降低团队的凝聚力。规模小、人数少的团体,在团队目标、活动策略等方面容易取得一致,易于产生感情,增强凝聚力,但是可能由于人力资源不足而影响比赛成绩,影响任务的完成。所以,团队的规模应该适当,既能工作又能维持群体凝聚力。学校在考虑运动队规模的时候,除了要考虑比赛要求、师资、场地、经费等因素外,还得考虑运动队人数对团体凝聚力的影响。

保持运动队队员在一定时间里的相对稳定,能使队伍成员彼此更了解,共同经历更多的训练和比赛,队员之间的默契感、认同感更强,因而队伍会更有凝聚力。

（六）团体目标和任务

团体目标和任务是把团体成员凝聚在一起的重要基础。明确集体目标能够使队员对团体有共同的责任感和使命感,同时也明白自己在团体中所起的作用和个人进一步努力的方向。因此,领导者(教练员或者领队)给予团体制定的目标和任务就显得尤为重要,他们应该对比赛、对自己的队伍和其他队伍都有很正确的判断,传输给运动员基本正确的信息,帮助制定一个团体通过努力可以达到的目标,也明确每个队员短期、长期应该达到的目标,让每个队员知道自己在哪些方面需要提高,该如何提高。

（七）激励机制

运动团体中队员受到的激励和奖励是否恰当直接影响到他们的满意度,而一定水平的满意度又与其以后的运动动机密切相关。适当的、公正的激励和奖励可以提高队员的满意度,从而不断提高他们的动机水平,提高团体凝聚力。

不同的激励方式具有不同的作用。西方心理学的研究一般认为,集体奖励方式可能增强团体的凝聚力,而个人奖励方式可能增强团体成员之间的竞争力。

（八）团体的外部压力

外来压力和威胁可增强团体成员相互间的价值观念,迫使所有的成员自觉地团结起来,减少内部分歧,维护团队利益,一致对外,以避免自己的团体受挫、受损。通常外来威胁越高、压力越大,团体所表现出的凝聚力也会越强。当然如果团体成员感到团体根本没有办法应付外来威胁和压力时,就不愿意再去努力了。

另外,运动项目、人员素质和团体成员特征的相似性等也会影响凝聚力。不能否认和回避的是,体育团体注入了大量的年轻人,他们充满活力,富有激情,也难免心高气傲,个性张扬。因此,想找到凝聚团体的大门,团体成员还必须学会以和待人,善待周围的人和事。

拓展阅读

培养运动团体凝聚力的策略

1.设置确切可行的团体目标、个人目标,在团体内发展自豪感和集体感。比如,在赛季前制定好有挑战性的、确切可行的目标,实现这些目标后,团体成员都得到鼓励,并为团体取得的成绩感到骄傲。

　　2.明确团体成员的角色和责任。强调每个队员在取得团体成绩中的重要性。使每位运动员熟悉对其他运动员应承担的责任。比如,比赛时努力让替补队员保持心情愉快并相信他们对球队也很重要。在练习中通过让队员担当不同的角色,增强相互之间的了解。

　　3.适宜的奖励。体育团体要进行适宜的奖励,满足团体成员不同的需要。即使团体输了比赛,也要突出团体取得的成就。当比赛输了的时候,教练员要善于找出比赛中的闪光点,及时地进行表扬。个人奖励与团体奖励结合的形式,可能效果较好。

　　4.利用定期队会解决团体内的矛盾冲突。教练员或领队定期召开队会,鼓励大家公开交换意见,平等对待每一个人,创造一个公平竞争的队内环境,使队员能够正确地面对挑战。

　　5.培养队员的主人翁意识。让运动员参与队内关系到运动队发展和自身利益方面的决策,满足运动员的自尊心,提高他们的责任心。

　　6.鼓励运动员进行合作练习。教练员可以利用集体项目的特点或者创造团体协作的情境,使运动员在练习运动技能的同时提高相互合作的能力。

三、团体凝聚力与运动成绩的关系

　　在高水平运动队,凝聚力是教练高度关注的问题之一。一般来说,一个团体的凝聚力越高,这个团体的活动效率也就越高。然而,有些队伍虽然明显不团结但还是会获得成功。凝聚力与运动成绩的关系是非常复杂的。

　　一种观点认为,团体凝聚力影响运动成绩。成员之间互相吸引,感情投入,共同协作,才能为全队目标的实现努力奋斗。同时,凝聚力高还会提高队员的士气,明确活动的动机,自觉努力地训练,不断提高技能与成绩水平。如果队内有许多内部冲突,队员彼此间缺乏合作,精神受压抑,不仅不能激发队员的训练热情,甚至还会有意制造障碍,这样自然就会影响训练质量和比赛成绩。来自体育运动现场的一些研究表明,团体凝聚力高,其成功的可能性就大,这是由于每个成员把团体的目标当成自己的任务,把团体的行为规范当成自己的行为准则,因而参加团体的动机就强。

　　另一种观点认为运动成绩影响团体凝聚力。很多运动员都曾经历过获得比赛成功后的"成见效应"(一种由于对一个人的个别特征产生了好或坏印象,就对其他一些特征或整个人做出不恰当评价的现象)。例如,当球队赢得比赛时,队员更容易觉得自己属于球队,会更加遵守行为规范,队伍的凝聚力更强。而当球队失利时,队伍的凝聚力就降低很多。

　　目前,大多数研究者认为运动员的场上表现更容易提高凝聚力水平,而团体凝聚力对运动成绩的影响较弱,如图7-3。

图 7-3 团体凝聚力和团体表现的关系

　　运动团体因项目特点、成员组成、角色行为、目标任务等不同,在对凝聚力的需求上各有差异。有些项目需个人的自主性强,单独作战,而有些项目则需与他人密切合作,又有一些则是高度配合和个人技巧的结合,这些对凝聚力的要求都是有所不同的。表 7-1 列举了不同运动项目对任务凝聚力的不同要求。

表 7-1　运动项目的性质与任务凝聚力

共动项目 (相互依赖的任务少)	共动—互动项目 (相互依赖的任务中等)	互动项目 (相互依赖的任务多)
射箭	美式橄榄球	篮球
保龄球	棒球、垒球	曲棍球
田赛	花样滑冰	冰球
高尔夫球	划船	英式橄榄球
射击	径赛	足球
滑雪	拔河	手球
高台滑雪	游泳	排球
摔跤		
低◀——————要求任务凝聚力的程度——————▶高		

(引自季浏,2007)

第二节　运动中的领导行为

一、领导概述

(一)什么是领导

　　领导是指引和影响个人或组织,在一定条件下实现目标的行动过程。这个动态过程由领导者、被领导者及其所处环境三种要素组成。在本质上,领导是属于一种基于人际间交互影响而产生的行为。

　　领导者是在团体中发挥领导作用的人。每个团体都有一个领导者,领导者是团体的首领、核心,对团体的活动成效起着举足轻重的作用。正是由于有领导者的存在,才可以对内主持和领导整个团体,对外代表整个团体同外界进行协调活动。领导者有的是自然产生的,有的是由团体成员推举出来的,还有的是由上级组织委派的。

　　体育运动中的团体是指由体育教师、学生或运动员、教练员等人在同一规范与目标的指引下协同工作的组织形式。教练员就是这个组织中最具影响力的权威人物,是指

引和影响运动团体实现奋斗目标的领导者,多
数教练员是为上级委派的领导者。一位能干、
负责、勇敢、上进、有重要影响力的教练员,是
运动队健康和谐发展的基础和"领头羊"。运
动团体的领导过程包括教练员、运动员和情境
三种要素,三者之间彼此影响,如图 7-4。

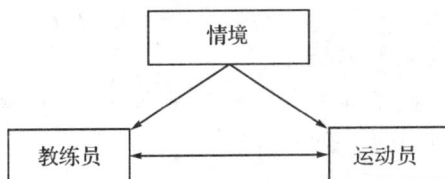

图 7-4　运动团体领导的三要素

（二）领导方式

领导方式是领导者在领导行为的动态变化过程中表现出来的影响被领导者的风
格。下面介绍较有代表性的关于领导方式的研究。

1. 勒温的分类

团体动力学创始人德国心理学家勒温（Lewin）根据行使权利和发挥影响力的方式
不同,将领导方式分为专制式领导、民主式领导和放任式领导三种。

专制式领导主要依靠领导者个人的能力、经验、知识和胆略来指导团体或组织的
活动。

民主式领导以平等主义思想为指导,尊重下属成员的不同能力与资历,领导者以人
格感召为主,使下属由衷地愿意追随和接受其领导。例如,教练尽量允许运动员参与确
定运动队的目标、训练计划和比赛战术的制订等。

放任式领导采取无为而治的态度,一切活动都由下属成员自我摸索,团体或组织的
方针和决策也由下属自行决定,领导者不参与。

在运动团体中,教练员专制型和民主型领导方式的比较见表 7-2。

表 7-2　教练员专制型和民主型领导方式的比较

领导方式	专制型	民主型
领导行为特征	以取胜为中心的 命令主义的 定向于任务的	以运动员为中心的 合作态度的 定向于运动员的

2. 三隅的分类

日本心理学家三隅对领导者的两种取向行为进行了大量研究,把关心生产的工作
取向（P,p）和关心人的人情取向（M,m）各分为高低两种水平,构成了 2×2 维度的四种
领导方式：

PM：工作取向与人情取向均高

Pm：工作取向高而人情取向低

pM：工作取向低而人情取向高

pm：工作取向与人情取向均低

通过对日本的一些厂矿企业进行的多次现场调查发现,领导行为处于 PM 时,下属

成员的生产效率和劳动积极性最高,领导行为处于 pm 时,下属成员的生产效率和劳动积极性最低。

在运动团体中,根据领导方式的这两种取向可以把教练员的领导方式分为任务型和关系型两种。

任务型领导方式的教练员把注意力放在训练、比赛任务的完成上,其特征就是把任务明确化,提出训练、比赛的具体目标与要求,并以完成情况作为评价与奖惩的依据。

关系型领导方式的教练员特别注重强化和维持团队内部和谐的人际关系上,其突出的特点就是尊重成员的意见,加强交流沟通、增强理解、化解纠纷、心理相容,促进队员自主性发展,提高团队的凝聚力。

(三)领导的功能

教练员的领导功能表现在决策、组织、沟通和激励等方面。

1.决策功能

决策功能是教练员领导行为的基本功能。由于教练员在运动队中占据显要的位置,他要审时度势,知己善任,确定目标,制定政策,采取措施,作出最终的决断。

2.组织功能

组织功能是指为了实现团体的目标,领导者必须采取的一系列组织活动。教练员要在做出决策的基础上,进行一系列的组织策划和管理工作,要尽可能科学有效地安排计划,使用人才,调动一切积极的因素,在实施训练计划和完成比赛任务的过程中,使全队上下团结一致,协同作战,逐渐接近并最终达到预定的目标。

3.沟通功能

作为一个团队的主教练,要领导好其他教练员和全体运动员,内部团结是非常重要的,是教练员开展工作的基础。全队上下能否求同存异,相互理解,相互支持,心理相容,往往是决定团队有无凝聚力和战斗力的关键因素。而身处中心地位的教练,协调运动队中的人际关系,与其他成员之间进行交流和沟通是其职责之一。良好的人际关系、及时的沟通与交流是教练员了解情况、掌握信息、协调关系、提高工作效率的可靠保证。

4.激励功能

激励功能是指领导者调动、激发被领导者完成团体目标的工作积极性的过程。管理心理学认为,激励功能是领导的主要功能,其内涵主要有以下三个方面:(1)提高被领导者接受和执行目标的自觉程度;(2)激发被领导者实现团体目标的热情;(3)提高被领导者的行为效率。

教练员要通过自己的影响力和所制定的各种制度、奖惩方法,提高运动员的动机水平,充分发挥他们的积极性与创造性。在运动团体中建立激励机制,强化运动员的成就动机,使运动员产生成功感和满足感,进一步激励运动员向新的目标努力,最终实现理想的目标。

二、影响教练员领导行为的因素

领导者实现领导功能的过程叫领导行为。实践证明,教练员是运动团队中最有影响力的人物,在团队中起着决策性、关键性的作用。他们的领导行为是否有力,不仅影响成员间的人际关系、队伍的凝聚力与士气,而且影响队员的表现、成绩的提高和团队目标的实现,对运动员个人或团队的成功具有决定性的作用。教练员的领导行为是否有效受多种因素的影响。

（一）教练员的基本素质

"一头绵羊带领一群狮子,敌不过一头狮子带领一群绵羊"。作为运动队的领导者,教练员的地位举足轻重。随着竞技体育的国际化、职业化、专业化、科学化程度的提高,运动成绩对人类极限的逼近,以及竞技运动竞争的日益加剧,现代训练对教练员的素质提出了更高的要求。

1. 教练员应具备的知识结构

（1）专业知识:教练员指挥运动员专项训练和比赛的专门知识,如排球教练员所掌握的排球理论知识等。

（2）专业基础知识:教练员应掌握运动员竞技能力发展的规律、运动训练的生物学规律,能恰当地选择运动负荷量,运用适宜的训练方法与手段,具备心理学、社会学、地域学、遗传学等方面的相关专业基础知识。

（3）一般基础知识:教练员除了所执教项圈的专业知识和专项理论知识外,还应具备广博的科学文化知识,如数理统计学、计算机科学、运筹学、谋略学、军事学、哲学、教育学等,能更好地适应现代训练的要求。

2. 教练员应具备的能力结构

（1）组织训练能力:组织训练能力包括教练员的语言表达能力,动作示范能力,观察了解运动员的能力,组织管理和调控训练活动的能力,科研能力等。

（2）临场指挥能力:临场指挥能力包括教练员把握全局的能力,激发队员身心潜能和斗志的能力,随机应变的能力,发现问题、分析问题、解决问题的能力,承受比赛巨大压力的能力,自我情绪控制能力等。

（3）创新能力:创造性是教练员执教工作的基本特征,教练员有效发展运动员的竞技能力,并使这种能力在重大比赛中转化为优异运动成绩的过程是一个打造"精品"、塑造"尖端"的过程。运动员训练水平越高,教练员组织训练和指导比赛的创造性成分越多,因此,创新能力的高低可以作为衡量教练员执教水平的评判标准。

3. 教练员素养的非认知因素

非认知因素是认知因素以外的影响认知过程的一切心理因素,包括意志、动机、态度、情感、兴趣、性格等。构成教练员素养的非认知因素由以下三大要素组成:

（1）内驱力：它是教练员不断面对困难、解决实践问题的内在精神力量，具体表现为需要、动机、兴趣等。

（2）情动力：对事业的热情和激情是训练活动主体动力机制不可缺少的因素，教练员需要有不断追求、不断超越的情动力作为精神后盾。

（3）意志力：顽强的意志品质和坚忍不拔的精神是教练员不畏挫折、克服困难、不断超越的关键所在。

综上所述，知识、能力、非认知因素是教练员素质结构的基本构件，若要带领成功的运动团队，成为一名成功的领导者，教练员就应提升这三方面的素质。

拓展阅读

孙海平与刘翔之间师徒情与特殊管理并轨

刘翔还没到孙海平门下报到的时候，由于膝盖的伤势可能影响运动生命，孙海平为他联系了上海华山医院的运动康复专家做手术。一个大雨滂沱的下午，刘翔的父亲刘学根开车把刘翔送到医院门口，父子俩猜测孙海平应该会在医院大厅内等他们，可没想到后者一个人孤单地撑着伞站在公交车站旁不停张望，浑身尽湿。那一刻，被感动得不知道说什么好的刘翔暗暗下了决心，"一定要好好练，对得起父母，对得起自己，更要对得起孙指导！"

图7-5 孙海平与刘翔的师徒情谊

2004年雅典奥运会一夜蹿红后，刘翔每天的活动把他弄得晕头转向，但他还是找到孙海平说："师父，你哪天有空，我们一起去看望一下您母亲吧。别的事可以拖，这件事决不能拖。"于是，师徒俩一起去了敬老院，孙海平的母亲万分感动。

许许多多类似这种为人知和不为人知的故事，牢牢构筑了孙海平与刘翔的师徒情，或可曰"父子情"。孙海平认为，师徒关系要想做到融洽，一方面教练要大度一些，以理服人；另一方面运动员也要多理解教练。"刘翔是一个孝子，他非常尊重长辈。而作为我来说，一定要对运动员负责，家长们把小孩送到你的手下，你就要对他们负责。"

（引自竞报网，2007）

（二）教练员的领导方式

前文曾介绍了勒温和三隅的领导方式分类，关于教练员领导方式的研究很多。有的学者把教练员的领导方式分为独裁型、权威型、参与型、个体协商型和集体协商型（P. Chelladurai & T. R. Haggerty, 1978），有的学者将教练员的领导方式分为权威型、民主型、社会支持型和积极反馈型(P. Chelladurai & S. D. Saleh,1980),有的学者把教练员的领导方式分为放任型、综合型、工作型、关系型和中间型(王新华,1990)。这里介绍王新华的五种领导方式。

1.放任型:不抓运动训练计划、组织和控制,工作没有目标,盲目性大,多采用放羊式,不注意抓运动员的思想教育、管理和人际关系的调节,相互间缺乏理解和沟通,忽视对运动员要求的满足。

2.工作型:责任感强,工作有目标,计划周密,有一套严格的运动训练规章制度,对运动训练和细节有严格的要求,有时近于刻薄,为了达到目标或完成任务,忽视了运动员的心理、情感上的承受力。

3.综合型:事业心强,有预测决策能力,制定目标、计划科学周密,手段方法控制适当。了解运动员个性特征,视不同情况区别对待,能激发运动员良好的动机。

4.关系型:关心运动员,了解运动员的特点,但训练上严格不起来,训练质量不高,缺乏强硬的实力。

5.中间型:不敢冒尖,也不甘心落后,只讲究眼前利益,没有过高标准和要求,一切成功与失败全凭机会和运气。

现在大部分教练员可能在这五种领导方式之间有效地完全使用一种或混合使用几种方式。五种领导方式的教练员中,属综合型教练员最为优秀。当然,根据不同情境、不同运动项目和不同运动员的特点灵活采用相应的领导方式,会收到更好的领导效果。

(三)情境的特点

影响教练员领导行为有效性的因素,除了教练员自身的素质和领导方式外,情境的特点也是一个很重要的因素。情境因素体现在以下几个方面:

1.当前任务。最重要的情境变量是当前任务。运动场上的现场指挥要求迅速果断地采取行动,不容许有任何的犹豫与拖拉,在这种情况下,民主型的领导方式效率不会高。

2.团队传统。一个集体如果长期经历一种领导方式,就不可能对这种领导方式的改变产生迅速而积极的响应,不管改变这种方式的领导者是谁。

3.时间。在完成任务时间十分有限或情况非常紧迫时,专制型的领导方式比民主型的领导方式更有效。

4.助手。领导者的助手越多,联合他们向着领导者指引的方向共同努力就显得愈加重要。

5.紧张情境。研究表明,在紧张的条件下,专制型领导方式下完成任务的效果较好,而在一般情况下,民主型领导方式下完成任务的效果好一些。因此,在比赛高度紧张的情况下,运动员更有可能寻求专制型的领导方式。

(四)运动员的特点

教练员要实现有效的领导还需要考虑运动员自身的特点。

1.不同项目的运动员喜欢不同的领导方式。集体项目的运动员比个人项目的运动员更喜欢任务定向型的领导方式。例如,变化较多、活动性较强的篮球项目运动员更喜欢任务定向型的领导,因为任务定向型的领导传授技术、战术的效率较高。

2.不同水平的运动员喜欢不同的领导方式。技能水平高的运动员更加喜欢运动员定向型的教练员,因为他们能够提供情感方面的支持。

3.不同年龄的运动员喜欢不同的领导方式。低年龄运动员喜欢关系行为高、任务行为低的领导环境,而高年龄运动员喜欢关系行为低、任务行为高的领导环境,因此,应当根据运动员的成熟程度采取不同的领导方式。

4.不同性别的运动员喜欢不同的领导方式。与女运动员相比,男运动员更倾向于专制型的和社会支持型的领导方式。

5.不同动机水平的运动员喜欢不同的领导方式。任务动机高的运动员喜欢训练和指导的领导行为,亲和动机和外部动机高的运动员喜欢社会支持型的领导行为。

三、教练员的影响力

任何一个团体的领导人要实现有效的领导,都必须具有影响力。教练员的影响力是指教练员为实现团队目标,在同运动员的接触与指导过程中,对运动员的心理、行为、运动技能以及成绩水平产生影响的程度。教练员的影响力可以分为强制性影响力和自然性影响力两种,如图7-6。

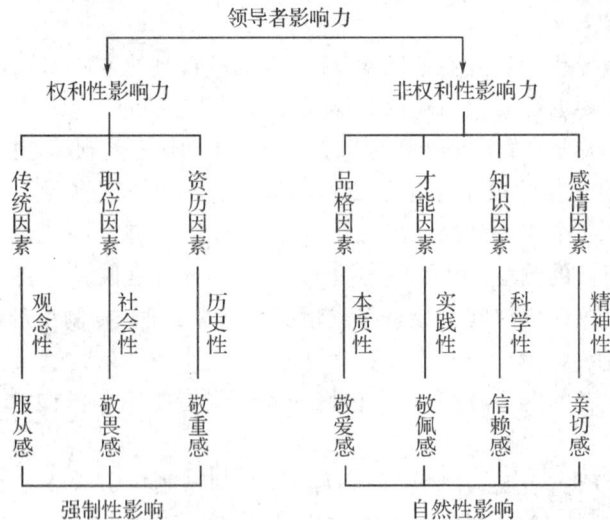

图 7-6　领导影响力维度构成(引自俞文钊,2004)

强制性影响力也被称为权利性影响力,是通过行政组织任命并使其因此获得团体地位和权力而形成的影响力,是教练员对运动员实行的一种带有强迫性的影响力。在运动团队的日常训练中,强制性影响力表现为教练员提出训练、比赛计划和其他各种要求等,以指令性任务的形式下达给运动员,运动员要按照教练员的指令去执行,被动地接受、服从教练员的指挥与领导。在这一过程中,最基本的管理手段就是奖励与惩罚。

自然性影响力也被称为非权利性影响力,是通过教练员自身具备的能力特点、人格魅力、业务水平和道德修养等形成的影响力。教练员和运动员都有这种影响力,只是因为各自本身的特征与条件的差异,而在影响力度和范围上有所不同。

教练员作为运动队的领导者,除了社会组织赋予他的强制性影响力外,更需要的是具有自然性影响力。自然性影响力与强制性影响力差异很大,自然性影响力是经常性、潜移默化地表现出来,对运动员心理和行为的影响是深刻的,运动员的服从也是甘心情愿的。因此,自然性影响力的作用要比强制性影响力更大、更深、更持久。

本章小结

1.体育运动中的团体是指由体育教师、学生或运动员、教练员等人在同一规范与目标的指引下,协同工作的组织形式。

2.凝聚力,也即内聚力、向心力,是指团体成员之间心理结合力的总体。团体凝聚力既是表现团体团结力量的概念,也是表现个人心理感受的概念。

3.任务凝聚力是指团体中的成员团结一致,为实现某一特殊的和可识别的目标做出努力的程度。社交凝聚力是指团体中的成员相互欣赏,并喜欢成为团体中的一员。

4.团体凝聚力测量的最常用方法是社会测量法和问卷法。

5.影响体育团体凝聚力的因素主要有:团体成员需要的满足,团体成员的能力、地位和作用,团体内人际关系,领导因素,团体规模与稳定性,团体目标和任务,激励机制,团体的外部压力等。

6.团体凝聚力与运动成绩的关系非常复杂。目前,大多数研究者认为运动员的场上表现更容易提高凝聚力水平,而团体凝聚力对运动成绩的影响较弱。

7.领导是指引和影响个人或组织,在一定条件下实现目标的行动过程。这个动态过程由领导者、被领导者及其所处环境三种要素组成。

8.领导方式是领导者在领导行为的动态变化过程中表现出来的影响被领导者的风格。团体动力学创始人德国心理学家勒温根据行使权利和发挥影响力的方式不同,将领导方式分为专制式领导、民主式领导和放任式领导三种。

9.教练员的领导功能表现在决策、组织、沟通和激励等方面。

10.运动团体中的教练员是运动队的领导者,知识、能力、非认知因素是教练员素质结构的基本构件。

11.影响教练员领导行为的因素有:教练员的基本素质,教练员的领导方式,情境的特点,运动员的特点等。

12.教练员的影响力是指教练员为实现团队目标,在同运动员的接触与指导过程中,对运动员的心理、行为、运动技能以及成绩水平产生影响的程度。

13.教练员的影响力可以分为强制性影响力和自然性影响力两种,自然性影响力的作用要比强制性影响力更大、更深、更持久。

14.强制性影响力也被称为权利性影响力,是通过行政组织任命并使其因此获得团体地位和权力而形成的影响力。自然性影响力也被称为非权利性影响力,是通过教练员自身具备的能力特点、人格魅力、业务水平和道德修养等形成的影响力。

思考题

1.结合实例分析团体凝聚力与运动成绩获得之间的关系。

2.如果你是教练员,你准备采用哪些方法提高团体凝聚力?

3.如何成为一名成功的教练员?

第四编　比赛心理

比赛心理编共 4 章。第八章介绍了注意的概念、功能,注意和运动表现的关系,重点论述了注意技能的训练方法。第九章介绍了唤醒、焦虑和运动表现的关系,论述了具体的应激控制技术。第十章介绍了比赛的心理准备,包括制订比赛方案、合理定位参赛角色和建立良好的比赛心理定向,并对一些常用的比赛状态调节方法进行了论述。第十一章介绍了比赛中的观众效应、主场效应和运动中的攻击性行为等社会心理问题。

第八章　运动中的注意

图 8-1　注意始终是心理学家孜孜钻研的一个重要领域

奥运会冠军、飞碟射击运动员张山说："一上场，对我来说，世界上只有碟靶、枪和我自己，其他一切全无。"体育运动是一种身体操作活动，虽然项目各式各样，但有一些共同的特点和要求，不是要求快速，就是要求准确，或是要求完美地表现。这些活动特点对人的注意力都有超常的要求。运动员保持高度、持续的集中注意，是比赛获胜的重要保证。

通过本章的学习，你将能够回答以下问题：

1. 什么是注意？注意有哪些功能？

2. 注意的品质表现在哪些方面？

3. 什么是注意方式理论？四种注意类型在训练比赛中有什么意义？

4. "探照灯"是如何解释选择性注意的？

5. 什么是心理不应期？心理不应期在训练比赛中有什么作用？

6. 有限注意容量假说和双加工理论是如何解释体育运动中的分配性注意？

7. 警觉警戒和运动表现有什么关系？

8. 注意技能训练有哪些常用的方法？

关键词：

注意；注意品质；注意方式；选择性注意；探照灯；心理不应期；分配性注意；有限注意容量；双加工理论；警觉；警戒；线索利用理论；注意技能训练

第一节　注意概述

一、什么是注意

注意是心理活动对一定对象的指向和集中。在篮球运动中,我们经常听到教练员这么要求运动员:"注意看球!""注意盯人!"这是要求运动员将心理活动指向和集中于球或人上。当然,注意的对象又是在变化的,人们大多数时候可以有意识地控制这种变化。

注意有两个特点:指向性和集中性。

注意的指向性是指人在每一瞬间,他的心理活动只能优先选取需要加工的对象,而忽略了其余的信息。例如,在运动技能学习的初期,学生的注意力范围非常狭窄,他们只能注意到局部动作的基本要领,而往往忽视了动作与动作之间的联结。再如,参加体育比赛的运动员为了在比赛中获胜,就必须对相关信息进行优先选择,对无关信息加以排除。这些都是注意的选择特性。因此,注意的指向性是指心理活动在哪个方向上进行活动,指向性不同,人们从外界接受的信息也不同。

注意的集中性是指当人的心理活动指向某个对象的时候,心理活动会在这个对象上集中起来,全神贯注起来,不仅会离开一切与活动对象无关的东西,而且还会抑制干扰注意活动的刺激。例如,在足球比赛时,守门员时常保持高度的注意集中,以防对方队员突然射门。又如,下围棋时,注意力长时间高度集中在棋局的排兵布阵中,避免受到外界干扰和自我分心。因此,注意的集中性是指心理活动在一定方向上活动的强度或紧张度。心理活动的强度越大,紧张度越高,注意也就越集中。

注意是一种内部心理状态,可以通过人的外部行为表现出来。例如,当学生听老师讲解某个技术动作时,他们往往会看着老师,专心听老师说话,并不时地点头或摇头,试图能明白动作的要领。人在注意状态时,血液循环和呼吸等系统都可能发生变化,如肢体血管收缩,头部血管舒张,吸气变短,而呼气相对延长等。注意的外部表现可以作为研究注意的客观指标,但有时注意的外部表现和注意的真实状态并不相符合。

二、注意的功能

选择功能。对信息进行选择是注意的基本功能。在体育运动中,周围环境给人们提供了大量的信息,这些信息有的对人很重要,有的对人不那么重要,有的毫无意义,甚至会干扰当前正在进行的活动。为了保证当前活动的顺利进行,就必须选择重要的信息,排除无关刺激的干扰。注意对信息的选择受许多因素的影响,如刺激物的物理特性,人的需要、兴趣、情绪、知识经验等。

保持功能。注意不仅是体育运动中的个体进行信息加工和各种认知活动的重要条件,也是个体完成各种行为的重要条件。注意使个体的心理活动稳定在选择的对象上,使个体的唤醒水平达到并保持一定水平,这将有助于提高活动效能。

调节和监督功能。在注意状态下人们可以有效地监控自己、他人的动作与行为,从而做出调整以达到预期目的。

动一动

注意时的自动化加工:Stroop 效应

Stroop 效应是指当人们对某一特定事物做出反应时,由于不能阻断刺激情境中无关特征的影响,从而影响对特定的刺激进行反应。心理学界对 Stroop 效应的研究整整持续了迄今为止的大半个世纪,该效应一直扩充到体育运动领域。在人的注意指向某个对象之前,或者有意识地对某些输入信息加工之前,某些不受意识控制的、自动化的信息加工就已经开始了。

1.向学生呈现不同颜色的色块(如图 8-2),要求学生大声读出它们的颜色"红,蓝,绿……",并记录所用时间。

图 8-2　不同的色块

2.向学生呈现表示颜色的单词,如"蓝,绿,红……",要求学生大声读出单词,并记录时间。

3.向学生呈现带颜色的表示颜色的单词,但是颜色本身和单词所表示的颜色不同(如图 8-3),要求学生读出颜色而不是单词,同时记录时间。

比较三次实验的时间。一般来说,学生对前两次实验的反应没有什么不同,都会很顺利。而第三次实验就不同了,学生会出现无意识地按单词而不是按颜色反应的情况。

Stroop 认为这是一种色词反应竞争的现象,它不仅出现在感知活动中,在记忆和思维活动中也常常出现。这说明人们在解决新

请看列表并且说出颜色而不是单词

黄	蓝	橙
黑	红	绿
紫	黄	红
橙	绿	黑
蓝	红	紫
绿	蓝	橙

左右(脑)冲突

你的右脑尝试着说出颜色,但是
你的左脑坚持要阅读单词

图 8-3　色词列表

的课题和任务时,由于事先已经自动化了的熟练的知识在新的条件下常会无意识出现,与新的课题和任务竞争,干扰或阻断新课题的顺利进行。

三、注意的品质

(一)注意的广度

注意的广度又称注意的范围,是指一个人在一瞬间能清楚把握到对象的数量。注意的广度有空间的广度,也有时间的广度。例如,用速视器进行的心理学实验表明,在0.1秒时间内,成人一般能注意到 4~6 个彼此不相联系的外文字母,或者 8~9 个黑色圆点,这是注意的空间广度。用计时器连接发声装置,连续呈现短促的声音(每秒 12 次),发现成人的注意广度为 7 左右,这是注意的时间广度。

影响注意广度的因素主要有:

(1)注意对象的特点。注意的对象越一致,越集中,排列越有规律,注意的广度越大,反之则注意的广度越小。

(2)主体的知识经验。主体的知识经验越丰富,越善于把所感知的对象组成一个整体,因而注意的范围就越大。例如,在感知英文字母的实验中,懂英文的人就比不懂英文的人注意广度大。

(3)活动任务的性质。活动任务越简单,注意的广大越大,而活动任务越复杂,注意的广度则越小。

不同的运动项目对注意广度的要求是不一样的。篮球、足球等项目对运动员注意的广度要求较高,而射击项目对运动员注意的广度则没有太大的要求。

(二)注意的稳定性

注意的稳定性又称注意的持久性,是指注意长时间保持在某种事物或活动上的特性。注意的稳定性是逐渐发展的。研究表明,高度集中注意的时间随年龄不同而不同:5~7 岁儿童可保持 15 分钟左右;8~10 岁儿童能保持 20 分钟左右;10~12 岁少年可保持 25 分钟左右;13~15 岁少年可保持 30 分钟左右;16 岁以上的青年人可保持 35 分钟左右。

人的注意是不能长时间保持固定不变的,经常是在间歇地加强或减弱。例如,注视图 8-4 可以发现,小方形时而凸起,位于大方形之前,时而陷内,大方形凸到前面,在不长的时间内两个方形的相互位置跳跃式地变化着。又如,我们专心倾听压在枕头下手表微弱的滴答声,不管我们多么专注,总是时而听见,时而听不见。这种短时间内注意的不随意波动现象称为注意的起伏。一般情况下,我们主观上是察觉不到注意起伏现象的,这种现象也不影响注意的效率。

图 8-4　注意的起伏

与注意稳定性相反的状态是注意的分散(分心),

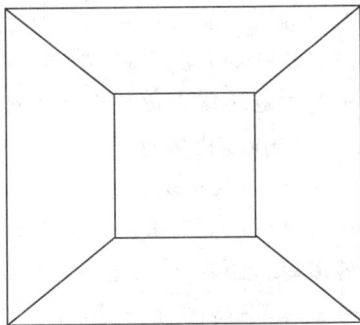

指注意不由自主地离开了当前应该集中的对象或活动,而被其他的刺激所吸引,这些刺激既可来自环境中的无关刺激,也可来自主体内部的种种干扰。注意的分心状态对人的活动是很不利的,要努力克服的。

主体对活动的目的和任务的理解水平对保持稳定的注意有重要的作用。主体对该事物的兴趣、从事活动的动机强度、情绪状态、思维的积极程度,以及健康状况等对维持稳定的注意也是很重要的。注意的稳定性还与注意对象的特点有关,对相对单调、静止的对象难以保持长久的注意,而对复杂、新异和变化大的对象则容易保持稳定的注意。

拓展阅读

运动员在比赛中面临的分心因素

许多运动员承认自己在整个比赛中注意力无法集中。"只觉得头脑里一片空白!"这是很多运动员在高强度的比赛应激情境下能够意识到的反应。这些运动员无法搜索关键线索,而是被内部分心物(自我怀疑、自我评价、焦虑、疲劳和疼痛感等)和外部分心物(如对手、观众、环境条件和教练员的行为等)所左右。影响运动员竞技水平发挥的分心物包括:

一、内部分心物

1.专注于过去事件:例如,射箭运动员如果一心一意在想过去的失误,表现会比能够专注于当下任务的人差(Landers,Boutcher & Wang,1986)。

2.专注于未来事件:这种未来取向的想法与担忧会对专注有负面的影响,因而更可能造成失误与表现不佳。

3.压力下的失常:在压力情境下,运动员的唤醒水平过高,他的注意力会发生变化,导致表现失常(Landers,1980)。

4.过度从生物力学角度分析动作:对于高水平运动员来说,运动技能大多已经自动化,将注意全部放在生物力学的分析上,会破坏运动技能的自动化过程。

5.疲劳和疼痛:疲劳和疼痛会消耗运动员为满足情境要求所需的认知资源,缩小他们注意的范围和阻碍注意的转移。

二、外部分心物

1.视觉分心物:例如,注意焦点附近的无关刺激受到自动加工,进而任务活动受到阻碍,即"Stroop"效应(Allport,1989)。

2.听觉分心物:研究表明,如果个体在95分贝的噪音背景下从事闭锁性活动任务,那么他的反应错误增多,反应时间加长。

3.刺激物的可预测性:当运动员面临几种可能发生的刺激物时,对运动员注意的要求提高,认知资源的消耗量增加。例如,排球比赛中,如果对方的主攻手扣球变化莫测,那么这时对防守者的注意要求是相当高的。

（引自季浏，2007）

（三）注意的分配

注意的分配是指人在同一时间内把注意指向和维持在两种或两种以上的对象或活动上。你能一手画圆，另一手同时画方吗？注意能实现有效分配吗？实践表明，注意的分配是可能的。例如，篮球运动员一边运球，一边组织进攻。但是，注意的分配是有条件的。

首先，要有熟练的技能技巧。也就是说，在同时进行的多种活动中，只能有一种活动是生疏的，需要集中注意于该活动上，而其余动作必须达到一定的熟练程度，稍加留心即能完成。

其次，有赖于同时进行的几种活动之间的关系。如果它们之间没有内在联系，同时进行几种活动要困难些，如果它们可以形成某种反应系统，组织具有合理性，则注意的分配要容易些。

（四）注意的转移

注意的转移是指主体根据当前的任务，有意识地、主动地把注意从一个对象转移到另一个对象，或在同一活动中从一种操作转移到另一种操作。与分心不同，注意的转移是一种有目的、自觉的活动，是一个人注意灵活性的表现。

注意转移的快慢和难易，既依赖于原来注意的强度，又依赖于新注意对象的特点，还与人的神经过程的灵活性有关。

第二节　注意与运动表现

一、注意方式和运动表现

（一）注意方式理论

奈德弗（Nideffer，1976）提出的注意方式理论是有关注意的结构和操作成绩关系的理论。他认为，注意的结构包括两个维度，即注意的范围和注意的方向。

注意的范围是指人在瞬间能清楚地把握的刺激数量，由非常狭窄到非常广阔。广阔的注意可同时获得多种信息，狭窄的注意则过滤掉很多信息。注意的方向是指人的注意是指向外部刺激（如来自环境的信息），还是指向内部刺激（如自己的思维和感觉等）。注意范围的宽窄和注意方向的内外可组合成四种注意类型，如图8-5所示。其中左图是最初提出时的示意图，右图是以后进一步发展的示意图。

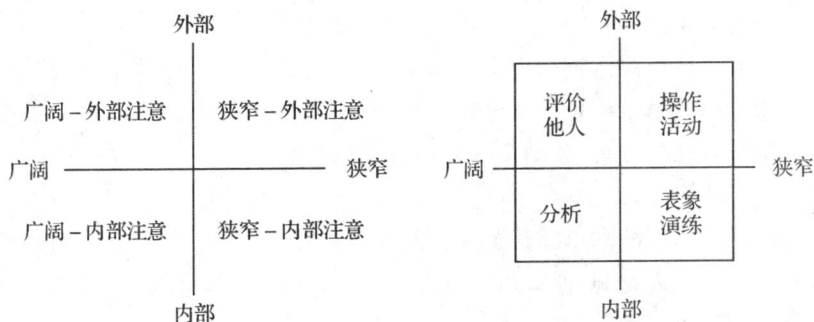

图 8-5　奈德弗的 4 种注意类型

奈德弗认为,每个人、每个项目都需要将注意范围和注意方向加以特殊组合,以适应所面临的运动情境和任务,获得最佳操作表现。一般地讲,情境越复杂,变化越快,运动员就越需要利用外部注意方式。

奈德弗除了提出注意方式的两个维度外,还提出了一些有关注意的假设:(1)注意具有状态和特质之分,某些注意特征是人格特质的一部分,是相对稳定的,同时也会依不同的情境有不同的表现;(2)在发展四种注意类型时,人与人之间具有个体差异;(3)焦虑和唤醒水平的升高,会干扰从一种注意方式到另一种注意方式的转换过程,还会造成注意范围的缩小。

1.广阔—外部注意

广阔—外部注意指注意范围广阔并指向外部环境的注意,能使个体同时对很多外部刺激信息进行综合和评价。开放性运动项目,如足球、篮球、冰球、手球等运动项目需要这种类型的注意。

2.狭窄—外部注意

狭窄—外部注意指注意范围狭窄并指向外部环境的注意。做出反应的短暂时刻要求这种注意,这时注意指向外部且范围很窄,以便击球或对抗对手,如足球守门员防守对方点球的短暂时刻所需要的注意。

图 8-6　广阔—外部注意常用于集体的球类项目

图 8-7　击剑需要的主要是狭窄—外部注意

3.广阔－内部注意

广阔－内部注意指注意范围广阔并指向内部信息的注意,能使个体有效地将各个方面的信息和自己的思维综合起来进行分析,是一种分析型的注意。运动员在为改进技术和准备比赛而进行分析、计划活动时,这种注意占主导地位。

4.狭窄－内部注意

狭窄－内部注意指注意范围狭窄并指向内部信息的注意。这种注意对于敏感地把握各种身体感觉是最必要的,如射击、射箭、跳水、体操等项目中的运动感觉体验,演练某一技能等就要利用这种注意。

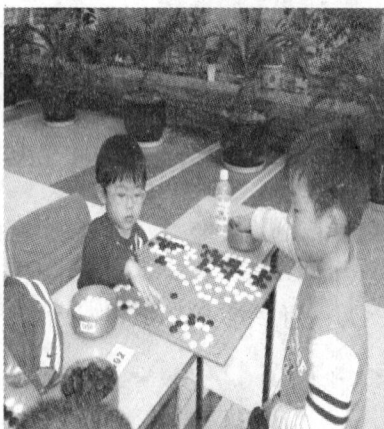

图 8-8　棋类运动员常常应用广阔－内部注意　　　图 8-9　跳水是典型的狭窄－内部注意项目

(二)注意方式的测量

奈德弗于 1976 年编制了《注意及人际行为类型测验》(TAIS)。TAIS 共包括 17 个分量表,其中 6 个分量表反映的是注意方式,2 个分量表反映的是行为控制和认知控制的类型,9 个分量表描述的是人际行为的类型,共计 144 个题目。反映注意方式的 6 个分量表用来评估注意的范围和方向,见表 8-1。

表 8-1　TAIS 量表中的 6 个注意分量表

分量表	含义	高分倾向
BET	广阔性外界注意	适应所处环境及其变化的能力强
OET	干扰性外界注意	由于外界无关刺激而分散注意,导致出错
BIT	广阔性内部注意	组织和分析信息的能力强
OIT	干扰性内部注意	常被自己的思想和感情干扰而陷入混乱
NAR	集中性注意	集中注意和抗干扰的能力强
RED	狭窄性注意	注意范围过窄而遗漏有关信息

为便于 TAIS 的推广,奈德弗于同年又编制了简式 TAIS,他精选出 12 个题目供运动员做自我评价,用来测量注意的类型,见表 8-2。每个题目需要按 5 个等级做出一种

选择:从不(0分),很少(1分),有时(2分),常常(3分),总是(4分)。把各分量表的两个题目的得分相加,得到6个分量表的分数后,分别将它们点在常模图的相应位置上,就能得到运动员注意类型的剖面图,如图8-10、图8-11。

表8-2　简式TAIS的测验题目

广阔性外界注意 (BET)	(1)我善于很快地分析复杂的情况。例如,一场橄榄球比赛中的进展如何,或者场上的哪4个或5个队员开始打起来了。 (2)在一屋子的孩子中,或者在一个运动场上,我知道每个人在做什么。
外界负担过多 (OET)	(1)当别人与我谈话时,我发现自己会为所见到的周围之物,或听到的声音而分心。 (2)我观看诸如足球比赛或马戏时,有许多事情同时发生,我就变得慌乱了。
广阔性内部注意 (BIT)	(1)我只需要一点点信息,就能产生许多想法。 (2)我很容易将许多不同方面的意见综合起来。
内心负担过多 (OIT)	(1)当别人与我谈话时,我发现自己容易被自己的思想和意念所分心。 (2)由于我的思想太多,使我变得慌乱和健忘。
狭窄有效注意 (NAR)	(1)我容易使自己的思想不受所观看的或所听到的东西干扰。 (2)我容易使自己的视线和说话不受自己的思想干扰。
未能顾及而出错的注意 (RED)	(1)我很难摆脱掉内心的思想和意念。 (2)比赛时我出了差错,是因为我在看某个人做什么,以及我忘掉了别人。

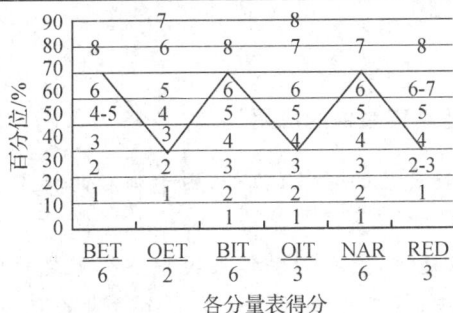

图8-10　有效注意类型剖面图（各分量表得分：BET 6、OET 2、BIT 6、OIT 3、NAR 6、RED 3）

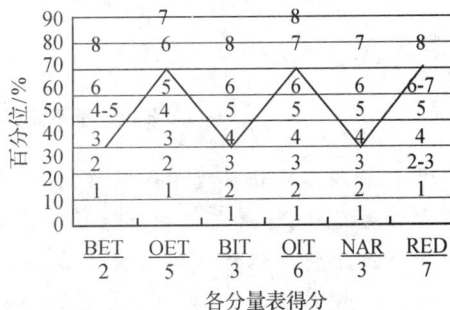

图8-11　效率不高注意类型的剖面图（各分量表得分：BET 2、OET 5、BIT 3、OIT 6、NAR 3、RED 7）

二、选择性注意和运动表现

选择性注意是指优先选择需要具体加工的信息,忽略无关信息的过程。在比赛中,选择性注意具有十分重要的作用。比如,在球类比赛中,运动员需要快速、准确地判断来球的飞行线路和速度;拳击运动员总是试图发现对方弱点,先发制人,击中对手;跳高运动员或高尔夫运动员力图躲避观众的噪声,集中注意进行赛前准备。不同运动项目的运动员为了在比赛中获胜,就必须对相关信息进行优先选择,对无关信息加以排除,这便是选择性注意的职能。

选择性注意具有利弊相兼的性质。当运动员需要克服注意分散时,它是必不可少的;但当运动员需要对更多的信息进行同时加工时,它又使人困惑。因此,解释选择性注意对成绩影响的最好方法是将其比作探照灯。

使用探照灯的意图是为了把亮光集中在重要的物体上。从这个意义出发,光束的宽度必须在想要获得的信息范围内进行调整,如果重要信息处于不同的空间位置,那么光束位置也必须不断进行调整。因此,将选择性注意比作探照灯的话,至少以下几点是应该注意的:

第一,不能将探照灯的光束打得太宽,否则不能使注意集中在有限的、主要的线索上。比如,乒乓球初学者若不是将注意集中在对方发球瞬间的动作上,而是注意对方发球时的整个身体动作,那么将会导致不能准确判断来球性质。

第二,不能将探照灯打在错误的方向上,从而使不相关的信息代替相关信息。比如,足球运动员不是注意对方的脚和躯体的移动线索,而只注意头部或上身的晃动,以致被假动作迷惑。

第三,不能将探照灯的光束打得太窄。由于探照灯的光束太窄,或不能迅速将光束从一个地方转移到另一个地方,以致不能有效地分配和转移注意,从而影响对多种信息的同时加工。比如,篮球运动员只将注意集中于对方持球运动员,不注意观察其他运动员的跑动,便会贻误战机。

拓展阅读

假动作:心理不应期在运动实践中的应用

中枢神经系统处于疲劳或病症状态,会导致反应的延长,另外,由于刺激的特点也可引起反应延长,后者与注意有密切联系。

对于两个紧密相随的刺激中的第二个反应延迟,是人们动作表现中一个重要的现象,叫做"心理不应期"。目前比较流行的观点是,在反应阶段产生了一个暂时的瓶颈,在个体组织和开始对第二个刺激有所反应时,必须等到第一个刺激完成反应程序阶段的处理之后。在两个刺激间隔时间很短时(约60毫秒),这种延迟最长。原因是在反应选择阶段刚刚开始对第一个刺激选择了反应,而这个反应必须在对第二个刺激开始做出反应之前完毕。随着刺激间隔的增加,当第二个刺激出现时,第一个刺激的反应进入动作程序的完成量越多,所以第二个反应进入动作程序表现出的延迟也越少。另一个现象也很有趣,当刺激间隔时间极其短暂时,比如少于40毫秒,机体就以其他不同寻常的方式做出反应,即对两个刺激同时做出反应,就好像它们是同一刺激一样。这种现象叫做组合,它导致了一个单独、更加复杂动作的组织和开始,如双手同时做出反应。

心理不应期现象对假动作发生作用的内在过程进行了很好的解释。例如,在篮球比赛中,运动员的投篮动作常常以更加复杂的方式完成,先做一个假动作看起来像要投篮,然后收回动作,然后再完成投篮。这三个动作步骤紧密相连,就像做出了一个连续动作。而对方防守队员常常把连续动作的第一部分(假动作)误认为是真实的投篮动作,造成防守失败。假动作相当于双刺激范例中的第一个刺激,诱发了对方防守运动员的反应,如封篮动作。正当对方防守队员对假动作做出反应时,第二个刺激又出现了,这时防守队员已经不能收回他对进攻队员假动作的反应性动作了。

图 8-12　排球中的时间差进攻
利用的是心理不应期效应

在体育运动中使用假动作应注意以下事项:

(1)假动作必须逼真

为了使假动作有效,它看起来必须逼真,要像真动作一样,这样才能引诱防守队员对它做出反应。

(2)假动作和真动作之间有适宜的时间间隔

为了使对方防守队员出现对真实动作的延迟反应,连续动作程序必须保证假动作(刺激 1)和真动作(刺激 2)之间有适宜的时间间隔。现有的研究表明,这个适宜的时间间隔应该在 60 毫秒至 100 毫秒之间。如果时间间隔太短,防守队员就会忽略假动作,而对真动作做出反应。如果时间间隔太长,防守队员也会以只比正常反应时多一点点的延迟对真动作做出反应,这样一来,进攻队员的假动作就失去了作用。

(3)假动作不宜频繁使用

如果频繁使用假动作,就会被对方防守队员摸到规律,一出现就会马上被识破。因此,对方防守队员能够提早对预料出现的真动作做出准备,进攻队员反而会弄巧成拙。

(张英波,2003)

三、分配性注意和运动表现

分配性注意是指个体在同一时间对两种或两种以上的刺激进行注意,或将注意分配到不同的活动中。在体育运动中,分配性注意对运动表现有着十分重要的意义。例如,篮球运动员在注意队友和对手空间位置的同时能够进攻投篮。此时,注意的分配是如何完成信息加工的?

卡尼曼(Kahneman,1973)提出的有限注意容量假说认为,注意对刺激进行识别和加工的认知资源,其容量是有限的。当个体需要同时操作两个以上任务时,只要所需容量不超过总容量,注意就可以在任务之间进行分配,其分配机制是主动而灵活的。个体能根据实际需要调整资源的配置,优先加工认为更为重要的主要任务。这一理论较合理地解释了个体同时操作两个以上任务的现象。但当个体同时操作两个以上任务时,所需容量超过总容量时,将导致其中一个任务的成绩下降或几个任务成绩的同时下降。在完成运动技能时,通常会有许多信息占据运动员的认知资源,对运动员而言,最大的挑战就是如何有效地分配这些认知资源,作出正确的决定。

分配性注意的一个关键现象是,练习常常可以促进运动表现。在低水平的球类比赛中,我们经常看到运动员由于仅注意动作操作,无暇观察周围各种信息的变化,从而导致传球失误。而在高水平的比赛中,优秀运动员在熟练控球的同时,还能洞察场上的各种变化,并打出漂亮的配合。对这一现象最常见的解释是,一些加工由于长期练习而变得自动化了。

双加工理论(Shiffrin,1977)认为,人类的信息加工方式有两种:自动加工和控制加工。自动加工是刺激自动引发的无意识的加工过程,不受认知资源的限制。控制加工是受意识控制的过程,它需要意识的积极参与,要占用系统的加工资源。控制加工经过充分的练习之后,有可能转化为自动加工。

拓展阅读

自动化加工:优秀运动员的信息处理方式

与信息的控制处理相比较,优秀运动员或经过长期训练的人还能够表现出一种完全不同的信息处理方式——自动加工。例如,在向一些奥运会体操冠军问及比赛中他们的思想过程时,得到的回答往往是他们主要对系列动作中的第一个动作多加注意,其他后续动作几乎是"自动完成"。由于后续动作执行中只需要很少的调节,优秀运动员就能够把注意力更多地集中在系列运动中更高层次的要求上,如个人风格和高难动作表现力。与控制加工相比,自动处理方式更迅速,不需要意志努力,动作任务对注意部分产生的干扰很少。

四、警觉警戒和运动表现

(一)警觉、警戒

警觉是指在相对较短的时限内在一定环境中觉察特定的、不能预期出现的事件的准备状态。例如,跳水运动员在起跳的一刹那需要保持警觉。然而在许多运动项目的比赛中,运动员警觉的持续时间不是以秒而是以小时来计算的,这就需要运动员在一段较长的时间内保持高度的警戒或准备状态。

警戒是指在相对较长的时限内在一定环境中觉察特定的、不能预期出现的事件的准备状态。例如,足球守门员应时常保持警戒,以防对方队员突然射门;垒球的外野手需要在较长的时间里保持高度的警戒,才能快速、准确地接球和送球;网球的端线裁判员也需要保持较长的警戒才能准确判断来球是否击中界内。

　　警觉警戒决定着运动员在一段时间里能否对不频繁而又无规律的刺激做出快速、准确的反应。可以把警觉警戒与心理准备视为同义。心理准备的好坏取决于个体的唤醒水平,因此,警觉警戒与唤醒有着不可分割的联系。

　　(二)警觉警戒与运动表现的关系

　　解释警觉警戒与运动成绩关系的理论除了倒 U 型曲线,伊斯特布鲁克(Easterbrook,1959)提出的线索利用理论比较合理地解释了运动情境中唤醒、警觉警戒与成绩的

图 8-13　高度的警觉状态

关系。该理论认为,操作者总是在一定的环境线索中收集信息,这些线索有的与任务有关(如球类比赛中的同伴位置),有的与任务无关(如裁判员的衣服颜色,观众的走动等)。在低唤醒状态下,线索在较广的范围里被收集和加工,其中包括一些与任务无关的线索。如果操作者缺乏注意的选择能力,就会被无关线索所迷惑,从而影响操作成绩。随着唤醒上升到中等水平,操作者能够加工的线索范围变小,无关线索或次要线索不被深加工,从而使成绩达到最佳水平。如果唤醒水平继续升高,操作者的线索加工范围便缩小,使一些有关线索被排除,以致成绩下降。线索利用理论关于唤醒水平与运动成绩之间的关系假说是建立在对周围有关或无关信息的注意基础上的。

第三节　注意技能训练

　　注意技能训练是一个运用多种方法和技术来提高运动员注意的选择、注意的集中、注意的转移和注意的分配等注意技能的训练程序。运动员注意技能训练的步骤一般包括:

　　(1)向运动员传授关于所参加运动项目的注意特点及注意要求的知识;

　　(2)对运动员当前的注意技能进行评价;

　　(3)根据运动项目的注意要求,比较运动员注意技能的长处和弱点;

　　(4)制订训练计划,帮助运动员提高注意的选择、转移、集中和分配技能;

　　(5)通过练习,帮助运动员掌握和运用提高注意技能的各种方法和技术。

一、注意选择的训练

选择性注意能力可通过以下方法得到提高。

（一）线索判断训练

指导运动员掌握判断线索的方法。比如，告诉运动员要准确判断来球的方向、速度、旋转，应该根据哪些线索进行预测；当实际情况与预测情况出现偏差时，又应该通过观察哪些线索，才能确保对动作进行微调。

（二）知觉训练

通过反复播放实际比赛的场面，要求运动员对具体的情境作出判断。比如，播放排球的进攻场面，要求运动员判断来球线路和落点，直至能准确作出判断。

（三）模拟训练

模拟比赛情境是一种运用图象和言语模拟来帮助运动员适应新环境，集中注意力，减少分心因素干扰的方法。在比赛时，来自观众、裁判员、工作人员以及对手等外界分心物与运动员的自我担忧、不安等内部分心物一起影响着运动表现。采用模拟训练，可以让运动员从身体和心理上形成习惯，增强运动员的心理定向能力，对一些常见情况进行分析并对对手常用的手段进行观察，从而运用心理定向来选择注意。

二、注意集中的训练

短时间的运动项目，运动员集中注意力不是个困难的问题。但在长时间的运动项目中，运动员高度集中的注意力将会显得十分重要。下面介绍一些常用的注意集中训练方法。

（一）腹式呼吸法

运动员在练习深而完整的呼吸时，可以把肺想象分成上、中、下三个层面。吸气时，在最下的一层，想象使横膈膜向下推，小腹向外突出，并充满空气；在中间层，想象胸腔扩大，肋骨向上提并充满空气；在最上层，吸气是胸腔及肩膀提升并充满空气。维持数秒后，慢慢地呼气，腹部内收，肩胸下垂，此时注意力放在横膈膜的下沉（吸气）及提升（呼气）上。通过这种练习，运动员会体验到情绪更稳定、注意力更集中，身体也更放松。

在比赛中，使用腹式呼吸法的最佳时机是在暂停或中场休息时。

（二）弹壳叠加法

弹壳叠加法是射击运动员常用的注意集中训练方法，此法还可提高运动员的手动稳定性。

弹壳叠加法的练习步骤：运动员手拿小口径子弹的弹壳，一个叠加在另一个之上，尽量多地摞起来，如图8-14。开始做时成绩可能一般，随着练习次数的增加，成绩会有所进步，即摞弹壳的总数会增加，或者单位时间内摞弹壳的数量会增加。

弹壳叠加法训练时可以采用比赛方式进行。比赛时还可以增加一些干扰因素，提高运动员的抗干扰能力。

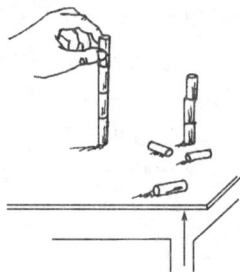

图8-14　弹壳叠加法

（三）单腿站立法

单腿站立法是一种以身体练习来帮助运动员发展注意集中能力的方法，简便易行。

单腿站立法的练习步骤：让运动员以一腿站立，逐渐将身体重量移向这只腿，两臂伸展，与肩同高，逐渐抬高离地的腿。当运动员感到舒适后，闭上眼睛，并努力保持平衡。一旦眼睛睁开或离地腿的脚触地，练习就停止下来。记录每次练习保持平衡的时间。

（四）方格练习法

方格练习法需要一个包括00—99的两位数的方格，如图8-15。练习时要求运动员扫描这个方格，并且在一段时间（通常在1～2分钟）内尽可能多地按照顺序划去数字（如00、01、02等）。研究发现，注意力集中、扫描能力强的人在1分钟内可以划去20～30多个数字。

运用方格练习法时，可以在别人讲话或是噪声影响的环境下进行，以提高运动员的抗干扰能力。

85	55	90	83	25	77	56	14	38	58	34
67	40	82	21	29	88	64	62	52	39	11
72	31	2	89	24	9	80	94	43	70	6
41	73	27	95	63	20	92	5	93	15	28
8	12	86	45	26	47	59	36	37	71	61
50	79	30	81	65	19	23	99	18	22	66
51	35	57	87	7	10	48	75	98	16	78
4	17	32	42	13	60	97	91	74	54	53
46	44	3	1	69	68	84	96	76	49	33

图8-15　方格练习法

（五）设置线索词

设置线索词是指通过设置简单而适宜的线索指导运动员在复杂的环境中选择恰当的刺激，排除其他刺激的干扰作用。线索词可以是用于指导运动技能完成的字词，也可以是具有激发动机性质的字词。例如，在学习排球的垫球动作时，可以使用"插、夹、提"等字眼来帮助运动员集中注意；设置"集中"、"坚持"或者"努力"等线索词也可以帮助运动员集中和维持注意。

（六）建立行为程序

行为程序是指运动员在特定的情境中使用的例行系列动作。行为程序的执行可以帮助运动员集中注意，下面是一位网球运动员发球前的例行动作：

（1）决定站位与脚的位置；

（2）决定发球的方式与落点；

（3）调整握拍与球；

（4）做个深呼吸；

（5）反弹球以感受节奏；

（6）表象并感受到完美的发球；

（7）聚集于并将球发至上述决定的落点。

（七）生物反馈训练

要求运动员在疲劳状态下进行集中注意的训练，通过生物反馈纠正注意分散现象。

三、注意转移的训练

在运动实践中，注意与运动技能的类型有着密切的关系。开放性运动技能要求具有较强的注意转移能力，因为它们必须对外部环境的刺激做出反应；而封闭性运动技能要求注意转移的能力稍低一点。运动员首先要学会选择恰当的信息，然后再掌握转移注意的时机。

注意转移训练通常采用录像法。具体步骤是：播放一段练习或比赛的录像，然后停下来，让运动员去想象在这种练习或比赛中他们应该如何保持注意。之后，询问每名运动员选择的注意对象是什么，并让他们说出在什么时刻要进行注意的转移。利用录像法进行训练的目的是通过在某种特定运动情境中的练习来提高运动员转移注意的能力。

四、注意分配的训练

在大多数的运动比赛中，运动员经常需要同时加工两个以上的信息，因此，如何减少任务之间的干扰以及提高注意分配的策略是运动训练的一个重要组成部分。

（一）双任务练习法

在运动训练中采用双重任务的练习方法可以加快主任务的自动化程度。通过给运动员增加第二、第三个任务，加大运动中的注意负荷，有助于提高运动员的技能熟练程度，从而提高注意分配的能力。

（二）过度学习

过度学习也是为了提高技能的自动化程度，同时进行的几种活动训练到自动化水平时，不仅能帮助运动员在完成任务中保持专注，而且能够提高运动员注意分配的能力。

本章小结

1. 注意是心理活动对一定对象的指向和集中。指向性和集中性是注意的两个特点。

2. 注意具有选择、保持、调节和监督的功能。

3. 注意的品质表现在注意的广度、注意的稳定性、注意的分配和注意的转移等方面。

4. 注意的广度又称注意的范围，是指一个人在一瞬间能清楚把握到对象的数量。注意的稳定性又称注意的持久性，是指注意长时间保持在某种事物或活动上的特性。

注意的分配是指人在同一时间内把注意指向和维持在两种或两种以上的对象或活动上。注意的转移是指主体根据当前的任务,有意识地、主动地把注意从一个对象转移到另一个对象,或在同一活动中从一种操作转移到另一种操作。

5. 奈德弗(Nideffer,1976)提出的注意方式理论认为,注意的结构包括两个维度,即注意的范围和注意的方向。注意范围的宽窄和注意方向的内外可组合成四种注意类型。

6. 选择性注意是指优先选择需要具体加工的信息,忽略无关信息的过程。选择性注意对成绩影响的解释是将其比作探照灯。

7. 对于两个紧密相随的刺激中的第二个反应延迟,这种现象叫做"心理不应期"。

8. 有限注意容量假说认为,注意对刺激进行识别和加工的认知资源,其容量是有限的。当个体需要同时操作两个以上任务时,只要所需容量不超过总容量,注意就可以在任务之间进行分配,其分配机制是主动而灵活的。

9. 双加工理论(Shiffrin,1977)认为,人类的信息加工方式有两种:自动加工和控制加工。控制加工经过充分的练习之后,有可能转化为自动加工。

10. 警觉是指在相对较短的时限内在一定环境中觉察特定的、不能预期出现的事件的准备状态。警戒是指在相对较长的时限内在一定环境中觉察特定的、不能预期出现的事件的准备状态。警觉警戒与心理准备可视为同义。

11. 伊斯特布鲁克(Easterbrook,1959)提出的线索利用理论比较合理地解释了运动情境中唤醒、警觉警戒与成绩的关系。

12. 注意技能训练是一个运用多种方法和技术来提高运动员注意的选择、注意的集中、注意的转移和注意的分配等注意技能的训练程序。

13. 注意选择的训练方法有:线索判断训练、知觉训练、模拟训练。

14. 注意集中的训练方法有:腹式呼吸法、弹壳叠加法、单腿站立法、方格练习法、设置线索词、建立行为程序、生物反馈训练等。

15. 注意转移训练通常采用录像法。

16. 注意分配训练的方法有双任务练习法和过度学习法。

思考题

1. 若将选择性注意比作探照灯的话,在使用探照灯时应注意哪些事项?

2. 试举一个运动实例,说明心理不应期的运用。

3. 试用两种理论来解释体育运动中注意分配的现象。

4. 线索利用理论是如何解释警觉警戒和运动表现之间的关系?

5. 结合专项特点,制订一个适合自己注意技能训练的计划。

第九章 运动中的应激、唤醒和焦虑

图 9-1　夺冠后的吼叫

2007 年 8 月 31 日,中国选手刘翔在第 11 届世界田径锦标赛男子 110 米栏决赛中,以 12 秒 95 的成绩夺得冠军。运动员到底承受了多大的压力才站上了高高的领奖台?

通常,人们都用紧张一词来描述在压力状态下的感受。在运动心理学中,与压力、紧张有关的专业术语是应激、唤醒和焦虑。

通过本章的学习,你将能够回答以下问题:

1. 什么是应激? 应激包括哪些主要成分?

2. 人有哪些应对方式?

3. 如何从环境、认知、身体等方面进行应激控制?

4. 什么是唤醒? 如何测量唤醒?

5. 唤醒水平和运动表现有什么关系?

6. 什么是焦虑? 焦虑可以分为哪几类?

7. 焦虑和运动表现有什么关系?

关键词:

应激;应对方式;应激控制;唤醒;倒 U 型假说;内驱力理论;个人最佳功能区理论;焦虑;特质焦虑;状态焦虑;躯体焦虑;认知焦虑;多维焦虑理论;焦虑方向理论

第一节　应　激

一、什么是应激

应激(stress),通常被称为压力,是指有机体遇到干扰自己平衡状态或超越自己应对能力的刺激事件时,表现出特定的或非特定的反应过程。应激不单指刺激事件,也不单指有机体对刺激事件的反应,而是指一个复杂的心理生物过程,包含了应激事件、对应激事件的认知评价和应激反应三种主要成分。

(一)应激事件

应激事件(stressor),也被称为应激源或压力源,是指对有机体形成威胁并引起有机体产生变化的各种内在和外在的影响因素。例如,运动员在比赛前发烧生病,这是内在的应激事件;比赛中裁判的误判,则是典型的外在应激事件。

人们在日常生活中经历的各种事件,如升学、就业、恋爱、伤病、比赛、退役等,都可能对我们的应对能力形成挑战,成为应激事件。就是那些人们通常认为的愉快事件,如结婚、乔迁、比赛获胜、彩票获奖等,也可能成为应激事件,因为这些事件打破了人们日常生活的平衡,需要人们适应新的环境。我们把打破日常平衡并对人的应对能力形成明显挑战的事件称为生活事件,不管是正性的还是负性的生活事件,都会造成应激。霍姆斯和拉赫(Holmes & Rahe,1967)编制了《社会再适应量表》,该量表列出了43种大部分人所经历过的生活变动事件,并就每一事件的再适应程度进行了量化评定,如结婚的再适应程度为50,见表9-1。我们可以计算自己在过去一段时期(一年、半年或三个月)内所亲身经历的生活事件所需要的再适应程度的总数,也即在该段时期内自己所承受的应激程度。

运动员属于高应激性人群,他们在日常生活、训练,尤其是比赛中会面临许多问题和挑战,从而造成应激。Giacobbi 和 Peter(2004)研究认为运动员的应激源来自于训练强度、高的成绩期望、人际关系、学业压力等。国内学者谭先明(2000)尝试编制了运动员应激量表,认为运动员的应激源主要有人际关系、运动受伤、比赛失利、比赛和训练环境适应、日常生活遭遇等。邵斌(2003)、姚卫宇(2005)的研究认为运动员的压力主要来源于领导、教练和亲朋好友的期望,金牌指标,队员之间的竞争,伤病,年龄,自身的心理素质,以及个体的认知水平等。

(二)应激反应

应激反应(stress reaction)是指有机体对应激事件作出的适应性变化,包括生理的、行为的、情绪的和认知上的改变。例如,运动员在比赛失利后哭泣、在裁判误判后发生争吵等,都属于应激反应。

表 9-1　社会再适应量表

生活事件	再适应程度	生活事件	再适应程度
配偶死亡	100	子女离开家	29
离婚	73	与姻亲关系不好	29
夫妻分居	65	个人有杰出成就	28
坐牢	63	配偶开始或停止工作	26
家族近亲死亡	63	开始上学或停止上学	26
个人身体有重大伤害或疾病	53	社会地位的变动	25
结婚	50	个人习惯的修正	24
被解雇	47	与上司不和	23
夫妻间的调停、和解	45	工作时数的变动	20
退休	45	居住地点的变动	20
家庭成员的健康状况不好	44	就读学校的变动	20
怀孕	40	娱乐消遣活动的变动	19
性困扰	39	教堂活动的变动	19
家庭中有新成员（如婴儿）产生	39	社交活动的变动	18
职业上的再适应	39	较轻微的财务损失	17
财务状况的变动	38	睡眠习惯的改变	16
好友死亡	37	家庭成员总数的改变	15
转变职业	36	进食习惯的改变	15
与配偶争吵次数有变动	35	假期	13
负债未还、抵押被没收	31	圣诞节	12
设定抵押或借债	30	违反交通规则	11
工作任务的变动	29		

对应激事件的生理反应是自动化的和可预测的固定反应。有机体在面对内在的和外在的威胁时，身体的自主神经系统将调节身体各器官的活动，使呼吸加快加深、心跳加快、血管收缩、血压升高等。另外，有机体还会产生强烈的面部表情。应激过程中，自主神经系统会促使肾上腺分泌肾上腺素和去甲肾上腺素两种激素。肾上腺素在恐惧反应中起重要作用，而去甲肾上腺素与愤怒反应有密切联系。自主神经系统还会促进内啡酞的分泌，从而降低有机体的疼痛程度。运动员在比赛中通常对疼痛的敏感度较低，即使受伤了也不会感到很痛。

应激事件可以诱发攻击行为。体育比赛中对方的粗野动作，或出乎意料的失败等应激事件会诱发运动

图 9-2　2006 年世界杯足球赛，马特拉齐对齐达内说了什么？

员的攻击行为。

应激事件可引起多种情绪反应,包括积极的和消极的情绪反应。积极的情绪反应使人精神振奋,但应激事件普遍引起的是消极的情绪反应,如暴躁、愤怒、焦虑、沮丧等。

应激事件引起的认知反应表现在对注意、记忆和思维的影响上。

应激反应可以促使个体集中注意,缩小注意范围,提高警觉程度,对环境线索更加敏感。在运动比赛中,这种效应对运动操作的影响和注意的指向有关。若应激反应引起运动员将注意指向与比赛任务有关的信息,则促进运动操作;若应激反应引起运动员将注意指向与比赛任务无关的信息,则会妨碍运动操作。这种效应对运动操作的影响还和运动项目有关。对信息加工量较小的运动项目或非对抗性项目,这种效应可能会促进运动操作;而对信息加工量较大的运动项目或对抗性项目,由应激引起的注意范围缩小可能会阻碍运动操作。

应激反应会干扰回忆过程,会使个体对已储存相关信息的检索和提取失灵。例如,运动员在比赛的关键时刻忘记了赛前教练员反复叮咛、自己也反复准备过的有效战术。

应激反应会瓦解思维过程。人的思维活动是以表象、概念等为中介进行的一种复杂的心理操作,当个体因为应激而使注意和记忆过程受到阻碍的时候,其思维过程也就必然要受到相应的破坏。运动员的应激反应可能导致思维的变通性降低,比赛中以僵硬、刻板的方式去解决问题,而失去了临场的随机应变。

(三)认知评价

认知评价(cognitive appraisal)是指个体对应激事件和可利用的应对资源的判断。面对同样的应激事件,不同的人之所以会有不同的应激反应,一个很重要的因素就是人们面对应激事件时所作出的认知评价不同。在动物园里面对一只笼中的老虎,和在深山里面对一只自由行走的老虎,你的反应会一样吗?人们面对应激事件时,在作出任何实际的应激反应之前,先对应激事件的性质以及自己可利用的资源进行了评价。所以,事件本身不是应激反应的成因,而是个体对事件的解释才使得事件具有了应激性。认知评价是影响应激事件和应激反应关系的调节变量。

个体在面对应激事件时的认知评价通常有两个层次,即第一评价和第二评价。第一评价是个体对应激事件严重性的最初评判,涉及的问题有:发生了什么事情?这件事和我有关吗?这件事伤害了我吗?我有必要采取行动吗?当个体在第一评价后确认要采取行动的,就会立即进行第二评价。第二评价是个体对自己可以利用的个人或社会资源以及需要采取什么行动的评价,涉及的问题有:我有能力自己应对这件事吗?我能寻求谁的帮助?我可以采取哪些行动?

应激不是一种状态,而是一个过程,这个过程可以用图 9-3 来表示。

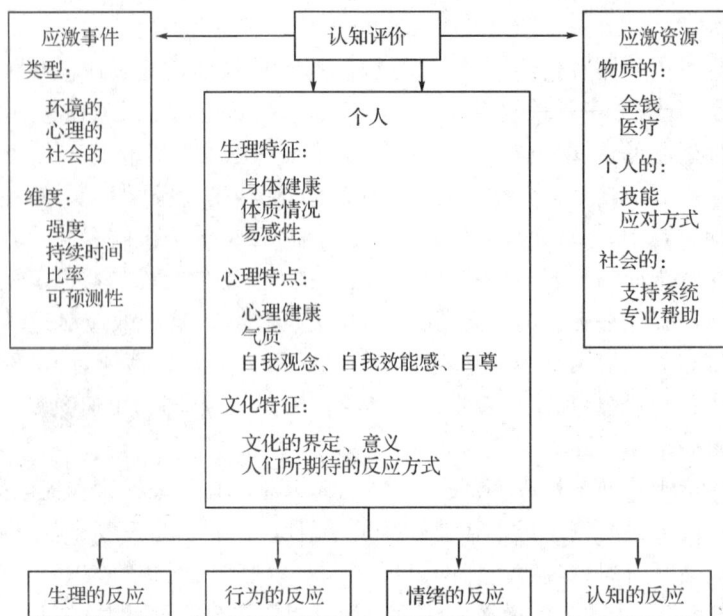

图 9-3　应激的前因后果（引自张力为、毛志雄，2003）

二、应对方式

应对方式（coping style）是指个体对所面临的应激事件作认知评价后所采取的措施，包括改变对应激事件的评估、调节与事件有关的应激反应等。应对是应激事件和应激反应关系间的重要中介因素。

（一）积极应对和消极应对

根据应对的指向性，可以将应对分为积极应对和消极应对。

积极应对方式指个体面临应激事件时采取提高努力程度、找出不同解决问题的方法、寻求他人建议、尽量看到事物好的一面、改变原有想法、与人交谈倾诉、克制负性情绪等积极的、主动的措施，这些应对措施可以帮助个体改变问题本身、调整对应激事件的认知评价和解决应激事件引起的反应。

消极应对方式指个体面临应激事件时采取暂且抛开烦恼、回避、等待、发泄、试图忘记、自我安慰或幻想等消极的、被动的措施，这些措施在一定程度上也能帮助个体缓解应激反应。

（二）问题定向应对和情绪定向应对

根据应对行为的目的，可以将应对分为问题定向应对和情绪定向应对。

问题定向应对旨在面对和解决应激事件带来的问题，采取解决问题的直接行动，如分析问题并想办法处理，或者制订一份克服困难的行动计划并按计划去做等，以改变应激事件或个体与应激事件的关系。问题定向应对对于可控性较大的应激事件较为适宜和有效，当运动员和教练员的沟通出现问题时，可以采用问题定向的应对。

　　情绪定向应对旨在减轻应激事件带来的不良情绪反应，并不试图改变应激事件或个体与应激事件的关系。例如，试着使自己心情平静下来，或者想办法控制自己的情绪。情绪定向应对对于可控性较小的应激事件较为适宜和有效，当运动员在遭遇比赛失利时，可以采用情绪定向的应对。

动一动

逆境中，你是胡萝卜，是鸡蛋，还是咖啡豆？

　　女儿对父亲抱怨她的生活，抱怨事事都那么艰难。她不知该如何应付生活，想要自暴自弃了。她已厌倦抗争和奋斗，好像一个问题刚解决，新的问题又出现了。

　　她的父亲是位厨师，他把她带进厨房。他先往三只锅里倒入一些水，然后把它们放在旺火上烧。不久锅里的水烧开了。他往一只锅里放入胡萝卜，第二只锅里放入鸡蛋，最后一只锅里放入碾成粉末状的咖啡豆。他将它们浸入开水中煮，一句话也没有说。

　　女儿咂咂嘴，不耐烦地等待着，纳闷父亲在做什么。大约20分钟后，他把火闭了，把胡萝卜捞出来放入一个碗内，把鸡蛋捞出来放入另一个碗内，然后又把咖啡舀到一个杯子里。做完这些后，他才转过身问女儿："亲爱的，你看到什么了？""胡萝卜，鸡蛋，咖啡。"她回答。

　　他让她靠近些并让她用手摸摸胡萝卜。她摸了摸，注意到他们变软了。父亲又让女儿拿一只鸡蛋并打破它。将壳剥掉后，她看到的是只煮熟的鸡蛋。最后他让女儿喝了咖啡。品尝到香浓的咖啡，女儿笑了。她怯生生地问道："父亲，这意味着什么？"他解释说，这三样东西面临同样的逆境——煮沸的开水，但其反应各不相同。胡萝卜入锅之前是强壮的，结实的，毫不示弱，但经开水煮后，它变软了，变弱了。鸡蛋原来是易碎的，它薄薄的外壳保护着它呈液体的内脏，但是经开水一煮，她的内脏变硬了。而粉状咖啡豆则很独特，进入沸水之后，它们倒改变了水。"哪个是你呢？"他问女儿。

　　当逆境找上门来时，你该如何反应？你是胡萝卜，是鸡蛋，还是咖啡豆？

（三）社会支持

社会支持是指个体面临应激事件时来自家庭、朋友、同学以及社会的鼓励和帮助，是个体应对应激事件的重要资源。社会支持包括三种形式：情感性的支持，如爱、关心、尊重、接纳等；物质性的支持，如金钱、住房、食物等；信息性的支持，如建议、反馈、消息等。社会支持一方面对应激过程中的个体提供保护，即对应激反应起缓冲作用，另一方面对维持个体一般的良好情绪体验具有重要意义。

三、应激控制技术

应激包含了应激事件、认知评价和应激反应三种主要成分,这三种主要成分之间的关系可以用图9-4的时间序列来表示。因此,对应激的控制也需要从应激事件、认知评价和应激反应三方面来进行。

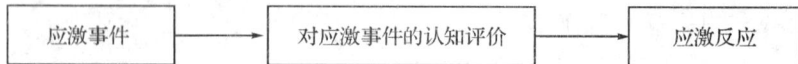

```
┌──────────┐      ┌──────────────────┐      ┌──────────┐
│  应激事件  │ ───→ │ 对应激事件的认知评价 │ ───→ │  应激反应  │
└──────────┘      └──────────────────┘      └──────────┘
```

图 9-4 应激产生的时间序列

（一）环境控制

在训练和比赛中,有些应激事件是运动员无法控制的,如观众的态度、裁判的误判等,但环境中的一些不确定性因素可能会成为运动员的应激事件。所以,尽可能减少环境中的不确定因素是帮助运动员进行应激控制的一种措施。

环境中不确定性因素的来源有:

(1)比赛即将开始前等待宣布比赛安排和阵容;

(2)不让运动员知道教练员对他们在队里的地位和作用的看法;

(3)教练员表达了一些含糊的信息;

(4)场地器材的不良状况对运动员的安全构成潜在威胁;

(5)贬抑状态不佳的运动员;

(6)舆论的消极评价对运动员的自我价值构成威胁。

对以上不确定因素的控制措施有:

(1)无论运动员是否参赛,都应让运动员提前了解实情;

(2)让运动员知道他有什么优势,能发挥什么作用,有什么有待改进的地方;

(3)教练员应清楚地向运动员表达自己的看法;

(4)应设法消除各种安全隐患;

(5)避免采取贬抑的做法,帮助运动员提高控制身心能量的能力;

(6)在可能的范围内,采取措施避免舆论对运动员的消极评价。

（二）认知控制

认知控制主要是指通过控制运动员对应激事件的消极认知评价,从而来影响运动员的行为表现。积极思维在竞赛中的作用备受重视,乐观的运动员比那些对生活和运动前景不那么乐观的运动员在比赛中有更好的表现。运动员在训练和比赛中有时会出现一些消极的想法,这些消极想法会不利于运动员的运动表现。例如,有一名美国滑雪运动员,每当他在滑行时听到后面有另一名队员的滑雪声时,就会陷入消极思维中:"噢,天呀!我已落后了!我滑得太慢了!我必输无疑了!教练也要跟着丢脸了。"控制消极思维的有效方法是思维阻断和否定思维。

1.思维阻断

思维阻断是通过运用诸如发声说出或想"停止"这个词,或者猛咬手指头此类的心理或身体上的启动器来消除起反作用或使人分心的想法。运动员应选择对自己干扰最少且最有效的思维阻断启动器。

有一则关于高尔夫运动员运用思维阻断研究的有趣报道。参加研究的高尔夫运动员在打一轮高尔夫之前把 100 个纸夹放入其前面的口袋中,要求她在头脑中冒出一个消极想法时就把一个纸夹拿到后面的口袋中去。在完成 18 个球洞之后,她得了 84 分且已把 87 个纸夹从一个口袋移到了另一个口袋。纸夹的堆积作为一个有力的提醒物,即在那轮高尔夫球赛中她运用思维阻断应对了多少消极想法。纸夹是这名运动员运用思维阻断的启动器。

2.否定思维

表 9-2　否定思维的事例

自我挫败的思维	否定思维
我不可能击败她,她投球太厉害了!	是的,她投球厉害。但我在击球上花了很大工夫,我肯定能击中。
我希望他们不要使用掉了色的球,因为我在打这种球的时候很费力。	球的颜色对每个人都是一样的,我与别人一样优秀。
我不能承受压力。我将会窒息,这是一个失败的迹象。	的确,压力是我担心比赛的一个迹象,但这不过是顶峰表现的一个前奏。
如果我与这个对手进行比赛,我肯定不会赢的。	如你通常那样的挥棒,如果你失败了,他们不会把你流放到卢旺达或西伯利亚。
裁判很糟糕,我们因此而不能获胜。	裁判不能左右胜负,只要尽我最大努力,胜负自有天定。
她的百米成绩是 11.3 秒,我不可能战胜她。	我在短跑上受到过严格的训练,她很可能虚报了成绩。
如果我尽力接球,却没有接住,我会看起来很蠢。	看起来很蠢不要紧,我认为自己和队友都有必要尽最大的努力去接球。

(引自姚家新,2005)

否定思维是一种运用事实和道理来拒绝消极想法的内心对话。表 9-2 提供了一些自我挫败的思维与有效的否定思维。

运用认知控制技术的步骤有:

(1)帮助运动员发现自己的消极思维;

(2)帮助运动员认识消极思维是有害的;

(3)帮助运动员确定代替消极思维的积极而有效的思维活动;

(4)帮助运动员确定启动器,在现实或表象情境中运用思维阻断的技能。

（三）反应控制

控制应激反应的方法有调节呼吸、放松训练、冥想、瑜伽术、气功等。

在应激情境中，控制呼吸不仅有放松情绪的作用，同时可增加吸氧量供给肌肉工作。应激反应控制的正确呼吸不是浅而快的胸式呼吸，而是慢而深的腹式呼吸。

放松训练有渐进放松、表象放松、自我暗示放松、生物反馈放松等方法，详见第六章。

冥想、瑜伽术、气功等是东方文化数千年的结晶，这些方法通过把使人分心的意念排除于意识之外而使人达到放松、平静的状态。

第二节　唤醒水平与运动表现

一、什么是唤醒

唤醒（arousal）指有机体总的生理性激活的不同状态或不同程度。这种状态是进行脑力活动或体力活动的生理基础，由神经系统的兴奋性水平、腺和激素的水平以及肌肉的准备性所决定。

当内部或外部刺激作用于感受器所产生的神经冲动沿传入神经进入延脑后，将沿着两条通路行进：一条是特异性神经通路，它沿着延髓背侧，经中脑、间脑到达大脑皮层的特定区域，引起特定的感觉，如各种视觉或听觉的产生；另一条是非特异性神经通路，它沿着延髓腹侧，贯穿延髓、中脑、间脑的脑干网状结构，弥散性地投射到大脑皮层广大区域，引起皮层下所经部位及皮层的兴奋状态，称之为唤醒或激活。

每个人总是处于某种唤醒水平，即使处于睡眠状态，大脑和肌肉中仍然存在着生物电的活动。因此，可以说每个人的唤醒水平总是在从深度睡眠到高度兴奋这一连续线上变化，如图9-5所示。唤醒水平的变化与刺激的强度有着密切的关系，而与刺激的性质之间的相关性较小。无论是令人高兴的还是痛苦的刺激，都可能在唤醒水平上出现相似的变化。

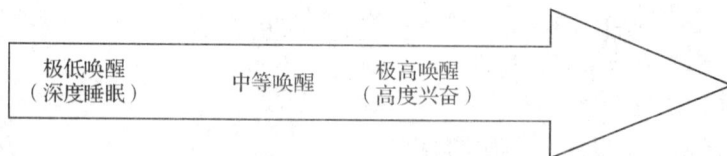

```
极低唤醒              极高唤醒
（深度睡眠）  中等唤醒  （高度兴奋）
```

图 9-5　唤醒水平的连续线

唤醒有三种表现。脑电唤醒，指刺激可以使脑电出现去同步化的低压快波；行为唤醒，指非麻醉动物唤醒时都伴随的行为变化；植物性唤醒，指自主神经系统的活动。三者可以同时存在，也可以单独存在。唤醒对维持与改变大脑皮层的兴奋性，保持觉醒状态有主要作用,它为注意的保持与集中以及意识状态提供能量。

唤醒和应激有所不同。应激是一个过程而不是一种状态,它是个体对环境威胁和挑战的一种适应和应对过程,包括了应激事件、认知评价和应激反应三种主要成分。个体在应激中的生理、认知、情绪和行为反应会在唤醒水平中表现出来,如应激反应中的焦虑会表现为个体唤醒水平的提高。

二、唤醒的测量

唤醒的测量通常是通过生理指标或心理自我陈述问卷来进行的。因为唤醒的概念更多是指有机体的生理激活状态,所以这里介绍唤醒的生理测量方法,而心理自我陈述问卷更多用来测量个体的焦虑水平。常用的唤醒生理测量方法有以下 6 种。

脑电图(EEG):脑电波由 α 波(8~13Hz)到 β 波(14~30Hz)的变化,标志着唤醒水平由十分放松状态向兴奋状态的变化。

皮肤电:测量皮肤对电流的传导性与电阻。唤醒水平的提高可导致汗液分泌的增加,使皮肤的导电性升高。

心率(HR):心率增加或改变的方式可能意味着唤醒。唤醒水平的提高会伴随心率的上升。

血压:唤醒水平的提高与血压的增高有一定的关系。

肌电图(EMG):局部的肌肉紧张情况可以通过肌电图得到反映,其强度和形式可以反映个体所处的唤醒水平。

肾上腺素、去甲肾上腺素或皮质醇的浓度:当个体处于应激时,这些生化指标的变化可以在尿样或血样中被检测出来。

唤醒的生理测量有许多优点。首先,它不受言语表达能力的影响;其次,它几乎适用于任何人,自我观察能力并不是生理测量的一个先决条件。

但是,唤醒的生理测量也有不足之处。其一,测量手段之间的相关性不高;其二,不能解释为什么甲运动员对应激情境的反应是心率改变,而乙运动员对同样应激情境的反应却是肠胃活动增加;其三,用于生理测量的某些仪器价格昂贵、笨重,使用不方便。

三、唤醒水平与运动表现的关系

在体育运动心理研究领域,唤醒水平和运动表现之间的关系是最受关注的一个研究课题。目前已有多种理论从不同的视角来解释唤醒水平与运动表现之间的关系,这里主要介绍倒 U 型假说、内驱力理论和个人最佳功能区理论。

(一)倒 U 型假说

倒 U 型假说是人们在唤醒水平与运动表现之间关系的研究中讨论最多的一种理

论,这一理论来自最初的耶克斯－多德森定律(Yerkes & Dodson,1908),如图 9-6 所示。

　　倒 U 型假说的第一个理论预测涉及不同唤醒水平与运动表现之间的关系。该理论认为,由昏昏欲睡的低唤醒水平到中等唤醒水平的临界点以前,随着唤醒水平的提高运动表现也将向着好的方向改善。当唤醒水平超过中等唤醒水平的临界点后继续向高度兴奋方向发展,唤醒水平的进一步提高将导致运动表现的逐渐恶化或成绩的下降。一般来说,中等程度的唤醒对运动表现最为有利。

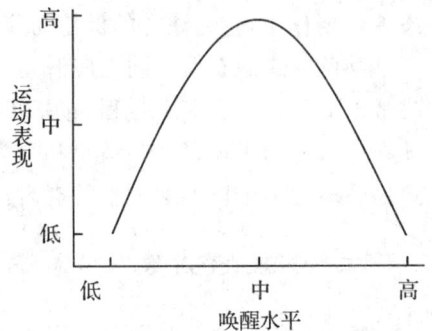

图 9-6　倒 U 型假说

　　倒 U 型假说的这一理论预测得到了很多研究的支持。马腾斯和兰德斯(Martens & Landers,1970)在一项技能追踪实验研究中,把被试分配到高、中、低三种应激情境,以心率、掌心出汗等生理性指标作为测量应激情境下的唤醒水平。研究发现,与高度或低度的应激情境相比,中度的应激情境更有利于运动水平的发挥,研究结果的总模式非常有利于倒 U 型假说。柯拉沃拉(Klavora,1977)以加拿大的高中男子篮球运动员进行的现场研究报道了相似的结果。研究测试了 145 名男孩在整个后半赛季的赛前状态焦虑得分(以赛前状态焦虑得分作为测量唤醒水平的指标),在每场比赛结束后,要求教练员把每个篮球运动员的表现评估为差、一般、优秀三个等级。把运动表现评价和唤醒水平联系起来得到的剖面图就是倒 U 型假说的形态:当运动员处于中等唤醒水平时,最有可能得到表现优秀的评价;当运动员处于稍低或稍高唤醒水平时,技术发挥大多被评价为一般;而当运动员处于很高或很低的唤醒水平时,技术发挥的评价为最差。

　　倒 U 型假说的第二个理论预测涉及工作任务性质在唤醒水平和运动表现关系中的重要作用。早在 1908 年,耶克斯和多德森通过大白鼠完成各种难度工作任务的经典实验中就提出:"需要精细知觉辨认和复杂连接的工作技能,在较弱刺激下容易获得。相反,对简单工作的习惯建立,需在强刺激下才易形成"。马霍尼(Mahoney,1979)指出,单一力量性任务(如举重)可以从高水平的唤醒中获益,而对于许多认知性任务(如高尔夫球)来说,高水平唤醒则会造成不利的影响。奥克斯汀(Oxendine,1970)对有关唤醒水平与任务性质关系的研究进行了总结,得出以下三个结论:

　　第一,高水平唤醒对力量、耐力和速度性运动项目起促进作用。

　　第二,高水平唤醒对比较复杂、精细、且要求协调、稳定的任务起阻碍作用。

　　第三,稍高于平均水平的唤醒对所有的运动任务都是适宜的。

　　马启伟等(1996)提出,完成体能成分为主的任务时,最佳唤醒水平要求处于较高的位置;完成任务的技能成分越多,最佳唤醒水平要求处于越低的位置。不同的运动项目可能要求有不同的唤醒水平才能发挥出最好的成绩,如图 9-7 所示。短跑属于典型的体能性项目,在赛前和赛中都需要相对较高的唤醒水平,才能创造佳绩。射击属于典型的技能性项目,赛前和赛中需要相对较低的唤醒水平,才能一鸣惊人。

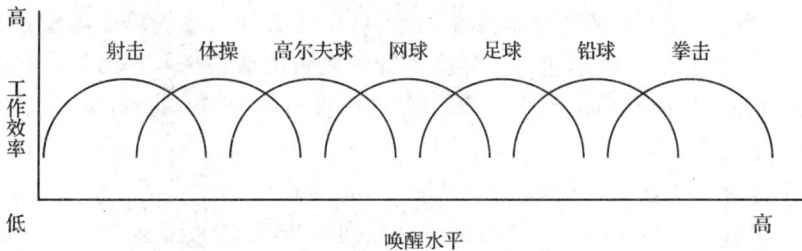

图 9-7　不同运动项目的最佳唤醒水平参考点(引自张力为,2007)

随着对唤醒水平和运动表现关系研究的不断深入,人们已越来越注意到了两者之间关系的复杂性。唤醒和运动表现之间的关系不仅和唤醒水平、运动项目的性质有关,还和不同的技能水平、个性差异等有关。

（二）内驱力理论

内驱力理论最初是由霍尔(Hull,1943)提出的,后由斯潘斯等人(Spence,1966)加以修正。该理论认为,运动表现(P)是内驱力(D)与习惯(H)的乘积,可用公式表示为:

运动表现(P)=内驱力(D)× 习惯(H)

内驱力(D)指一种所有行为均含有的普遍的和非特定的活动冲动,霍尔将内驱力的概念等同于生理唤醒。习惯(H)指个体在完成运动技能时正确的和错误的反应所占的比例优势。例如,一个篮球初学者在罚球线上的投篮命中率是 10 投 2 中,即失误的比例达到 80%,此时的习惯表现为错误或不熟练的投篮动作占有优势地位。若一个高水平篮球运动员在同样情况下的投篮命中率是 10 投 8 中,即成功的比例达到 80%,那么该运动员的习惯表现为正确的或熟练的投篮动作占有优势地位。

公式 $P=D×H$ 对运动表现和唤醒之间的关系是如此解释的:在 D(内驱力或唤醒水平)提高时,P(运动表现或操作成绩)是提高还是下降,取决于 H。如果 H 为正,即习惯是正确的,或优势反应是正确的,则 P 提高;如果 H 为负,即习惯是错误的,或优势反应是错误的,则 P 下降。内驱力理论认为,唤醒与运动表现之间实质上是一种线性关系,如图 9-8 所示。

内驱力理论给我们的启示是:在技能学习的初期阶段,当错误的或不熟练的动作反应占

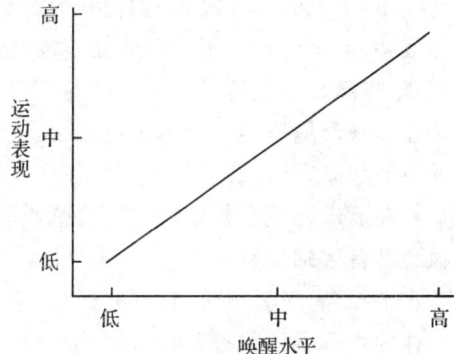

图 9-8　内驱力理论对唤醒水平
与运动表现关系的解释

优势时,应尽量消除不必要的压力,使运动员在比较低的唤醒水平下进行练习,以降低错误动作的优势反应。而在技能学习的后期,当正确的或熟练的动作反应占优势时,可以通过提高唤醒水平来提高正确动作的优势反应,促进操作成绩的提高。

内驱力理论所提出的这种简单线性关系,可用于解释从事简单活动任务时的唤醒与操作表现之间的关系,但不适用于解释复杂的或新的活动任务。因为在很多的运动项目,如足球、篮球、体操和乒乓球等,要对某种个体行为习惯是正确的反应还是错误的反应进行界定是很困难的。

(三)个人最佳功能区理论

苏联学者汉宁(Hanin,1989)提出的个人最佳功能区理论认为,每个运动员在技能操作过程中都存在着一个理论上的个人最佳功能区段,当唤醒水平处于这一区段时,运动员有更多的机会获得最佳运动表现。该理论区别于倒 U 型假说的是,它否定中等唤醒水平较之低或高的唤醒水平更有利于操作的观点,而是强调个体的差异。汉宁认为,不同的运动员存在各自不同的最佳功能区域,即运动员能够最大限度地发挥自己竞技水平的唤醒程度。换言之,对于某一项运动活动,并不存在一个统一的适合于所有人的最佳唤醒水平。

个人最佳功能区理论注重个体的差异,对运动实践的指导意义在于要重视每一个运动员赛前的最佳唤醒水平,帮助他们到达各自的最佳功能区。

第三节 焦虑与运动表现

一、焦虑和竞赛焦虑

焦虑指人由于不能达到目标或不能克服障碍,而体验到身体和心理的平衡状态受到威胁,形成的一种紧张、担忧并带有恐惧的情绪状态。焦虑含有三种主要成分,分别为威胁、不确定性和担忧的认知表征,情绪体验,以及生理唤醒。例如,面临一场重大的比赛,当运动员觉得对手对自己的胜出构成威胁的时候,就会产生焦虑。可以说,焦虑是在客观环境确实对个体构成威胁,或个体的主观评价确信将构成威胁的基础上产生的情绪状态,不正确的认知评价往往是引起焦虑的主要原因。

在运动心理学领域,焦虑、唤醒和应激三个概念的使用存在着严重的混淆。这三个概念既有区别又有联系。应激是一个过程。应激事件引起的生理反应,会使个体的唤醒水平提高;应激事件引起的情绪反应,会使个体的焦虑水平提高。唤醒更多时候是指个体的生理激活状态,而焦虑作为一种较为强烈的情绪体验,一定会引起生理唤醒水平的增高。

竞赛焦虑是指运动员对当前的或预计到的具有潜在威胁的竞赛情境产生的担忧.

它包含情绪体验、认知表征和生理唤醒三种成分。运动心理学领域对竞赛焦虑给予了高度的重视,认为它是影响运动员比赛表现的重要因素。

二、焦虑的分类

(一)状态焦虑和特质焦虑

焦虑研究最重要的理论发展之一是将焦虑区分为短暂的情绪状态(状态焦虑)和作为个性特质的焦虑倾向(特质焦虑)。卡特尔和舍依尔(Cattell & Scheier,1961)、斯皮尔伯格(Spielberger,1966,1972)明确阐述了状态焦虑和特质焦虑的概念,并制定了状态—特质焦虑量表进行相应的测量。

状态焦虑是一种瞬间情绪状态,特点是由紧张和忧虑所造成的一些可意识到的主观感觉,是高度自主的神经系统的活动。状态焦虑有着不同的强度,随时都在波动。例如,第一次参加正式比赛的运动员,在检录时体验到的紧张、不安就是比赛前的状态焦虑。状态焦虑的高低,取决于运动员对比赛情境的认识、对自己技能水平的评价、比赛经验的多少等因素。

特质焦虑是一种个性特质,指在各种情境中产生焦虑反应的倾向。也就是说,一个人无论在何种情境中都预先具有一种以特殊的情绪反应方式和反应程度来对待事物的倾向,从而显示出跨情境反应的一致性。例如,某个运动员,无论在训练、比赛中,还是在平时生活中,都具有情绪紧张、焦躁不安、忧心忡忡的倾向,那么他的特质焦虑程度是较高的;而另一个运动员,在训练、比赛和日常生活中都显示出不慌不忙、沉着冷静、情绪稳定的特点,那么他的特质焦虑程度是较低的。

(二)躯体焦虑和认知焦虑

莱伯特和摩利斯(Liebert & Morris,1967)首先提出,焦虑可能包含认知忧虑和情绪唤醒两种成分。根据焦虑在内容上的多维性,将焦虑分为躯体焦虑和认知焦虑。

躯体焦虑是焦虑的生理性特征,是由自主神经系统的唤醒所引起的体验,通过心跳加快、呼吸短促、手心冰凉潮湿、胃部不舒服、头脑不清晰,或肌肉紧张感的提高而表现出来。认知焦虑是焦虑的认知性特征,是指个体在主观上认知到有某种危险或威胁情境的担忧,主要以担忧失败、对自己说一些消极的话和不愉快的视觉想象为特征。认知焦虑通常是由个体对自己能力的消极评价或对活动结果的消极期望引起的。

躯体焦虑和认知焦虑虽然在概念上是独立的,但在应激情境中可能存在共变的关系。

三、焦虑的测量

由于只有体验到焦虑的本人才能直接描述这种焦虑的特点和强度,因此,对焦虑的测量采用较多的是自我陈述问卷。

斯皮尔伯格于 1984 年编制的状态－特质焦虑问卷(State and Trait Anxiety Inventory,简称 STAI)用来测量个体的状态焦虑和特质焦虑。STAI 由两张问卷组成,各有 20 题,要求被试在"从不"、"有时"、"经常"、"总是"4 个选项中选择自己对每一个问题的回答。问卷 1 测量状态焦虑,如我现在担心运气不好,我感到轻松等;问卷 2 测量特质焦虑,如我因某些事不顺心而一直烦恼,我感到安心踏实等。低分表示低焦虑,高分表示高焦虑。由于马腾斯(Martens)已经研制出具有体育运动特点的焦虑测量工具,因此,现在的研究较少使用 STAI 问卷。

为了有效测量竞赛特质焦虑,美国伊利诺斯大学的马腾斯(Martens,1977)在特质－情境交互作用理论的指导下,编制了专门用于运动情境的竞赛特质焦虑量表——《运动竞赛焦虑测验》(the Sport Competition Anxiety Test,简称 SCAT)。SCAT 分少年版(SCAT-C,用于 10~15 岁)和成人版(SCAT-A,用于 16 岁以上者)两种。这两个版本都是测量竞赛特质焦虑的问卷,共 15 题,其中 10 题为测量个人竞赛特质焦虑倾向的有效题,另 5 题是为减少可能反应倾向而设置的无效题,要求被试在"几乎没有"、"有时有"、"经常有"3 个选择项中选择回答。低分表示低竞赛特质焦虑,高分表示高竞赛特质焦虑。正式量表的内容和评分方法参见第十二章。

随着多维焦虑(认知焦虑和躯体焦虑)研究的发展,马腾斯等人于 1990 年编制了《竞赛状态焦虑问卷－2》(Competitive State Anxiety Inventory-2,简称 CSAI-2)。CSAI-2 问卷包括 3 个分量表,分别测量认知状态焦虑、躯体状态焦虑和状态自信心,每个分量表有 9 个测题,共 27 题。正式量表的内容和评分方法参见第十二章。

用自我陈述问卷来测量焦虑的方法,其很大的优点是易于施测、记分和分析。然而,这种方法存在明显的缺点:一,被试能否诚实回答,当被试不知道如何对测题作恰当的回答时,很容易倾向于按社会的期望来回答;二,研究者有时为了得出某个结论需要进行大样本的施测,可在很多情况下运动队的人数较少。对焦虑的测量和评定,除了以上常用的量表测量方法外,还可以通过测定生理生化指标和评定行为表现等方法来进行。行为表现数据主要从观察中获得,例如,运动员赛前去厕所的次数、饮食情况、睡眠质量、面部表情等都有可能反映出其焦虑的程度。生理生化指标的测定参见本章第二节唤醒的测量。

四、焦虑和运动表现的关系

(一)多维焦虑理论

多维焦虑理论认为,状态焦虑由两种成分构成,即认知状态焦虑和躯体状态焦虑,这两种成分对运动表现的影响是不同的。伯顿(Burton,1988)对游泳运动员的研究和古尔德等人(Gould,1987)对射击运动员的研究得出了相同的结论,即认知状态焦虑被评定为与成绩呈负性的线性关系,躯体状态焦虑被评定为与成绩呈倒 U 型曲线关系,如图 9-9 所示。

图 9-9 表明,随着认知状态焦虑的增加,运动成绩下滑,这意味着哪怕是轻微的认知状态焦虑都会对成绩产生不利的影响。这个观点挑战了日常的训练和比赛经验,因为日常的经验认为轻微的焦虑对运动员的技能表现是有利的。相反,如果是躯体状态焦虑,则支持了日常的经验,即一定程度的焦虑有助于运动技能的表现。古尔德等人认为,在处理焦虑和运动成绩的关系时,教练员和运动员需要区分认知焦虑和躯体焦虑。意识到认知焦虑和躯体焦虑之间存在着差

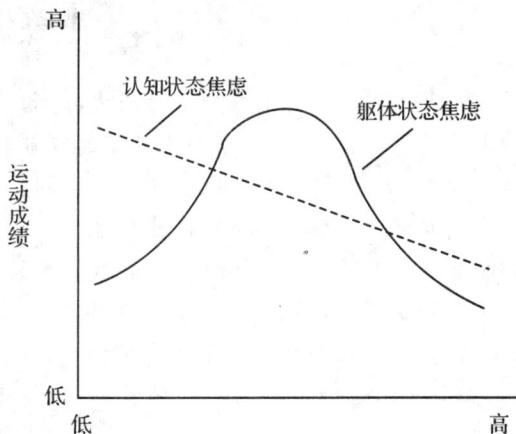

图 9-9　状态焦虑对运动成绩的影响
（引自姚家新,2005）

别有助于教练员和运动员正确处理赛前的焦虑状态。赛前的自我怀疑和忧虑,即认知焦虑的表现,会对运动表现产生不利的影响,需要采用一定的干预措施。而适宜水平的躯体状态焦虑却有利于运动成绩的提高,值得提倡。

(二)焦虑方向理论

琼斯和斯万(Jones & Swain,1992)在多维焦虑理论的基础上提出了焦虑方向理论。该理论认为,以往竞赛焦虑的测量只是测量了运动员焦虑体验的强度,这并不能全面反映竞赛焦虑的实际情况。焦虑方向理论的一个观点是,应当重视运动员对焦虑体验的方向性解释,即运动员是将竞赛焦虑体验为积极的,对运动表现有促进作用的,还是将竞赛焦虑体验为消极的,对运动表现具有阻碍作用的。焦虑方向理论的另一个观点是,应当重视运动员焦虑体验的发生频率,即某种强度的焦虑体验是经常出现的,还是不经常出现的。该理论认为,运动员不但在竞赛焦虑体验的强度上具有差异,而且在方向和频率上也具有差异,后两种差异更为重要,与运动表现的关系更为密切。

为了验证焦虑方向理论,琼斯和斯万于 1995 年对板球运动员进行了一项研究。在这项研究中,他们对竞赛状态焦虑量表－2 进行了修订,增加了每个题目的焦虑方向评定,即运动员对焦虑的解释是有利的还是不利的,要求运动员在一份 7 级量表(－3,－2,－1,0,＋1,＋2,＋3)中确认自己体验到的焦虑强度对运动表现是起抑制作用还是有促进作用的。结果表明,优秀板球运动员与一般运动员在认知焦虑和躯体焦虑的强度分数上不存在差异,但在焦虑的方向性解释上存在差异,优秀运动员认为这两种焦虑对运动成绩更具有促进作用。

本章小结

1. 应激(stress),通常被称为压力,是指有机体遇到干扰自己平衡状态或超越自己应对能力的刺激事件时,表现出特定的或非特定的反应过程。应激是一个复杂的心理生物过程,包含了应激事件、对应激事件的认知评价和应激反应三种主要成分。

2. 应激事件(stressor),也被称为应激源或压力源,是指对有机体形成威胁并引起有机体产生变化的各种内在和外在的影响因素。

3. 应激反应(stress reaction)是指有机体对应激事件作出的适应性变化,包括生理的、行为的、情绪的和认知上的改变。

4. 认知评价(cognitive appraisal)是指个体对应激事件和可利用的应对资源的判断。

5. 应对方式(coping style)是指个体对所面临的应激事件作认知评价后所采取的措施。应对方式是应激事件和应激反应关系间的重要中介因素。

6. 根据应对的指向性,可以将应对分为积极应对和消极应对。根据应对行为的目的,可以将应对分为问题定向应对和情绪定向应对。

7. 社会支持是指个体面临应激事件时来自家庭、朋友、同学以及社会的鼓励和帮助,是个体应对应激事件的重要资源。

8. 对应激的控制需要从应激事件、认知评价和应激反应三方面来进行。控制消极思维的有效方法是思维阻断和否定思维。

9. 唤醒(arousal)指有机体总的生理性激活的不同状态或不同程度。

10. 唤醒的生理测量方法主要有6种:脑电图,皮肤电,心率,血压,肌电图,肾上腺素、去甲肾上腺素或皮质醇的浓度。

11. 唤醒水平与运动表现关系的理论解释主要有倒U型假说、内驱力理论和个人最佳功能区理论。

12. 倒U型假说的第一个理论预测是中等程度的唤醒水平对运动表现最为有利,第二个理论预测是任务性质在唤醒水平和运动表现关系中有重要作用。

13. 内驱力理论认为,运动表现(P)是内驱力(D)与习惯(H)的乘积,唤醒与运动表现之间实质上是一种线性关系。

14. 个人最佳功能区理论认为,每个运动员在技能操作过程中都存在着一个理论上的个人最佳功能区段,当唤醒水平处于这一区段时,运动员有更多的机会获得最佳运动表现。

15. 焦虑指人由于不能达到目标或不能克服障碍,而体验到的身体和心理的平衡状态受到威胁,形成的一种紧张、担忧并带有恐惧的情绪状态。

16.竞赛焦虑是指运动员对当前的或预计到的具有潜在威胁的竞赛情境产生的担忧,它包含情绪体验、认知表征和生理唤醒三种成分。

17.状态焦虑是一种瞬间情绪状态。特质焦虑是一个性特质,指在各种情境中产生焦虑反应的倾向。

18.躯体焦虑是焦虑的生理性特征,认知焦虑是焦虑的认知性特征。

19.常用的焦虑测量问卷有状态—特质焦虑问卷(STAI)、运动竞赛焦虑测验(SCAT)和竞赛状态焦虑问卷—2(CSAI-2)。

20.焦虑和运动表现关系的理论解释有多维焦虑理论和焦虑方向理论。

21.多维焦虑理论认为,认知状态焦虑和躯体状态焦虑这两种成分对运动表现的影响是不同的。认知状态焦虑被评定为与成绩呈负性的线性关系,躯体状态焦虑被评定为与成绩呈倒 U 型曲线关系。

22.焦虑方向理论认为,运动员不但在竞赛焦虑体验的强度上具有差异,而且在方向和频率上也具有差异,后两种差异更为重要,与运动表现的关系更为密切。

思考题

1.说明应激、唤醒、焦虑三个概念的区别和联系。

2.运动员常见的应激事件有哪些? 常有的应激反应有哪些?

3.在遭遇应激事件时,你通常会采用什么样的应对方式? 你认为哪些应对方式最有效?

4.你认为哪种理论最能解释唤醒和运动表现之间的关系? 为什么?

5.将焦虑区分为状态焦虑和特质焦虑、躯体焦虑和认知焦虑有什么实践意义?

第十章　比赛的心理准备和比赛状态调节

图 10-1　郭跃/李晓霞:2007 年国际乒联职业巡回赛总决赛女子双打决赛

澳大利亚长跑名将克拉克曾 19 次打破男子 5000 米和 10000 米世界记录,然而他却从未拿过奥运金牌,最好的成绩仅为铜牌,人们称此现象为"克拉克"现象。克拉克现象是指优秀选手在大赛中发挥失常的现象,它带给人们的启示是:在高水平的比赛中,除了身体、技术和战术因素外,心理因素起着重要的作用。

通过本章的学习,你将能够回答以下问题:

1. 如何制订比赛方案?

2. 如何合理定位参赛角色?

3. 什么是良好的比赛心理定向?

4. 可以通过哪些方法来调节比赛的心理状态?

关键词:

比赛方案;参赛角色定位;过程定向;当前定向;主位定向;呼吸调节;活动调节;表情调节;宣泄调节;表象调节;暗示调节;转移调节;音乐调节;颜色调节

第一节　比赛的心理准备

一、制订比赛方案

比赛方案是教练员和运动员根据比赛目标而为比赛进程制订的详细计划。制订比赛方案是赛前心理准备的重要内容，也是最具有可操作性的工作之一。我国运动心理咨询专家丁雪琴(2002)在长期为国家队运动员进行心理咨询的基础上，总结出了一些行之有效的制订比赛方案的方法，介绍如下。

(一)明确制订比赛方案的目的

制订比赛方案，主要是为了提高运动员应对各种重要情况和突发情况的能力，做到有备无患。应针对具体项目比赛前和比赛进程中可能出现的各种问题或情况，制订相应的具体对策，以做好全面而充分的心理准备。

(二)认识制订比赛方案的作用

帮助运动员和教练员认识建立详细的、有针对性的比赛方案的作用。制订比赛方案具有以下作用：

(1)全面分析比赛形势和各方面的问题，以便赛前准备更充分、细致；

(2)比赛方案的建立有利于增强运动员的比赛信心，使他们做到心中有数，无论出现什么情况，甚至意外事件，也能沉着冷静地按比赛方案的提示去处理；

(3)有利于教练员和运动员之间的沟通，在比赛方案的制订过程中，教练员、运动员和心理学工作者三方面共同思考、群策群力想办法，同时让教练员更了解运动员的想法，运动员更理解教练员的意图，这将有助于增强凝聚力；

(4)有助于运动员在比赛时的思维净化和注意集中。

(三)比赛方案的实例

1.比赛技术战术准备方案

比赛技术战术准备方案的格式并没有统一的规定，但可以本着提出问题(如果)和制定对策(我会)的原则进行。可以采用"如果……我会……"的形式写在比赛日记中。表10-1列举了一位风帆运动员迎接第13届亚运会的比赛方案。

制订比赛方案一定要强调个人特点，运动员之间不能互相套用，只能相互参考。认真、细心、全面、负责和独立思考是制订好比赛方案的必要条件(丁雪琴，2000)。比赛方案的格式和重点完全是因人而异、因任务而异和因情况而异的，不必拘泥于以上形式。

2.比赛新闻采访准备方案

姚家新(2000)指出，在准备接受新闻媒体采访的时候，最重要的一点就是要采取积极面对，而不是消极回避的态度。基本原则是不能干扰或影响运动员或整个运动队的训练与竞赛。同时,还要制订一个接受新闻媒体采访的方案或计划,而且让运动员或运动队的每一个人都明白并自觉执行。

表 10-1　一位风帆运动员迎接第十三届亚运会比赛方案

撰写比赛方案的目的:针对该项比赛前和比赛中有可能出现的各种问题或情况,制订相应的对策,以做好全面而充分的心理准备。

如果……	我会……
1.赛前训练安排过量	1.主动向教练员提出自己的感受; 2.自己及时有效地做放松恢复训练; 3.找大夫或队友做相互恢复性按摩; 4.向有关领导提出合理化建议。
2.比赛器材准备仓促	1.正确对待,冷静处理; 2.相信自己的技术实力; 3.尽快了解器材的性能、特点; 4.重点考虑受风中心与以往训练用帆的差距;多做转向练习,熟练掌握板体侧阻中心。
3.在赛前训练上与教练员有分歧	1.合理综合分析自己观点的正确与否; 2.与教练沟通,理智地提出自己的观点与道理; 3.注意与教练沟通的场合和方式方法; 4.切记稳定自己的情绪。
4.赛前对场地不熟悉	1.仔细观察风源及地形对风力风向的影响; 2.仔细观察掌握各风向的风区风摆的变化规律; 3.注意岸边风向曲线的变化及风力减弱区; 4.明确每日一潮的规律,面对大海从右向左; 5.了解最高流速的时间:距岸边 3000 米的流速约为每分钟 10～12 米,距岸边 300 米的流速约为每分钟 4～5 米。

姚家新(2000)还介绍了高山滑雪世界冠军史蒂夫接受新闻媒体采访的个人计划。史蒂夫曾三次参加奥运会,并为加拿大赢得第一个世界杯高山滑雪男子总成绩冠军。他接受新闻媒体采访的个人计划如下:

(1)新闻发布会。提前 5 天举行新闻发布会,宣布大家关心的一些基本问题,如选手村、饮食、场地、交通以及线路。如果有必要,在比赛结束后再举行一次新闻发布会。

(2)站立式采访。每天只允许在比赛结束的地点(或类似区域),在比赛结束之后接受站立式采访,回答如"你今天的比赛如何?"等问题。

(3)推销性拍照。可以事先准备一些相关的照片或图片,分发给新闻媒体,供他们使用。

史蒂夫建议,"当我们做好准备的时候,我们才能通报新闻界。他们有责任随时做好准备,而不是由他们来安排时间表"。他还指出,"应该有一个新闻处,记者也要做好准备,而不要用一些简单、愚蠢的问题浪费时间。如,你有多高或你今年多大等问题"。

如果一个没有任何背景的记者提出类似的问题,则应建议该记者到新闻处去咨询。

需要指出的是,运动员在大赛前制订的比赛方案,其内容应当是全方位的,重点是技术战术准备,同时,也应包括新闻采访准备和衣食住行等其他准备,还应包括意外情况的准备。

二、合理的参赛角色定位

运动员参赛的角色定位是指运动员在比赛前和比赛中对自己、队友、对手之间关系的认识倾向,它直接左右着运动员判断自己的比赛表现正常与否,影响着运动员的自信心和比赛应变能力。

俄罗斯体操名将霍尔金娜在最后一次冲击金牌的比赛,即第 37 届世界体操锦标赛后是这样回答记者的采访:今晚比赛我的心情很平静,非常平静。我不断暗示自己,我只是一个普通的体操运动员,在参加一项普通的比赛。霍尔金娜的回答正说明了参赛角色定位的重要性。

运动员合理的参赛角色定位,也是比赛心理准备的重要内容。那么,如何使运动员的参赛角色达到合理的定位呢? 张忠秋(2000)提出了以下 4 种方法。

第一,无论即将开始的比赛对手是谁,赛前都应对自己或全队的参赛角色进行重新定位。

图 10-2　霍尔金娜:俄罗斯体操运动员

运动员的竞技状态始终处于动态发展中,影响运动员比赛成绩的因素又是复杂多样的。我们对每一位竞争对手都应以概率观点来对待。在敌弱我强、敌强我弱及势均力敌三类情况对比中,运动员取胜的概率虽有所不同,但绝不会出现百分之百的概率。所以,赛前角色定位均应以“夺、冲、追”为最佳。被誉为网坛“常青树”的美国网坛女王拉芙娜蒂洛娃称霸网坛 20 余年,她总结出的成功奥秘就是不论对手是谁,决不轻敌,总是集中精力打好每一球。她说:“我一上场,就把自己看成是第一次上场的新手,而对方是比自己强得多的强手,所以总是竭尽全力,使自己绝处逢生。”

第二,随着比赛进行中双方成绩的变化,运动员应本着必须“冲击”对手的原则及时调整比赛角色。

比赛开始后,运动员会有意或无意地将比赛进程与赛前角色定位相联系,若开赛成绩大大好于赛前角色定位期望,很容易滋生侥幸心理,进而对自己的参赛角色重新调位。如一些球队或队员在比赛成绩领先情况下,不是乘胜“追”击,反而将参赛角色由“追”变“保”,变主动为被动。正如一些教练员所批评的:“成绩领先反而不会比赛了。”

相反,若开赛成绩差于赛前角色定位期望或出现伤病意外,一些运动员又容易产生自我怀疑,对比赛失去信心,使赛前角色的"冲劲"大为减弱。

第三,明确比赛过程的关键性指标,并对这些过程指标保持必胜信心。

"不去关注比赛结果,而要关注比赛过程。"这是心理学家对运动员比赛心理调节的原则性指导。在此前提下,运动员还应明确比赛过程的技、战术关键性指标,并对这些通过自己的努力可以控制的因素保持坚定的必胜信心。

第四,无论比赛结果如何,赛后均应对自我和全队进行重新定位。

经过比赛应激和赛后对胜或负的精神与物质奖励体验,运动员的参赛角色又要面临调节变位。此时,胜者的自我形象往往会被无意识地夸大,败者的自我形象则会被无意识地降低,运动员与参赛无关的杂念迅速增多。一些球队或运动员在连续比赛中,出现大胜后大败或一蹶不振现象皆属此类。对于实际的参赛角色定位的做法,可根据比赛胜负情况给以不同的要求。例如,胜者必须针对比赛找出几条缺点,负者则应针对比赛找出几条优点,总的目的在于纠正运动员赛后自我形象的偏差,为今后的训练和比赛奠定良好基础。

三、良好的比赛心理定向

心理定向指对同类刺激按固定方式予以反应的心理倾向。良好的比赛心理定向应坚持过程定向、当前定向和主位定向三大原则。

(一)过程定向

过程定向是指运动员在比赛时将注意的方向定位在比赛过程要素而不是比赛最终结果的认识倾向。

比赛过程要素主要指与比赛表现直接联系的、且自己可以控制的要素。例如,比赛之前的器材维护、饮食调节、休息、练习等,以及比赛之中的技术战术、体能分配等。比赛最终结果主要指比赛名次、比赛成绩、与他人相比的差距等。

将注意指向比赛最终结果之所以不利于运动员的比赛发挥,是因为:

(1)思考比赛结果及其某种结果可能对自己产生的影响,会使运动员的紧张程度不由自主地升高,甚至升高到难以自控的不适宜程度;

(2)比赛结果是比赛进程的最终环节,主要受先行事件的影响,例如运动员准备活动的充分程度、比赛器材的质量、技术战术的应用情况。将注意集中在比赛最终结果上,会干扰对先行事件的必要准备,进而使比赛最终结果不能达到预定目标,产生越想结果越出现坏结果的情况。

(二)当前定向

当前定向是指运动员在比赛时将注意的方向定位在当前任务而不是过去的结局或将来的结果的认识倾向。

运动员参赛过程往往是一个分阶段且持续时间较长的过程,前一轮的比赛结果往往会对运动员后一轮的表现产生重要影响。因此,如何在比赛进程中不断进行心理调节,树立正确的心理定势,成为运动员保持优势或反败为胜的重要保证。

当前定向的原则要求运动员在不断进行心理调整的过程中,确立和保持从零开始的心理定向,将注意集中在立刻需要加以完成的具体任务上,既不过多缠绕在已经发生的事件上,不论是积极事件还是消极事件,也不过多缠绕在将要取得的成绩上。也就是说,要做到打一场,甩一场,场场从零开始。这个原则具体化到射击比赛中,可以成为"打一枪,甩一枪,枪枪从零开始";具体化到体操比赛中,可以成为"比一项,甩一项,项项从零开始";具体化到跳水比赛中,可以成为"跳一次,甩一次,次次从零开始"。

图 10-3　2007 年世乒赛女双冠军
王楠/张怡宁:打好每一个球

(三)主位定向

主位定向是指运动员在比赛时将注意的方向定位在自己可以控制的因素上。

决定比赛结果的因素很多。例如,裁判、天气、场地、观众,对手的技术、战术、体能水平,对手的比赛发挥情况,以及运动员自己的比赛表现等。这些因素中,有很多是运动员难以控制或根本不可能控制的,如对手、气候和裁判。关注那些不能控制的因素,不但会使运动员因产生无助感而信心下降,而且还干扰了极其必要和重要的技术、战术和体能的准备工作。

主位定向的原则要求运动员将注意集中在可以控制的因素上,而可以控制的因素主要是运动员自身的一些因素,例如,自己正在和将要采取的技术战术手段,体力分配策略,思维和表象的内容,以及与教练员的沟通等。同时,可以采取一些必要的措施,回避和排除与自己无关和与比赛过程无关的信息。例如,在射击比赛的间歇过程中,在人较少且较安静的地方,带上耳机,闭目听自己预先准备好的轻音乐,以放松、节省体力,回避干扰信息,准备下一轮的比赛。

第二节　比赛状态的调节方法

在比赛前和比赛中,运动员为了使自己的心理状态保持最佳水平,可根据具体情境和个体的具体情况有选择性地采用这些调节方法:呼吸调节、活动调节、表情调节、宣泄调节、表象调节、暗示调节、转移调节、音乐调节、颜色调节等。

一、呼吸调节

呼吸调节是指通过调节呼吸的频率、深度和方式以控制情绪的方法。深沉的腹式呼吸可使运动员的情绪波动稳定下来。

情绪紧张时往往会有呼吸短促的现象。特别是过于紧张时,运动员常有气不够喘或者吸不上气来的感觉,这是呼气不完全造成的。此时可以采用缓慢的呼气和吸气练习使情绪的兴奋性下降。这种方法之所以奏效,是因为情绪紧张时,呼吸快而浅,由于快呼吸,使体内吸入大量氧气,呼出大量二氧化碳。二氧化碳呼出过多,会使血液中的二氧化碳失去平衡,时间一长,中枢神经便迅速作出抑制性的保护反应。因此,采用加深或放慢呼吸频率的方法可以得到情绪稳定的效果。

当情绪低沉时,可以采用长吸气与有力的呼气练习来提高情绪的兴奋水平。

这里介绍一种"一分钟呼吸"的放松法,操作简单、省时。这种放松法的具体操作过程如下:运动员可以在赛场附近选择一个地方盘腿坐下,双手掌心向下自然地平放于双腿上,收腹,垂肩,下巴略内收,嘴轻闭,双目似闭非闭,目视鼻尖,意守丹田。先用鼻子缓缓地吸气,意想着吸进的空气经鼻腔、胸腔到腹腔,一直到小腹内,在吸气的同时,小腹慢慢鼓起,鼓到最大限度略作停顿,然后小腹回收,意想着小腹内的空气再经腹腔、胸腔、口腔,最后慢慢地、均匀地从口中呼出。呼气的同时,心中默念次数"1……"。第二次仍然鼻吸、鼓腹、略作停顿,呼气、收腹、气从口中慢慢地、均匀地吐出,与此同时心中默念"2……"。如此反复10次左右,约为1分钟。通过深度和缓慢的腹式呼吸,把意识集中到数呼吸的次数上,以此镇定情绪。

二、活动调节

活动调节是指通过调节身体活动方式以控制情绪的方法。

大脑与肌肉的信息是双向传导的,神经兴奋可以从大脑传至肌肉,也可以从肌肉传至大脑。肌肉活动积极,从肌肉向大脑传递的冲动就多,大脑的兴奋水平就高;反之,肌肉越放松,从肌肉向大脑传递的冲动就越少,大脑的兴奋性就降低。

活动调节是利用不同速度、强度、幅度、方向和节奏的动作练习,来控制运动员赛前的情绪状态。如,情绪过分紧张时,采用一些强度小、幅度大、速度和节奏慢的动作练习,降低情绪的兴奋性水平;情绪低沉时,可采用幅度小、强度大、速度和节奏快的变向动作练习,提高情绪的兴奋性水平。

三、表情调节

表情是情绪的外部表现,它是在情绪状态发生时可以观察到的某些外部特征,包括面部表情、姿态表情和语调表情。

面部表情是指由面部肌肉和腺体的变化来表现各种情绪状态,如眉开眼笑、怒目而视、愁眉苦脸、面红耳赤、号啕大哭等。姿态表情是指人在情绪状态下身体各部分的表情动作,可分成身体表情和手势两种。例如,高兴时捧腹大笑,紧张时坐立不安,惊慌时手足无措,极度愤怒时身体颤抖等。语调表情是指在情绪状态下个体语言的声调、节奏和速度等方面的变化。例如,人们惊恐时高声尖叫,悲哀时声调低沉、言语缓慢,爱慕时语调柔软且有节奏等。

俗话说:"情动于衷而形于外。"情绪状态与外部表情存在着密切的联系,情绪的产生会伴随一系列面部、姿态和语调等外部表情。因此,可以通过改变外部表情的方法而相应地改变情绪状态。

表情调节就是指通过有意识地改变自己的面部和姿态的表情以控制情绪的方法。例如,感到紧张、焦虑时,可以有意识地放松面部表情,或者用手轻搓面部,使面部肌肉有种放松感,而不要咬紧牙关。感到心情沉重、情绪低落时,可以有意识地做出笑脸,强迫自己微笑,或者想一想自己过去最高兴的某件事和自己最满意的一场比赛情境。

四、宣泄调节

有幅漫画是这样描绘的:一位总经理模样的人正在训斥一名职员;职员无奈,便转而训斥他的下属;下属挺火,回家后居然莫名其妙地把气撒在妻子身上;妻子气极,便把受到的委曲一股脑儿发泄在儿子身上,打了儿子一个耳光;儿子恼怒之际,居然飞起一脚踢向小狗;小狗疼得乱窜,发疯似的冲出门乱咬,结果正好咬着从这路过的总经理!这只是一个漫画而已,但漫画里的职员训斥下属,下属训斥妻子,妻子打了儿子,儿子踢了小狗,其实是一种不良情绪的宣泄,只是这些宣泄的方式不一定合适。

宣泄调节是指通过宣泄控制情绪的方法。以适当的方式及时地和充分地宣泄自己内心的痛苦、忧愁、委屈、遗憾等情绪,是控制和调节情绪的一个有效方法。

宣泄的方式主要有倾诉、痛哭和写日记等。运动队的管理工作者和教练员应当尽量给运动员提供情绪宣泄的渠道,尤其是在他们遇到困难和挫折时,以满足他们情绪宣泄的需要。在有些情况下,只要善意地、耐心地倾听运动员的倾诉,让他们把心中的苦衷和烦恼如竹筒倒豆子一样倾诉出来,就可以起到明显的情绪调节作用。

五、表象调节

表象调节是指通过表象控制情绪和行为的方法。

运动员在比赛上场前,在脑中清晰地重现自己过去成功的比赛,再现当时的情景,回味当时自信、愉快的体验,会使运动员从中受到鼓舞,得到力量,变得自信和从容。表象重现是一种积极的意念,它可以间接地使植物性神经系统活跃起来,进而促进心跳加快,呼吸加强,使新陈代谢过程的血流量加大,糖分解加速,热能供应充足,使运动员感觉全身有力,情绪振奋。

运动员若在脑中呈现自己最完善的技术动作,反复表象整个比赛程序和自己正在进行的比赛,可以提高注意集中能力,免除杂念干扰。

运动员也可以在脑中呈现自己处在一个非常舒适的环境,让自己身临其境,得到放松。例如,运动员可以表象自己躺在沙滩上,沐浴着温暖的阳光,略带咸味的海风不时拂面而过,海浪有节奏地像脉搏般起伏;也可以表象坐在一个僻静的小屋里,静静地欣赏着喜爱的轻音乐。

六、暗示调节

暗示调节是用语言、表情或其他符号对心理活动施加影响的方法。暗示不仅对人的心理和行为产生重要影响,还能影响到人的生理变化,因此,暗示调节是比赛心理调节的重要方法。

暗示既可以通过自我暗示,也可以通过他人暗示。暗示的作用可以是积极的,也可以是消极的。如何暗示才能为运动员创造良好的比赛心理状态?

动一动

他人暗示的作用

请你闭上眼睛……深呼吸 2 次……很好,然后努力按照我的语言去做。

听清楚我的话——"不要去想一辆红色的小汽车"……

好,请回答你头脑中出现了什么?

教练员和运动员都应尽量使用肯定的语言,而不是否定的语言进行暗示,例如,用"我很镇定"而不是"我不紧张",用"我充满力量"而不是"我还没有疲劳",用"这场球我能赢"而不是"这场球千万别输在我手上"。表10-2列举了运动员可能使用的一些自我肯定语言。另外,教练员还要特别注意自己的手势、姿态、面部表情和眼神等,这些传递暗示信息的媒介可能会对运动员的心理带来很大影响。

苏联足球教练拉西莫夫曾长时间帮助中国的四川足球队进行训练。他在带每次训练课之前,总是有这样几句话:"今天大家的精神很好","我看大家今天都很愉快","今天大家的脸就像刚出来的太阳"或"大家的脸像今天的天气一样好","今天的训练很轻松"等。这是用语言暗示调节法激励运动员训练的热情。他带的训练课,运动员的情绪都十分高涨,训练质量和训练效果也很好。

表 10-2　运动员的一些自我肯定语言

运动员身份	自我肯定语言
足球守门员	什么球我都能守住
网球发球方	我能击出一个有力而准确的一发
投篮者	我的面前只有篮筐
排球接球手	我是一个始终如一的准确的传球手
橄榄球四分卫	我的胳膊可以像大炮一样投掷
摔跤运动员	我像牛一样健壮
高尔夫选手	我一定能击一个好球

拓展阅读

60 秒 PR 法(积极自我暗示训练)

美国的一位心理学家设计了一种被称为"60 秒 PR 法"的放松方法。它要求一个人每天花 60 秒钟以讲演的形式简洁地描述自己的天赋和能力以及自己应该达到的成功目标。这种方法的实质就是做积极的自我暗示。根据行为科学的理论,一个人对自己失去信心,垂头丧气,沮丧忧郁,必然产生一种厌恶和否定自己的自卑情绪。要克服这种不良情绪,就要时常赞美自己的优点和长处,鼓励自己在人生道路上勇敢奋进,对未来充满信心和希望,以塑造出全新的自我形象。

每天早起后和晚睡前,各用 1 分钟左右的时间进行积极的自我暗示。该项训练的具体要求如下:

一、在自我暗示的前半部分,要选择一些积极、肯定并富有激励性的语言,并固定下来。天天背诵,做到反复强化。例如:

我正在进行自信训练,我一定会越来越有自信的;

我是有能力的;

我在各方面都会越来越好;

我是我生命的主人;

活着,我感到充实与快乐;

重要的是不断行动;

自信、勇敢、乐观、实践,是我人生的宗旨。

二、完成了前半部分固定内容的背诵以后,后半部分可即兴发挥。例如,在讲演过程中,还应多提到自己过去成功的例子,当然未来的目标也是必不可少的。未来的目标可分为长期目标和短期目标,长期目标要富于想象和激发性,短期目标则应切实可行。

60 秒 PR 法的具体操作分六步骤进行:

第一步,现在先请你把自己的优点写下来:＿＿＿＿＿＿＿＿＿＿＿＿;

第二步,安静地坐下来,背板挺直但身体放松;

第三步,深呼吸两次,然后大声将自己写的字句说出来;

第四步,说这些句子时,一定要全神贯注,没有一丝杂念;

第五步,每次说2—3句,一个句子重复说3—4遍;

第六步,每天练习两次自我暗示,早上起床后及晚上睡觉之前各一次。

七、转移调节

转移调节是指通过转移注意控制情绪的方法。情绪不快或过度紧张时,运动员要有意识地强迫自己把注意从当前关注的事物上转移到其他事物上。比赛前,运动员可以去从事一些感兴趣的娱乐活动,如看电影、逛公园、爬山等,队里还可以举行一些联欢活动,让运动员自编自导一些小节目,用DV拍下来放给自己看,会发现好笑、轻松和快乐。

八、音乐调节

人类最早享受的音乐是自然界优美动听的自然声响。淅淅沥沥的雨声、风吹树林发出的沙沙声、叮咚缠绵的泉水声、千回百转的鸟鸣声……因而古人有"以自然之声养自然之道"的名言。音乐的曲调、节奏、旋律不同,对人体可产生不同程度的兴奋、镇静和平衡作用。一首首感动我们心灵的曲子,如凯利金的萨克斯曲《回家》、贝多芬的《月光奏鸣曲》、舒伯特的《小夜曲》、门德尔松的《春之歌》、格什文的《蓝色狂想曲》等一些意境深远的曲子,让人从感伤中解脱出来,变得心情畅然兴奋,充满自信。听音乐,无论现代的还是古典的,只要溶于音乐的海洋之中,我们就可以调心、调息,入静、放松。

九、颜色调节

颜色是视觉刺激物,但可以同时引起其他的感觉,使人感到冷暖、重量、味道等的不同,这种一种感觉引起另一种感觉的现象被称为"联觉"。例如,国外有一家装有空调设备的工厂,车间温度一直保持在22℃不变,工人们都觉得冷,后来把青绿色的墙壁改成珊瑚色,就再也没有人觉得冷了,视觉引起了温度觉的变化。再如,国外有一家工厂装载货物的木箱是黑色的,搬运工人都说很累,工效很低,后来把木箱改漆成淡绿色,搬运工人不觉得很累了,工效有了很大提高,视觉引起了重量觉的变化。又如,有则实验把黄色的西瓜汁分成两份,一份是原来的黄色,另一份染成食用红色,让几位味觉正常的人来品尝,结果大部分人都说红色的西瓜汁好喝,其实色素并没有改变西瓜汁的味道,这是因为视觉引起了味觉的变化。

颜色调节是指通过颜色控制情绪的方法。在比赛中可以利用"联觉"现象来调节运动员的心理状态,例如,运动员过分紧张时,绿、蓝等冷色调会具有镇静作用,可以用绿色毛巾擦汗,饮用带蓝色的饮料等。若运动员临场精神状态不振,则应多给以红色或黄色等暖色调刺激。

中国足球队教练李松海曾对颜色的镇静作用做了如下的评述:在对抗性的比赛中,红色容易激发对手的好斗情绪,所以我队以往在大型比赛中,队员都爱穿白色赛服。穿着它总能赢球,也能增强自信心。我队在伊尔比德的四场比赛全是穿白色赛服,中场休息时和比赛后喝的水是矿泉水,擦汗的毛巾是白浴巾。利用"联觉"现象调节我方运动员的心理状态,使过度的兴奋得到缓解。

陕西女子足球队教练王方正则用"暖色"使运动员兴奋起来:我队在对抗练习中为了提高对抗的激烈程度,采用了颜色刺激法来增加队员的兴奋性。要求对抗的两队穿红、黄两种背心参加练习,结果在1/2场6对6抢截中兴奋性很高,对抗程度激烈,达到了预定的训练效果。

本章小结

1. 比赛方案是教练员和运动员根据比赛目标而为比赛进程制订的详细计划。制订比赛方案是赛前心理准备的重要内容。

2. 比赛技术战术准备方案的格式并没有统一的规定.但可以本着提出问题(如果)和制定对策(我会)的原则进行,可以采用"如果……我会……"的形式写在比赛日记中。

3. 运动员合理的参赛角色定位,也是比赛心理准备的重要内容。运动员参赛的角色定位是指运动员在比赛前和比赛中对自己、队友、对手之间关系的认识倾向,它直接左右着运动员判断自己的比赛表现正常与否,影响着运动员的自信心和比赛应变能力。

4. 良好的比赛心理定向应坚持过程定向、当前定向和主位定向三大原则。

5. 过程定向是指运动员在比赛时将注意的方向定位在比赛过程要素而不是比赛最终结果的认识倾向。

6. 当前定向是指运动员在比赛时将注意的方向定位在当前任务而不是过去的结局或将来的结果的认识倾向。

7. 主位定向是指运动员在比赛时将注意的方向定位在自己可以控制的因素上。

8. 呼吸调节是指通过调节呼吸的频率、深度和方式以控制情绪的方法。

9. 活动调节是指通过调节身体活动方式以控制情绪的方法。

10. 表情调节是指通过有意识地改变自己的面部和姿态的表情以控制情绪的方法。

11. 宣泄调节是指通过宣泄控制情绪的方法。

12. 表象调节是指通过表象控制情绪和行为的方法。

13. 暗示调节是用语言、表情或其他符号对心理活动施加影响的方法。暗示既可以通过自我暗示,也可以通过他人暗示。

14. 转移调节是指通过转移注意控制情绪的方法。

15. 颜色调节是指通过颜色控制情绪的方法。

思考题

1. 针对某场比赛,制订你的比赛方案。

2. 影响你比赛成绩的因素有哪些? 比赛中的心理定向应坚持哪些原则?

3. 你在训练或比赛中遭遇应激事件时(如运动损伤、比赛失利),通常采用哪些调节方法?

第十一章 比赛中的社会心理

图 11-1 希腊观众欢庆胜利

2004 年 8 月 21 日,在雅典奥运会男子排球比赛中,希腊队以 3 比 2 力克法国队,希腊观众一片欢腾。正是由于观众的参与,现代的奥林匹克运动才具有如此丰富的社会意义。

通过本章的学习,你将能够回答以下问题:

1. 什么是观众效应?

2. 什么是社会促进? 社会促进的解释机制是什么?

3. 影响观众效应的因素有哪些?

4. 什么是主场优势?

5. 影响主场优势的因素有哪些?

6. 什么是攻击性行为? 攻击性行为分为哪几类?

7. 有哪些理论可以解释攻击性行为?

8. 比赛中与运动员攻击性行为有关的因素有哪些?

9. 减少运动员攻击性行为的策略有哪些?

关键词:

观众效应;社会促进;人格特质;主场优势;攻击性行为;敌意性攻击;工具性攻击;本能理论;挫折—攻击理论;社会学习理论

第一节　观众效应

一、观众效应和社会促进

观众效应是指有观众在场时运动员的运动表现会发生变化的现象。这种运动表现的变化包含了两种可能,一种是运动表现或操作成绩提高了,一种是运动表现或操作成绩下降了。观众在场引起运动员操作成绩提高的现象称为社会促进,而观众在场引起运动员操作成绩下降的现象称为社会干扰。

运动心理学和社会心理学领域关于观众效应的研究大多以社会促进为主题。特里普利特(Triplett)在1897年进行的一项研究开创了社会促进研究的先河,也被认为是最早的运动心理学实验研究。他让被试在三种情境中完成40km的骑车任务,以被试完成任务的平均时速作为操作成绩。第一种情境是被试单独骑车,第二种情境是被试骑车时让一个人在场跑步,第三种情境是被试与其他人骑车竞赛。实验结果显示,被试单独骑车时的平均速度为每小时38.6km,有人在场跑步时的平均速度为每小时50km,有人竞争时的平均速度为52km。特里普利特的实验结论是:有他人在场,或群体性的活动,会明显促进人们的活动效率。他还在实验室条件下,让被试完成计数和跳跃等任务,也发现了同样的社会促进效应。他对这种现象考虑了许多可能的解释,包括生理、身体、心理等方面的因素,最后提出被试有两个动力来源:第一,另一个人的存在对被试是一种刺激,能唤起竞争的本能;第二,观察另一个人骑车的动作,会成为对努力的激励。

继特里普利特的研究之后,陆续出现了一些支持社会促进效应的研究。特里维斯(Travis,1925)以转盘追踪(图11-2)为实验任务,要求被试每天练习追踪转盘20次,直至连续两天操作成绩没有显著改善为止。在下一个10次同样的练习活动中,增加了4~8名观众,然后比较被试在单独练习和有观众练习时的操作成绩。结果发现,在接受测试的22名被试中,有18人在有观众练习的情况下操作成绩又有所提高,平均成绩提高约3%。另外有些研究发现,他人在场可以提高人们做简单乘法和划掉某一数字等简单工作任务的速度。

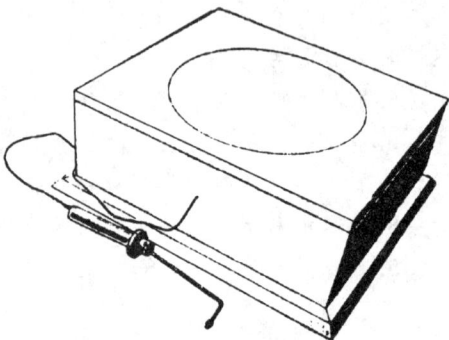

图11-2　转盘追踪器(引自张力为,2003)

虽然社会促进效应得到了一些研究的支持,但也有一些研究发现了相反的结果,即他人在场会阻碍任务的完成。佩生和赫斯本德(Pessin & Husband,1933)的研究发现,观众在场时被试做手指迷津所需的次数增加,所犯的错误增多。佩生(Pessin,1933)在探讨无意义音节的学习时发现,单独学习的成绩优于有观众在场的学习成绩。另外有研究还发现,观众在场会影响被试乘法作业、形容词命名作业和字配对作业的成绩。

二、社会促进作用的机制

观众在场的情况下,为什么会有社会促进或社会干扰这两种截然不同的观众效应呢? 扎恩克(Zajonc,1965)提出的社会促进模型对此进行了解释。

扎恩克的社会促进模型(图 11-3)在很大程度上借用了霍尔—斯潘斯的内驱力理论(参见第九章),他指出:观众在场会提高人的唤醒水平或兴奋程度,唤醒或内驱力会加强任何一种优势反应。在技能学习的早期阶段,占优势的反应常常是错误的,唤醒水平的提高会使错误反应加强,从而导致操作成绩的下降。在技能学习的后期阶段,占优势的反应常常是正确的,唤醒水平的提高会使正确反应加强,从而导致操作成绩的提高。完成简单任务(如简单乘法)时,优势反应大多是正确的反应,而完成复杂任务(如走迷津、解复杂数学题)时,优势反应不大可能是正确的反应,所以唤醒水平的提高能促进简单任务的活动效率,却阻碍复杂任务的活动效率。

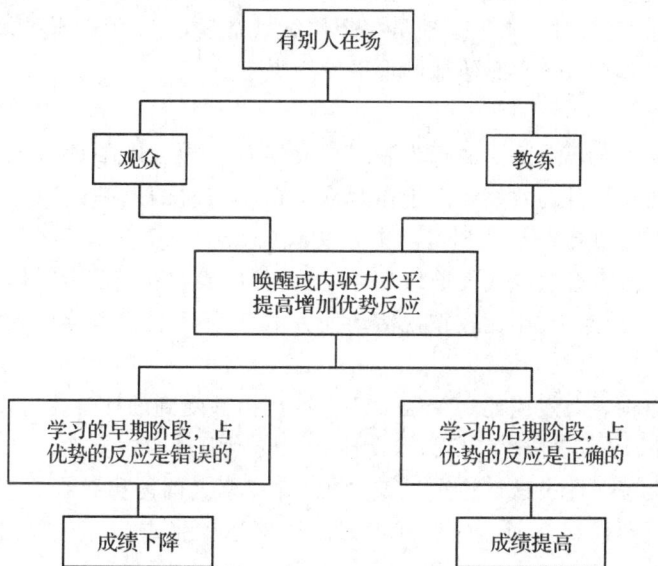

图 11-3　扎恩克的社会促进模型

　　扎恩克的社会促进模型用"唤醒增加优势反应"的原理同时解释了观众在场会引起的不同效应,但该模型仅仅从唤醒水平或内驱力角度来解释人的复杂行为具有很大的局限性。大多数的体育运动情境是以教练员、运动员和观众的交互作用为特征的,该模型的局限在于:第一,没有考虑运动员本身的特点对社会促进产生的影响;第二,没有考虑观众本身的特点对社会促进产生的影响。

三、影响观众效应的因素

　　观众效应的产生受到两个方面因素的影响,即运动员的个人因素和观众因素。

　　(一)个人因素

　　运动员的人格特质、运动水平、年龄和性别等因素是影响观众效应的重要个人因素。

　　1.人格特质

　　在人格特质方面,运动员的特质焦虑和自信是观众影响运动成绩的重要中介因素。特质焦虑高的运动员,在观众在场时表现得烦躁不安,运动成绩下降;特质焦虑低的运动员,在观众在场时表现得自信沉着,运动成绩不会下降甚至提高。

　　2.运动水平

　　观众对运动成绩的影响与运动员的运动水平高低有关。对于高水平运动员,观众的影响较小;而对于新手,观众的一举一动都可能干扰他们技术水平的正常发挥。热情的、积极评价性的观众对高水平运动员是个情绪兴奋剂,会使他们水平得到充分或超水平发挥;但如果是新手,常常会使他们水平发挥失常。

　　3.年龄

　　儿童和青少年在观众面前的行为表现与成年人不同。卡伯(Crabbe,1974)发现,学龄前儿童在单独学习时的效率要高于在观众面前学习时的效率;但7岁的儿童在观众面前的学习效率则要高于单独学习。史蒂文森(Stevenson,1963)发现,少年运动员在陌生人或者他们所不喜欢的人面前做动作,比在父母或朋友面前做动作时,动作做得更好;进入青春期的运动员,则比较重视活动任务本身,不太注意观众的到场。

　　4.性别

　　性别也是影响观众效应的一个因素。女性比男性受到的社会促进作用更大。史蒂文森(Stevenson,1960)的研究表明,当女性被试受到观众的支持性评价时,操作成绩提高的程度远远大于男性被试。也有研究发现,青春期之前的男孩在成年男性观众面前的表现比在成年女性观众面前的表现更好。金盛华和张杰(1995)提出了性别促进假设,这一假设认为:对于性意识发展达到成熟水平的个体,异性的存在会导致行为效率的提高;而性意识尚未得到充分发展的青春期之前的儿童则不存在性别促进现象。

（二）观众因素

观众的类型、数量、位置和评价等因素是影响观众效应的情境因素。

1.观众的类型

按观众观看比赛的动机不同,可将观众分为娱乐型、求知型和本位型三种类型。

娱乐型的观众观看比赛主要是为了满足业余生活的需要,得到身体和精神上的休息和放松。求知型的观众观看比赛是为了学习运动技能和得到美的体验,他们对比赛的技术、战术及规则比较熟悉,在观看时喜欢评论场上运动员的表现。本位型的观众是非常有组织的、相互间高度协调的一类观众,他们观看比赛是为了给本方和喜欢的运动员(队)鼓劲、助威,希望本方取胜。

每场运动竞赛,不同类型的观众都会聚合在一起,他们会影响运动员的兴奋水平、活动效率和运动成绩。

2.观众的数量

大多数的运动比赛成绩不受观众绝对数量的影响。增加观众数量,只会自然地提高运动员的唤醒水平,但达到一定限度后,运动员的唤醒水平就不再提高。博登(Borden,1980)指出,观众人数的多少对运动员成绩的影响依赖于运动员对情境的解释。在运动情境中,观众的绝对数量并不重要,重要的是观众数量所传递给运动员的信息。例如,2万名观众坐在容量为2万人的体育场馆,和坐在容量为5万人的体育场馆,所传递的信息是不同的。因此,比赛场地单位面积观众的数量,即观众的相对数量,是一个影响观众效应的更重要因素。

3.观众的位置

观众的位置不仅有远近之分,而且还有正面、背面和侧面之分。黄金柱(1983)认为,观众离运动员的距离越近,对运动员的影响越大;反之,对运动员的影响越小。处于正面位置的观众要比处于侧面位置的观众对运动员的影响更大。

4.观众的评价

和观众的类型、数量、位置相比,更重要的一个情境因素是观众的评价。

科特莱尔(Cottrell,1968)通过研究发现,被试面临的观众是盲目的观众还是能够评价他们活动的观众,被试会有不同的活动表现。当面临盲目的观众时,被试的生理唤醒水平不会提高,活动成绩也不会提高,活动的结果和被试单独完成任务时是一样的。而当面临能评价他们活动的观众时,被试的唤醒水平提高了,活动成绩也有了提高。

观众的评价可以对人的活动产生积极效应,也可以对人的活动产生消极效应。莱特尼和阿罗伍德(Latni & Arnowd,1963)的一项实验发现,观众消极的言语能使运动员产生烦恼,观众的消极评价使复杂任务的成绩下降,但能使简单任务的成绩提高。

内行观众比外行观众对运动员有更大的影响。亨利和格拉斯(Henchy & Glass,1968)研究表明,当运动员意识到观众有较高的专项知识水平时,内心就会有观众的存在。内行观众有助于激起运动员的比赛动机,从而加强他们的优势反应。

第二节　主场优势

一、什么是主场优势

主场优势,也称主场效应,指在主客场制的运动比赛中,主场获胜的比例超过50%的现象。

主场优势在传播媒介中被大量提及。专家们对篮球比赛做过粗略的估计,认为主场可以给主队带来3～7分的优势。在大部分的棒球联赛中,比赛的目标通常是要在主场取胜、客场保平。我国从1994年以来,足球、篮球和排球等比赛相继实行主客场制,人们也开始关注主场效应,各队为了取得好的运动成绩都力求营造良好的主场氛围,但对主场效应的研究还相对薄弱。

施瓦兹和巴斯基(Schwartz & Barsky,1977)率先对主场优势进行了研究,他们对来自以下比赛的数据进行了分析:1971年进行的1880场全美棒球联赛和同年进行的182场职业橄榄球比赛;1971年举行的910场大学生橄榄球比赛,1971—1972年赛季进行的542场大学生冰球联赛,以及1952—1966年间举行的1485场大学生篮球比赛。表11-1列出了每一种运动主场获胜的百分比,从中可以看出主场优势是很明显的。其中,篮球比赛的主场优势最为明显,主场获胜比例达到82%。

表 11-1　四种运动项目主场队获胜的百分比

主场队 结果	职业队		大学运动队		
	棒球 (1971)	橄榄球 (1971)	橄榄球 (1971)	冰球 (1971～1972)	篮球 (1952～1966)
胜	53%(989)	55%(100)	59%(532)	53%(286)	82%
负	47%(891)	41%(74)	40%(367)	30%(163)	18%
平	—	4%(8)	1%(11)	17%(93)	—
总计	100%(1880)	100%(182)	100%(910)	100%(542)	100%

考恩雅和卡伦(Courneya & Carron,1992)的报告认为,在职业棒球、篮球、板球、冰球以及足球中,主场队获胜的百分比包括从最少的53%到最多的72%。在个人运动项目,如高山滑雪(Bray & Carron,1993)和摔跤运动(McAndrew,1992)中也存在主场优势。我国有研究(谢红光等,1998)发现,1995—1996年的中国甲A足球联赛,主场胜率是47.35%,客场胜率是20.45%。表11-2列出了其他一些表明存在主场优势的研究。

表 11-2　关于主场优势的部分研究

作者	研究对象	主要研究结果
Leonard(1989)	1896－1988 年夏季奥运会和 1924－1988 年冬季奥运会	主场队获得的金牌比以往在其他国家比赛时多
Glamser(1990)	49 场英国足球比赛	明显的主场优势
Courneya & Carron(1991)	26 支双甲职业棒球队	主场比赛的获胜率为 55%
Nelson & Carron(1991)	男女大学运动甲级队各 4 支,涉及 5 个不同的项目	5 年中,主场获胜率为 68.6%,客场获胜率为 48%
Gayton & Langevin(1992)	792 场摔跤比赛	主场比赛获胜率为 61%
McAndrew(1992)	4172 名高中摔跤运动员	主场队赢了 1422 场比赛,客场队只赢了 964 场比赛

从这些研究结果来看,在很多相当高水平的体育比赛中,主场优势的存在是一种事实。大学运动队、职业运动队以及一些个人项目都可以从主场比赛中获利。

二、影响主场优势的因素

主场优势已成为当今运动比赛中的一种普遍现象,但很少有系统的研究来说明主场优势的实质和影响因素。下面从观众因素、环境因素、旅行因素、裁判因素、运动员的心理状态和运动员的行为等方面进行讨论。

(一)观众因素

施瓦兹和巴斯基(Schwartz & Barsky,1977)在关于职业棒球联赛的一项研究中发现,主场优势随观众的增加而增加。观众密度小(观众少于体育馆容量的 20%)、观众密度中等(观众占体育馆容量的 20%～39.9%)和观众密度大(观众超过体育馆容量的 40%)的主场获胜比例分别为 48%、55% 和 57%。在球队水平相当的条件下,也得到相似的结果。对此,施瓦兹和巴斯基的解释是,主场优势是由友好热情的观众提供的社会支持引起的。

塞尔和约克维克(Zeller & Jurkvac,1988)分析了 1969—1986 年间的 35000 多场棒球比赛,发现主场在体育馆内的比赛比在室外场地的比赛获胜率高 10.5%,比在露天体育场比赛的获胜率高 7.2%。他们将这一结果归因于体育馆内有更多观众的支持。他们认为,当体育馆内充满欢呼声时,球队得到更多热情观众的支持,会表现得更好,因而也会赢得更多的比赛。

然而,也有研究发现观众数量的多少和观众密度的大小并没有对主场优势产生不同的影响。多卫(Dowie,1982)在比较英国足球联赛四个赛区的主场优势后得出,尽管观众的人数从第四赛区的 2500 人到第一赛区的 25000 人不等,但主场优势并没有不同。普拉德(Pollard,1986)用与大卫相似的方式研究观众密度对主场优势的作用,他在比较英国足球四个赛区的主场优势后发现,即使观众平均密度从第四赛区的20%到第一赛区的70%不等,但出现的主场优势现象并没有差异。

这些不一致的研究结果或许与比较的变量不同有关。张力为(2003)指出,观众是一个包裹变量,可以分解为更小的或更基本的特征,如观众的绝对人数、相对密度、欢呼声响、欢呼频率等。

(二)环境因素

环境因素包括场地、气候等因素。

场地因素是影响运动员竞技水平发挥的主要因素之一。在主客场比赛中,场地的大小、颜色、背景、灯光等条件都有所差异。心理学观点认为,运动员对场地、设施等比赛条件的熟悉与认可以及由此产生的心理定势对运动员临场技术发挥有很大影响。

气候条件的反差对人的心理、生理适应能力都提出较高的要求。适宜的气候条件会使人情绪高涨,精力充沛,活动效率提高;而气候条件反差过大,则会对人的情绪造成不良影响,降低人的活动效率。主客场气候温差的骤变,往往会对客队运动员的情绪、心态产生影响,从而影响临场技术的发挥。

(三)旅行因素

由于旅行带来的疲劳和日常规律的打破作为主场优势的作用因素已引起广泛注意。赛季时间,旅行因素对主场优势有潜在的重要影响,其基本规律是:在第二个赛季的中期,由于旅行的积累效应开始显现,主场优势最大。但一些研究并没有证实这是一种一贯性的和十分明显的趋势。如施瓦兹和巴斯基(Schwartz & Barsky,1977)认为,随着赛季的进展,主队和客队都可能产生疲劳、睡眠和饮食障碍,主场优势在赛季的前一段时间要比在后一段时间更加明显一些。而库尔内亚等(Courneya & Carron,1991)则认为,随着赛季时间的推移,主场优势增加。

与以上研究有所不同,多卫(Dowie,1982)曾分析过两年的英国足球比赛的射门得分,他得出疲劳可能不是影响主场优势的重要因素。普拉德(Pollard,1986)研究了3496场比赛,发现旅程在322km以内和在322km以外的主场优势一样,所以他认为旅程的远近并不重要。库尔内亚和卡伦(Courneya & Carron,1991)曾调查过棒球双循环联赛,也得出了旅程不是主场优势的主要影响因素的结论。

(四)裁判因素

关于裁判员在主场优势中的作用,令人感兴趣的是裁判的主观裁定。研究已证明,裁判的主观裁定更多的是不利于客队或偏向主队的。其原因有二:一是自身水平、主场压力及比赛场外其他因素,往往会影响裁判员水平的发挥,出现错判、漏判;二是由于客队在客场比赛中产生的所谓客场吃亏的心理定势,往往使客队在比赛中不能正确对待裁判的判决,这就更使裁判的情感偏向主队。莱哈曼和瑞佛曼(Lehman & Reifman,

1987)试图用运动员的地位(球星与非球星)和运动员在主客场犯规次数的关系来说明主场优势的问题。他们推断裁判可能是从球迷那里感受到更大的压力,从而宽大对待主队及明星运动员,而明星运动员往往是主队获胜的关键。阿维尔(Archival,1987)从一个赛季得到的数据发现,明星队员在主场比赛犯规明显多于在客场比赛,而非明星队员则没有这种现象,这一发现为裁判的偏向提供了强有力的证据。

(五)运动员的心理状态

主场比赛,队员的情绪和行为大都是积极进取的,这是主队胜率较高的主要原因之一。约克维克(Jurkovac,1985)比较过大学生篮球运动员参加主、客场比赛时的感受,74项调查结果表明:在观众大叫大喊的行为面前,有97%的主场比赛他们感觉操作表现得更好,而客场比赛只有74%;76%的主场比赛中他们更自信;89%的主场比赛中他们的情绪被支持他们的旗子、标语所激发。另外,约克维克还在调查采访14名运动员后指出:观众支持会引起更加自信的情绪体验;较长时间的持续性支持比频繁的间断性支持效果更好;主场比赛中,期望获胜的压力更大;更多的运动员愿意在主场比赛,因为他们认为裁判在观众的影响下判给主队的机会更多,主场比赛的运动员的确有优势。

在约克维克的研究中,许多心理状态没有被评估。其研究主要是要求运动员回忆他们主场或客场比赛前和比赛期间体验到的各种心理状态。尽管这种做法有它的局限性,但毕竟提供了主场优势存在原因的研究方式。

(六)运动员的行为

瓦卡(Varca,1980)从主场队和客场队运动员之间攻击行为的差异来解释主场优势。他把攻击性行为分为功能性攻击行为和无谓的攻击行为,前者包括抢篮板球、抢断球、盖帽等,后者包括犯规和一般的破坏性行为。瓦卡分析了1977~1978年赛季间所有男子篮球比赛的统计数据发现,主场队更多地采用三类功能性攻击行为,而客场队则比主场队有更多的个人犯规,见表11-3。瓦卡还认为,观众会提高运动员的唤醒水平,但这种唤醒水平的提高给主场运动员带来积极影响,而给客场运动员带来消极影响。

表 11-3　主客场功能性攻击行为和无谓攻击行为的平均数

攻击性行为		主场	客场
功能性攻击行为	断球	6.6	5.3
	盖帽	2.8	2.3
	抢篮板球	37.5	34.4
无谓的攻击行为	犯规	20.6	21.9

注:平均数反映的是每场比赛各类攻击性行为的均数。各类攻击性行为在主客场的平均数均有显著性差异。

拓展阅读

主场劣势

尽管很多研究发现了主场优势的现象，但也有一些研究发现的却是主场劣势。

鲍梅斯特和斯坦希尔伯(Baumeister & Steinhilber,1984)为了弄清楚主场观众在最终的或决定性的比赛中是否真正起积极作用，对1924—1982年的棒球世界系列大赛和1967—1982的美国篮球协会锦标赛的比赛结果进行了统计。结果发现，在比赛的初期的确存在主场优势，但在决定比赛名次的最后关头，则不存在主场优势。他们特别感兴趣的是造成这种结果的原因究竟是什么？是因为主场队发挥失常？还是客场队表现非同寻常的好？

在棒球比赛中，鲍梅斯特和斯坦希尔伯选择了"防守失误"进行分析，因为这一指标相对比较独立，是测量发挥失常的一个好指标。他们发现，在系列大赛的头两局比赛中，客队的防守失误更多；但在决赛中，主队的防守失误更多，两队失误数量差异很大，达到了显著性水平，见表11-4。

表 11-4   1924—1982 世界棒球巡回赛中的防守失误

比赛顺序	每场比赛中的失误率		无失误的比赛	
	主场	客场	主场	客场
第1和2局	0.65	1.04	33	18
第7局	1.31	0.81*	6	12**

注：* P<0.01,** P<0.02。

在篮球比赛中，鲍梅斯特和斯坦希尔伯分析了1967—1982年间NBA半决赛和冠军赛。他们发现，在第一场到第四场比赛中，主队在70.1%的比赛中获胜，而在决定性的第七场比赛中，主队仅在38.5%的比赛中获胜。从这一研究结果可以明显看出，在关键性的比赛场次，主场优势变成了主场劣势。他们还分析罚球命中率的情况，在第一场到第四场比赛中，主队和客队的罚球命中率差不多，但是在最后的第七场比赛中，客队的命中率较主队高，并且达到了统计学上的显著性水平，见表11-5。

表 11-5   1967—1982 年 NBA 决赛中的罚球成绩

比赛场次		主队	客队
第1—4场比赛	命中	3368	3412
	失误	1303	1266
	命中率	0.72	0.73
最后一场比赛(第7场)	命中	873	937
	失误	391	328
	命中率	0.69	0.74*

注：* P<0.01。

对关键比赛的主场劣势现象,鲍梅斯特等用努力的"悖理效应"来解释其机制。越是到关键的比赛,在给以巨大社会支持的观众面前,运动员进行自我表现的欲望就越强,这种自我意识水平的提高,使他们投入更多的努力来有意识地控制运动过程,而这些增加的努力会破坏已有技术的自动化执行过程,导致习惯的运动过程发生衰变。

第三节　运动中的攻击性行为

一、什么是攻击性行为

运动中的攻击性行为经常可见,这种行为既可以出现在运动员之间,也可以出现在运动员与教练、裁判之间,或者教练与教练、裁判之间,还可以出现在观众与观众、运动员、教练、裁判之间。足球运动是较受大众关注的运动项目之一,由于该项目具有身体直接接触、对抗性强的特点,足球场经常出现一些攻击性行为。1990 年 6 月 24 日,国际足联世界杯足球赛荷兰对联邦德国的 1/8 比赛在意大利的圣西罗体育场进行。第 16 分钟,德国前锋沃勒尔(Rudi Voeller)在左路突破中被荷兰前卫里杰卡尔德(Frank Rijkaard)铲倒在地,裁判当即出示黄牌对荷兰人予以警告。爬起身来的沃勒尔趁着裁判低头记录之际,向里杰卡尔德做出了一个极不君子的手势。5 分钟后,沃勒尔又因冲撞对方守门员而与荷兰队员发生争执,这时里杰卡尔德几乎失去了控制,他的全部怒气化作一口唾液,愤怒地喷射在沃勒尔的后脑勺上。于是两人被同时罚出场外。

动一动

你能判断哪些是攻击性行为吗?

请就下列 8 种情境做出选择,勾出哪些是攻击性行为,哪些不是。

1. 一位美式足球安全卫对对方接球手做出一个符合规则但非常凶猛的撞击动作,并说他要惩罚这位接球手,让他以后不敢随便越过中线。

2. 一位美式足球安全卫对对方接球手做出一个符合规则但非常凶猛的撞击动作。

3. 一位篮球教练员为抗议一项有争议的判罚而砸破一把椅子。

4. 一位曲棍球运动员因被对手用球棍击中小腿而故意用相同的行为报复对方。

5. 一位赛车手与失速冲出弯道的另一赛车手相撞,并撞死了他。

6. 为了让对方踢球队员感到担忧并想到赢得这场比赛的消极后果,美式足球教练萨利文叫了一个暂停。

7. 巴里知道约翰对自己在压力状态下(高尔夫球)推杆的能力十分敏感和害羞,因此他告诉约翰说:霍尔教练说如果他再推不好,就会被换掉。而霍尔教练其实没有这么说。

8.珍妮因失手投出了一记快球击中了弗兰的头。

答案:

1.是(虽然动作合乎规则,但其意图是造成伤害)

2.否(无伤害意图)

3.否(行为对物不对人)

4.是(虽是还击,但意图是伤害对手)

5.否(虽然对方被撞死,但并无伤害的意图)

6.是(虽然是很聪明的战术,但意在引起对方的恐惧与担忧,造成心理伤害)

7.是(意在造成心理伤害)

8.否(虽造成了伤害,但并无伤害的意图)

运动中的攻击性行为是指有意识地使他人身体和心理受到伤害的行为。极端的、严重的攻击性行为就是暴力。

判断一种行为是否属于攻击性行为,可以参照以下 4 条标准。

第一,攻击性行为指向有生命的对象。例如,有些羽毛球运动员在比赛失利时会狠狠地将球拍摔在地上,这种行为不能算是攻击性行为。攻击性行为必须指向有生命的个体,比如人或动物。

第二,攻击性行为是一种外显行为。这种行为包括言语活动(如谩骂、威胁、恐吓等)和身体行动(如殴打、袭击、踩踏等)。假如一个运动员被对方绊倒,十分恼火,爬起来就要打对方,但因为顾忌裁判,强忍着收回了拳头,那么这位运动员的恼火只是一种攻击的愿望,但不是攻击性行为。

第三,攻击性行为是一种伤害行为。这种伤害可以是身体上的,也可以是心理上的。

第四,攻击性行为是一种故意的行为。这种行为含有明显的伤害意图。例如,某球迷企图冲上去袭击对方球迷,但因人群间有栏杆隔断,虽未造成对方球迷身体的伤害,但仍属于攻击性行为。又如,在足球场上传球时,由于球传得不准而把球踢到了对方队员的背上,这种行为因为没有明显的伤害意图而不属于攻击性行为。

二、攻击性行为的分类

根据攻击目的的不同,可以将攻击性行为分为工具性攻击和敌意性攻击两大类。

工具性攻击是为了实现某些外在目的而采取的攻击性行为。这是人类特有的一种攻击性行为。工具性攻击虽然有伤害的意图,但其主要目的不是为了伤害他人,而是为了达到某种目的或获得某种利益,如金钱、胜利、荣誉等。工具性攻击把攻击作为达到目的的手段,攻击者一般不伴有愤怒情绪。例如,运动员在比赛中,为了使本方获得胜利而故意侵犯对方队员。

敌意性攻击是以伤害对手为直接目的的攻击性行为。这种行为的主要目的就是伤害他人,使人遭受痛苦,攻击者常伴有愤怒情绪。敌意性攻击的典型例子是报复性攻击,例如,一个人受到侮辱后产生强烈的愤怒而诱发的攻击性行为。

工具性攻击和敌意性攻击的主要区别在于,前者不伴有愤怒情绪,后者伴有愤怒情绪。因此,可以从情绪表现来判别。但是,最准确的判别还是攻击者本人对自己真实意图的说明。例如,如果铲人的目的是希望将球铲掉,从而遏制对方的攻势,则属于工具性攻击;但如果铲球的目的是报复刚才他人的一个粗野动作,则属于敌意性攻击。

攻击性行为容易和果敢行为相混淆。果敢行为是指没有伤害他人意图,为赢得胜利而不顾受伤或伤人的危险,全力以赴、积极拼抢的行为。在体育运动中,果敢行为应当得到鼓励,而任何的攻击性行为都是违反职业道德的不正当行为,必须加以严厉禁止。

工具性攻击、敌意性攻击和果敢行为之间的关系如图 11-4 所示。在工具性攻击、敌意性攻击和果敢行为之间存在着交叉,即存在着模棱两可的领域,这为裁判员的工作带来了困难。比赛中一些有争议的判罚往往出现在模棱两可的区域内。

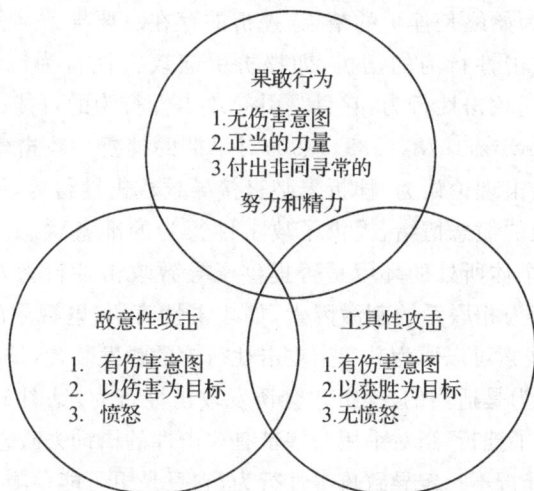

图 11-4 工具性攻击、敌意性攻击和果敢行为之间的交叉

三、攻击性行为产生的原因

对攻击性行为产生的原因,主要有三种理论解释:本能理论、挫折—攻击理论和社会学习理论。

(一)本能理论

用本能理论来解释攻击性行为的代表人物是精神分析学派的创始人弗洛伊德。弗洛伊德(Frued,1950)认为,攻击与饥饿、口渴、性欲等类似,是人类与生俱来的内部驱力。这种内部驱力是天生的、本能的,虽然它不可避免,但可以通过合理释放或需求满足等途径得到控制。人类的暴力、残害等各种攻击性行为,就是这种天生的、内部的攻击本能的宣泄。

本能理论认为,运动员的攻击性行为源于他们的攻击本能,比赛中的攻击性行为使运动员合理地宣泄了被压抑的攻击本能。由于人类具有攻击的本能,所以就促进了体育运动和比赛,体育运动和比赛也为攻击性行为提供了一个可以被社会接受的发泄能量的场所。按照这个观点,如果一个运动员有很强的攻击内驱力,参加了运动就可以降低这种驱力,因为他有机会发泄攻击性冲动。

对本能理论,不少心理学家提出了质疑。70年代以来的许多研究表明,运动员攻击性行为的成功会增强攻击性,而并没有发泄的效应;观众观看的运动比赛越富有攻击性,其产生攻击性的可能性越大。因此,用本能理论来解释人的攻击性行为是片面的,该理论只考虑了人的本能因素,而完全忽视了人的社会因素。

(二)挫折—攻击理论

最早的挫折—攻击理论是由美国心理学家多拉德等人(Dollard,1939)提出来的。他们认为,攻击性行为始终是挫折的结果,挫折的存在总要导致某种形式的攻击。多拉德等人将挫折视为攻击性行为的动机,即挫折引起攻击性行为。但是,有许多研究发现,挫折并不一定引起攻击性行为,它只是引起攻击性行为的可能因素之一。

贝克威茨(Berkowitz,1978,1989,1990)对早期的挫折—攻击理论进行了修改和完善。修正的挫折—攻击理论认为,挫折未必直接导致攻击性行为,挫折只是提高了人的唤醒水平或增加了人的愤怒情绪,提供了攻击性行为的准备状态。人是否会表现出攻击性行为,关键要看个体所处的环境是否提供了导致攻击性行为发生的有关线索。这些线索是与攻击性行为相联系的刺激因素,如攻击性言语、电视中的暴力画面等。个体在受到挫折时,这些线索可以成为其产生攻击性行为的触发装置,只有当这些线索显示在该情境下的攻击性行为是适当的,挫折才会诱发攻击性行为,见图11-5。例如,一个篮球运动员在比赛中遭受了挫折,当对手用一些带有攻击性的语词去激怒他时,才会诱发他的攻击性行为。因此,挫折不一定导致攻击性行为,它只是更可能预测到攻击性行为。

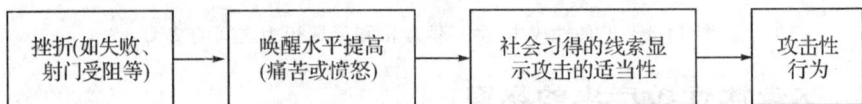

| 挫折(如失败、射门受阻等) | → | 唤醒水平提高(痛苦或愤怒) | → | 社会习得的线索显示攻击的适当性 | → | 攻击性行为 |

图 11-5　修正的挫折—攻击理论

修正的挫折—攻击理论结合了传统的挫折—攻击理论与社会学习理论的精华,并注意到了人与环境的交互作用。从该理论的观点来看,要减少运动中的攻击性行为,应尽可能减少或避免挫折情境下的刺激因素。教练员应该及时发现导致运动员攻击性行为产生的负性刺激,当运动员遭受挫折产生愤怒情绪时,应将运动员带离赛场,并尽快让他们平静下来。

（三）社会学习理论

以班杜拉(Bandura,1973)为代表的社会学习理论认为,个体包括攻击性行为在内的一切社会行为都是学习的结果。攻击性行为是个体在与环境的相互作用过程中,通过观察、模仿而习得的。

班杜拉用实验证明了攻击性行为是可以通过观察、模仿而获得的。他在实验中先让儿童观看成人玩充气的塑料娃娃,然后让儿童单独玩这些娃娃,以观察他们的行为表现。一组儿童(实验组)观看的是,成人玩娃娃时采取攻击性行为,如拳打、脚踢、口骂等;另一组儿童(控制组)观看的是,成人平静地、毫无攻击性行为地玩同样的充气娃娃。当两组儿童单独玩这些娃娃时,实验组儿童的攻击性行为比控制组多12倍以上(见表11-6),说明攻击性行为是后天习得的。

表 11-6   儿童目睹攻击性行为后的行为表现

实验条件	攻击性行为总量(得分)	
	有形的(打)	言语的(骂)
暴力模式(实验组)	12.73	8.18
平静模式(控制组)	1.05	0.35

Smith(1980)的研究指出,冰球比赛中的攻击性行为是模仿的结果,年轻运动员通过观看电视或现实中职业运动员的攻击性行为而学会如何进行攻击。考克斯(Cox,2002)认为,冰球比赛中的攻击性行为来自于对榜样的学习。

社会学习理论得到了许多研究的支持,它强调榜样对攻击性行为的重要作用。因此,从该理论的观点来看,要减少运动中的攻击性行为,应该加强职业道德教育,强化行业规范,防止不良榜样的负面影响。

四、与攻击性行为有关的因素

赛场上,有哪些因素与运动员的攻击性行为有关?美国学者考克斯(Cox,2002)提出了以下6大因素。

（一）环境温度

环境温度与攻击性行为之间存在一定的关系。

一种观点认为两者之间呈线性关系,温度越高,运动员的攻击性越强。人们通过观察发现运动攻击性行为常常发生在闷热潮湿、烟雾弥漫,且通气不良的球场环境条件下。对棒球投手攻击性行为的观察结果支持了这一观点。

另一种观点(Baron,1977)认为环境温度和攻击性行为之间的关系应是曲线关系,太高或太低的温度使攻击性行为发生的可能性均很低,这是因为这两种情况难以使人产生攻击所需要的唤醒水平。

(二)对受害意图的感知

如果运动员主观上感到对手企图伤害他们,他们更倾向于"以牙还牙",主动采取攻击性行动。攻击性强的运动员更倾向于将对手偶然的行为感知为攻击的企图,而有可能忽视对比赛的胜败和竞争的关注。

(三)害怕报复

在某种程度上,担心遭到对手报复的运动员更可能会阻止自己主动采取攻击性行动。如果一名篮球运动员担心遭到对方的报复性攻击,这名运动员就不大可能用胳膊肘袭击对方的肋骨。然而,这种对对手"具有相同"反击能力的敬重,也有可能很快地发展成公开的攻击和反攻击。

(四)比赛的结构

1.分数差距

随着比赛分数差距的拉大,落后方更具攻击性。当双方比分非常接近或持平时,几乎不会发生攻击性行为。在重大比赛中,对攻击性行为的处罚非常严厉,以至于队员、教练和球队管理人员都尽量避免采取过激行为,双方队员都较为自制,这时较少有攻击性行为。

2.主场比赛或客场比赛

主队或客队的攻击性行为可能取决于攻击的性质和比赛的项目。足球队在客场比赛时,更具攻击性;而对于冰球队来说,主客队具有同样程度的攻击性。

3.比赛的结果

输球的球队比赢球的球队更具攻击性。这可用挫折—攻击理论来解释,负方产生了较多的挫折心理,因此容易发生攻击性行为。

4.联赛排名

球队排名越靠后,该队球员更易表现攻击性行为。排名最前的球队最不易表现攻击性行为。

5.比赛的阶段

随着比赛的进行,攻击性行为增加。在比赛的第一个阶段,所发生的攻击性行为最少。有人(Cullen,1975)曾研究了冰球比赛的过程,当运动员进入比赛后期时,由于攻击性行为而受判罚的次数直线上升。还有研究指出,输队在比赛的中间最有可能发生攻击性行为,而赢队在比赛的末期最容易发生攻击性行为。

(五)竞争、相互熟悉和比赛次数

职业冰球赛中,在地区内各冰球队之间的比赛中,运动员发生较多的攻击性行为;

而在地区之间各冰球队之间的比赛中,运动员的攻击性行为相对少。参加地区内比赛的球队由于地理位置近和较为频繁的比赛,相互较为熟悉,因此竞争激烈。相反,在地区之间的比赛中,由于各队来自不同的地区,加上相互之间比赛次数不多,各队队员相互不熟悉,因此,队员不太紧张,竞争不很激烈。随着比赛次数增多,各队队员相互逐渐熟知,竞争愈来愈激烈,队员也更多地表现出攻击性行为。

（六）目标定向

自我目标定向(看重社会比较和获胜)的运动员,更倾向于认为比赛中的攻击性行为是合理的,是比赛的一个组成部分。随着运动员自我定向的增长,他们对规则的遵守和对体育官员的尊重却在逐渐减少。与此相反,高度的任务目标定向与良好的运动员风度密切相关。

五、减少运动员攻击性行为的策略

国际运动心理学会指出,减少运动员的攻击性行为,是运动员、教练员、竞赛管理者和大众媒体的共同责任。美国学者考克斯(Cox,2002)提出了以下一些减少运动员攻击性行为的建议。

（1）应该给年轻的运动员树立非攻击性的榜样。

（2）参与攻击的运动员必须受到严厉的惩罚。

（3）参与攻击的运动员所受到的惩罚必须超过他从攻击中获得的好处。

（4）允许甚至鼓励运动员参与攻击的教练员必须受到处罚,审查、暂停甚至取消其执教资格。

（5）应该消除那些在比赛场上可能激起敌意性攻击的外部刺激。

（6）应当鼓励教练员和有关人员参加如何处理和应对运动员攻击性行为的职后培训。

（7）应当鼓励那些在火药味浓重的比赛中表现出克制和耐心的运动员。

（8）教会运动员在实践中使用约束攻击性行为的策略和技巧。

（9）教练员和领队要鼓励运动员在赛前、赛后与对手相互交往,增进友谊。

本章小结

1.观众效应是指有观众在场时运动员的运动表现会发生变化的现象。观众在场引起运动员操作成绩提高的现象称为社会促进,而观众在场引起运动员操作成绩下降的现象称为社会干扰。

2.特里普利特(Triplett)在 1897 年进行的一项关于自行车运动员的研究开创了社会促进研究的先河。

3. 扎恩克的社会促进模型指出：观众在场会提高人的唤醒水平或兴奋程度，唤醒或内驱力会加强任何一种优势反应。

4. 观众效应的产生受到两方面因素的影响，即运动员的个人因素和观众因素。个人因素包括运动员的人格特质、运动水平、年龄和性别等，观众因素包括观众的类型、数量、位置和评价等。

5. 主场优势，也称主场效应，指在主客场制的运动比赛中，主场获胜的比例超过50%的现象。

6. 影响主场优势的因素有观众因素、环境因素、旅行因素、裁判因素、运动员的心理状态和运动员的行为等。

7. 运动中的攻击性行为是指有意识地使他人身体和心理受到伤害的行为。极端的、严重的攻击性行为就是暴力。

8. 根据攻击目的的不同，可以将攻击性行为分为工具性攻击和敌意性攻击两大类。工具性攻击是为了实现某些外在目的而采取的攻击性行为。敌意性攻击是以伤害对手为直接目的的攻击性行为。

9. 本能理论认为，攻击是人类与生俱来的内部驱力，攻击性行为是这种天生的、内部的攻击本能的宣泄。

10. 修正的挫折—攻击理论认为，挫折只是提高了人的唤醒水平或增加了人的愤怒情绪，提供了攻击性行为的准备状态。攻击性行为的实际发生，必须有某些与攻击相联系的线索。

11. 社会学习理论认为，攻击性行为是个体在与环境的相互作用过程中，通过观察、模仿而习得的。

12. 与攻击性行为有关的因素有环境温度，对受害意图的感知，害怕报复，比赛的结构，竞争、相互熟悉和比赛次数，目标定向等。

思考题

1. 分析影响观众效应的因素。
2. 你如何看待主场优势？
3. 阐述解释运动员攻击性行为产生的理论。

第五编　实验（实训）

实验(实训)编共 1 章。第十二章重点介绍了 10 个常见的运动心理学实验,列举了 8 个常用的运动心理学量表。这一编内容可以结合前面四编中的相关内容进行实验教学,也可以结合相关的主题进行问卷调查,培养学生理论联系实际的综合运用能力。

第十二章 运动心理实验和心理量表

第一节 运动心理学实验指导

实验 1 简单反应时实验

[目的]

本实验的目的是测量简单反应时,掌握测定简单反应时的方法。

[原理]

从刺激呈现到反应开始之间的时间间隔叫反应时,或反应的潜伏期。如果呈现的刺激只有一个,要求被试所做的反应也是一个,并且两者都是固定不变的,在这种条件下测得的反应时叫做简单反应时。简单反应也称为 a 反应。影响简单反应时的因素很多,如刺激的强度、接受刺激的器官、练习程度和被试的准备状态等。

[器材]

多项反应时测定仪(BD－Ⅱ－509A)。

[方法与步骤]

1.被试分组:以 4～5 人为一组。

2.主试说明实验要求

主试从 4 种刺激(红光、黄光、绿光、声音)中选择一种作为呈现刺激,被试松开相应反应键。主试给出预备信号后,被试要先按下反应键,看到或听到呈现刺激后,松开按键。如在预备时间内没有按下反应键,即为错误。

3.主试按下〈简单〉键,实验开始。

4.实验 10 次(每次预备间隔时间不同)后,自行停止。

5.主试打印数据或查看数据并记录成绩。

6.主试选择另一种呈现刺激,重复实验。

[分析与评价]

计算每个被试对 10 次光刺激反应的平均反应时。

表 12-1　不同刺激的简单反应时

刺激	1	2	3	4	5	6	7	8	9	10	平均反应时
红光											
黄光											
绿光											
声音											

[思考]

1.什么是简单反应时？列举体育运动中的简单反应。

2.影响简单反应时的因素有哪些？

3.收集其他被试的实验结果,比较简单反应时是否存在个体差异。

实验 2　选择反应时实验

[目的]

本实验的目的是测量选择反应时,掌握测定选择反应时的方法。

[原理]

选择反应时指的是呈现的刺激不止一个,对每个刺激都要求被试做一个不同的反应,但哪一次出现哪个刺激被试事先是不知道的。在做这种实验时,被试既要辨别当前出现的是哪个刺激,也要根据出现的刺激选择事先规定的反应。选择反应也称为 b 反应。

[器材]

多项反应时测定仪(BD—Ⅱ—509A)。

[方法与步骤]

1.被试分组:以 4～5 人为一组。

2.预备实验

被试右手握绿光键,左手握黄光键,用脚尖控制红光键。被试练习摁键,以掌握用力大小。主试说明实验要求:注意彩色光源灯,灯下面有预备信号灯,实验时先亮预备灯,后亮彩色灯。等待彩色灯出现,当看见红光(或绿、黄)时,迅速按下对应颜色键,如出现错误,蜂鸣器会发出长音,被试应立即改正,如此往复,共做 30 次。

3.正式实验

(1)主试按下〈选择〉键,提示被试实验开始。

(2)被试见到灯光后立即做出反应,反复 30 次,实验结束。

(3)主试打印数据或查看数据并记录成绩。

(4)按〈复位键〉,清除数据。

[分析与评价]

1．计算每个被试的平均选择反应时。

2．计算每个被试右手、左手和脚的平均选择反应时。

[思考]

1．什么是选择反应时？选择反应时是否受反应手的影响。

2．怎样运用简单反应时的结果计算被试在选择反应时实验中辨别和选择的时间？

实验 3　辨别反应时实验

[目的]

本实验的目的是测量辨别反应时，掌握测定辨别反应时的方法。

[原理]

辨别反应时指的是呈现的刺激不止一个，但要求被试只对其中一个刺激作一个固定的反应，而对其他刺激则不反应。这种反应只需要辨别刺激，即辨别所呈现的是不是要求他反应的那个刺激，而不需要去选择哪个反应是适当的。辨别反应也称为 c 反应。

[器材]

多项反应时测定仪（BD－Ⅱ－509A）。

[方法与步骤]

1．被试分组：以 4～5 人为一组。

2．预备实验

被试右手握绿光键，左手握黄光键，用脚尖控制红光键。被试练习摁键，以掌握用力大小。主试说明实验要求（主试选择一种光作为被试正确反应的光，被试只能对该彩色光作出反应，即看到该颜色光，迅速按下对应颜色键。对其他颜色的光不做反应，如有反应就是错误，共做 30 次。）

3．正式实验

(1)主试按下〈辨别〉键，提示被试实验开始。

(2)被试见到灯光后立即做出反应，反复 30 次，实验结束。

(3)主试打印数据或查看数据并记录成绩。

(4)按〈复位键〉，清除数据。

[分析与评价]

计算每个被试的平均辨别反应时。

[思考]

1．什么是辨别反应时？简单反应时、选择反应时和辨别反应时的区别是什么？

2．怎样运用简单反应时的结果，计算被试在辨别反应时实验中辨别刺激所需要的时间？

3.怎样运用辨别反应时的结果,计算被试在选择反应时实验中选择反应所需要的时间?

实验 4　操作思维测验

[目的]

本实验的目的是测定操作思维的准备性和敏捷性。

[原理]

操作思维是伴随操作活动的思维,思维和操作密不可分,两者相辅相成。日常生活和工作中的绘画、弹琴、驾驶、体育运动等都离不开操作思维。操作思维中有形象思维和抽象逻辑思维的成分参与,有过去的知识经验作为中介,有明确的自我意识(思维的批判性)的作用。运动员掌握、表现运动技能,都需要发达的操作思维作为认识基础。

[器材]

五格盘和三个标有 1、2、3 的筹码。

[方法与步骤]

1.被试分组:以 4～5 人为一组。

2.给被试呈现第一次实验的五格盘、筹码。

3.指导语:这里有三个筹码,开始的摆法不一,每次你都要以最短的时间、最少的步数,按照最终位置的形式把三个筹码对号摆在五格盘 1、2、3 的位置。每次上下或左右移动筹码一格,不能斜向移动或跳格移动,一个格子只能放一个筹码。共做三次。

4.按照测试规定的三个筹码三种不同的起始摆法,要求被试各做一次。每次记下所走的步数和所用的时间。

3 种起始摆法如下:

3	2	
	1	

3	1	
	2	

3	2	1

最终摆法如下:

1	2	3

[分析与评价]

在表 12-2 中分别记录三次所用的时间和步数,并计算平均数。

表 12-2　操作性思维测验的结果

次数	所用步数/步	所用时间/秒
1		
2		
3		
平均数		

[思考]

1.什么是操作性思维？结合体育运动实践举例说明。

2.分析操作思维能力在体育运动中的作用。

实验 5　棒框仪测验

[目的]

掌握棒框仪的测量方法,学习怎样使用棒框仪测验来定义个体的不同认知方式——场独立性和场依存性。

[原理]

以外线索为主进行垂直判断者,称为依存于场者或场依存性大者。以自身为参照点的,即偏向于以内在线索为主进行垂直判断者,称为独立于场者或场依存性小者。

[器材]

棒框仪(BD－Ⅱ－503)

[方法与步骤]

1.被试分组:以 4～5 人为一组。

2.被试坐在仪器的正面,面对有棒框图形面,伸出右手能操纵棒调节旋钮。

3.练习棒调整旋钮的操作,旋转棒调整旋钮,使棒垂直于地平面。

4.按照主试的实验指导语完成实验。

指导语:这是一个调整小棒方向的实验。你紧贴着这个观察孔往里看,就会看到里面有一个方框,框里有一根小棒。你调这个旋钮小棒就能转动。现在请你把那根棒调得与地面垂直。调好后眼睛就离开观察孔,不要再往里看,等待下一次实验。每次都是我喊"开始",你就开始往里看,并将那根小棒调到与地面垂直的方向。

5.按顺时针和逆时针方向,框的每种倾斜角度做 2 次实验,框共有 15 种倾斜角度。

[分析与评价]

1.按表 12-3 计算每个被试在框的各种倾斜度时,调整棒的平均误差数。

表 12－3　棒的平均误差数

框倾斜度	3°	6°	9°	12°	15°	18°	21°	24°	27°	30°	33°	36°	39°	42°	45°	平均误差
顺时针																
逆时针																
平均误差																

2.以框的倾斜度为横坐标,以被试调节棒的平均误差数为纵坐标,绘制棒框测验的曲线图。

[思考]

1.比较框在不同倾斜度时棒的平均误差大小,根据自己的实验结果,看哪个倾斜度的平均误差数较大,并与全班平均实验结果进行比较。

2.根据本实验结果,并结合平时自己的认知方式特点,分析自己是属于场独立性还是场依存性的。

3.收集全班被试的实验结果,试着分析棒框仪测验成绩和某项运动技能学习成绩之间的关系。

实验 6　脚踏频率实验

[目的]

本实验的目的是测量被试在单位时间里的脚踏次数,及测定被试脚踏的坚持性和疲劳消失的速度,探讨这项素质指标对运动员科学选材的意义。

[原理]

脚踏频率是指在单位时间内脚踏的次数。以次数多少为评价频率的指标,如果次数多,说明频率快。

[器材]

脚踏频率测试仪(BD-Ⅱ-311)

[方法与步骤]

1.被试分组:以 4~5 人为一组。

2.被试正坐,双脚放在脚踏板上。测试开始时,被试要尽快地将双脚起抬下落。

3.测定脚踏频率:主试设定"定时时间",按"启动"键测试开始,仪器将记录被试脚踏的次数。通常测定脚踏频率时,定时时间设定为 10~20 秒。

4.测定脚踏坚持性:连续尽快地脚踏一定时间(如 2 分钟),记录下每一个时间段(如 15 秒)的脚踏次数。

5.测定脚踏稳定性及休息后疲劳消失速度:定时计时计数器有一个专为实验设计的特定 3 分钟定时,主试将定时器定时方式调到"99 分 59 秒"。主试按"启动"键,被试开始连续脚踏 1 分钟;听到声响后暂停,休息片刻;到了 1 分 58 秒给出预备信号,被试准备;到 2 分钟发出开始声响,被试继续脚踏;到 3 分钟蜂鸣器发出声音,记数停止。

注意点:测试时被试脚必须抬起一定幅度,否则将不以计数。

[分析与评价]

1.你的脚踏频率＝＿＿＿＿＿＿次/秒。

2.脚踏坚持性实验中,记录被试每 15 秒时间段的脚踏次数。并绘出以时间段为横坐标和以脚踏次数为纵坐标的关系图。

3.脚踏稳定性和休息后疲劳消失的速度:分析 2 分钟总计数和四段实验数据,即前 1 分钟的前后 30 秒和后 1 分钟的前后 30 秒脚踏次数。

[思考]

1.脚踏频率指标,对速度型体育项目在选材和训练上有什么指导作用?

2.检验脚踏频率是否存在性别和运动项目差异?

实验 7 运动技能学习实验

[目的]

本实验的目的是学习用镜画仪来研究运动技能学习的问题,检验运动技能的学习过程。

[原理]

通过练习而形成的完成某种任务的动作方式称为运动技能。运动技能学习的过程表现出以下的一些特征:一系列局部的动作联合成为一个完整的动作系统,多余动作和紧张状态的消失,视觉控制作用的减弱和动觉控制作用的增强,实现行动方式的灵活性提高。运动技能学习的过程可以通过练习曲线表示出来。

[器材]

镜画仪。

[方法与步骤]

1.被试分组:以 4～5 人为一组。

2.令被试面对镜子正坐。主试将星形图案纸放在镜前,调节遮眼板,使被试不能直接看见图形,只能在镜中看见。

3.被试用优势手执笔,笔尖放在星形图案的起点处,做好准备。主试发令"开始",被试立即动作,按图中箭头所示方向,顺着星形图的双线中央,尽快地画一圈,直至回到原起点时为止,这算练习一次。执笔移动时要尽量又快又准。

4.被试所画的线如果触及了星形图案中双线的边际时,就会触发出响声,这就算犯一次错误;如果倒退一次也算一次错误。用计数器累计每次练习中所产生的错误动作的次数。

5.被试共练习 12 次。

[分析与评价]

1.以练习次数为横坐标,以被试每完成一次练习所需时间为纵坐标,绘制运动技能练习曲线。

2.以练习次数为横坐标,以被试每完成一次练习所犯错误次数为纵坐标,绘制运动技能练习曲线。

[思考]

1.什么是练习曲线?

2.从镜画学习的实验结果分析运动技能学习过程的一些特点。

实验 8　运动技能交叉迁移实验

[目的]

本实验的目的是比较用优势手学习镜画对非优势手的迁移效果,学习用前后测验法的实验设计来探讨运动技能交叉迁移的效果。

[原理]

当我们学会用某一侧的手或脚操作一项运动技能时,就很容易学会用另一侧的手或脚来操作这项技能,这种现象称为两侧迁移,或交叉迁移。认知论认为,交叉迁移产生的基础是获得共有的认知信息。动作控制论认为,动作的执行是由程序控制来完成的,通过一侧肢体练习获得的完成一类动作的一般运动程序,可以用于另一侧的相同技能操作,从而表现出交叉迁移的效果。

[器材]

镜画仪。

[方法与步骤]

1.将全班同学随机分成两组,一组为实验组,另一组为控制组。

2.令被试面对镜子正坐。主试将图案纸放在镜前,调节遮眼板,使被试不能直接看见图形,只能在镜中看见。

3.实验指导语。

实验组指导语:这是一个对着镜子描画的实验,你看着镜子里的图形,先用非优势手执笔,从起始位开始,顺时针沿着图形的轨迹移动,直至走完一圈,回到起始位。然后再用优势手执笔,按以上方法走 10 遍。最后再用非优势手执笔,按以上方法走一遍。执笔移动时要尽量又快又准。

控制组指导语:这是一个对着镜子描画的实验,你看着镜子里的图形,先用非优势手执笔,从起始位开始,顺时针沿着图形的轨迹移动,直至走完一圈,回到起始位。然后休息 15 分钟。再用非优势手执笔,按以上方法走一遍。执笔移动时要尽量又快又准。

4.被试明确实验方法后,即可实验。主试记录被试每次作业所用时间和出错次数,并按"复位"键,显示归零,为下一遍操作做好准备,直至 12 遍操作结束。

[分析与评价]

1.记录每个被试用用非优势手执笔的前测、后测的时间和错误次数。

2.按表 12-4 计算实验组和控制组用非优势手执笔的前测、后测的平均时间和平均错误次数。

3.计算优势手练习镜画对非优势手的迁移效果。

表 12-4　优势手练习镜画对非优势手的迁移效果

组别和指标	实验组		控制组	
	时间/s	错误次数	时间/s	错误次数
前测(1)				
后测(2)				
[(1)−(2)]/(1)×100				
迁移效果			/	/

[思考]

1.分析影响运动技能交叉迁移的原因。

2.本实验的实验组和控制组的前测平均时间是否相同？若不同,对计算迁移效果有无影响？

实验 9　注意分配实验

[目的]

本实验的目的是学习计算注意分配值的大小,测量被试同时进行两项工作的能力。

[原理]

注意分配是指人在同一时间内把注意指向两种或两种以上的活动或对象的能力。注意分配的水平,依赖于同时进行的几种活动的性质、复杂程度和个体的熟练程度。通常同时进行的几种活动之间存在着内在联系、处于邻近空间内、复杂程度低和个体熟练程度高时利于注意分配,否则注意难于分配。

[器材]

注意分配实验仪(BD−Ⅱ−314)。

[方法与步骤]

1.被试分组:以 4~5 人为一组。

2.按〈定时〉键设定工作时间。

3.按〈方式〉键设定工作方式。

4.检测(试音、试光):主试设定方式"0",按〈启动〉键,开始"自检",被试分别按压三个声音按键,细心辨别三种不同音调;分别按压 8 个光按键,对应发光二极管亮。每按下一键,数码管相应显示一组数值。检测仪器是否正常。

5.注意分配实验:主试设定方式"1−7"。

(1)被试按启动键,工作指示灯亮,测试开始;

(2)声反应。

方式 1:出声后,被试依声调用左手食指和中指分别对高、中二种声音尽快正确反应;

方式 2:出声后,被试依声调用左手食指、中指、无名指分别对高、中、低三种声音尽快正确反应;

(3)光反应(方式 3):出光后,被试者用右手食指尽快按下与所亮发光管相对应的按键;

(4)声与光同时反应(方式 4 或方式 5):左右手依上述方法同时反应;

(5)当工作指示灯灭,表示规定测试时间到;

(6)测试过程中,将实时显示正确或错误次数。显示正确次数,相应"正确"指示灯亮;显示错误次数,相应"错误"指示灯亮。声光组合实验,显示正确或错误次数时,用小数点以示区别,光的显示方式有小数点,而声的没有小数点。

6.查看被试测试成绩。

每次实验完成后,按〈次数〉及〈方式〉键,可查看被试测试成绩。

7.每组实验完成后,重新开始,必须按〈复位〉键。

[分析与评价]

1.在表 12-5 中记录正确反应次数。

表 12-5　正确反应次数

实验时间定时:_____分钟	实验时间定时:_____分钟
S_1	S_1
F_1	F_1
S_2	S_2
F_2	F_2
Q	Q

2.计算每个被试的注意分配量。

注意分配量 Q 的计算方法:$Q=(S_2/S_1 \times F_2/F_1)^{1/2}$

其中:S_1 为被试对单独声刺激的正确反应次数;

F_1 为被试对单独光刺激的正确反应次数;

S_2 为声光刺激同时出现时被试对声刺激的正确反应次数;

F_2 为声光刺激同时出现时被试对光刺激的正确反应次数。

Q 值的判定:

$Q<0.5$ 没有注意分配值;

$0.5 \leqslant Q < 1.0$ 有注意分配值;

$Q=1.0$ 注意分配值最大;

$Q>1.0$ 注意分配值无效。

[思考]

1.影响注意分配的因素有哪些?

2.哪些运动项目对注意分配能力要求较高?

实验 10　动作稳定性实验

[目的]

本实验的目的是学会测定手臂动作稳定性的方法,也可以间接测定情绪的稳定程度。了解动作稳定性在技能形成过程中的作用。

[原理]

手臂肌肉的稳定性是保证动作完成的条件。

[器材]

动作稳定器(BD－Ⅱ－304A)。

[方法与步骤]

1.被试分组:以 4～5 人为一组。

2.九洞测试。

被试手握测试针,悬肘,悬腕,将金属针垂直插入最大直径的洞内直至中隔板,灯亮后再将棒拔出。然后按大小顺序重复以上动作。插入和拔出金属针时,均不允许接触洞的边缘,一经接触蜂鸣器即发出声音,表示试验失败,只有在插入和拔出时皆未碰边才算通过。共练习 10 次。

[分析与评价]

1.在表 12-6 中计算被试每次练习的手臂动作稳定性(以通过最小洞的直径之倒数作为被试手臂稳定性指标)。

2.列图说明随着练习次数的增加,动作稳定性的变化情况。

表 12-6　动作稳定性测定结果

练习次数	1	2	3	4	5	6	7	8	9	10
最小洞直径										
稳定性										

[思考]

1.动作稳定性和练习次数之间存在着什么关系?

2.从本实验结果分析影响动作稳定性的因素。

第二节　运动心理学常用量表

量表 1　气质类型测验

[指导语]

下面 60 题可以帮助你大致确定自己的气质类型。在回答这些问题时,你认为很符合自己情况的记 2 分,比较符合的记 1 分,介于符合与不符合之间的记 0 分,比较不符合的记－1 分,完全不符合的记－2 分。

很符合	比较符合	介于中间	比较不符合	完全不符合
2	1	0	－1	－2

1. 做事力求稳妥,不做无把握的事。
2. 遇到可气的事就怒不可遏,想把心里话全说出来才痛快。
3. 宁肯一个人干事,不愿很多人在一起。
4. 到一个新环境很快就能适应。
5. 厌恶那些强烈的刺激,如尖叫、噪音、危险镜头等。
6. 和人争吵时,总是先发制人、喜欢挑衅。
7. 喜欢安静的环境。
8. 善于和人交往。
9. 羡慕那种善于克制自己感情的人。
10. 生活有规律,很少违反作息制度。
11. 在多数情况下情绪是乐观的。
12. 碰到陌生人觉得很拘束。
13. 遇到令人气愤的事,能很好地自我克制。
14. 做事总是有旺盛的精力。
15. 遇到问题常常举棋不定,优柔寡断。
16. 在人群中从不觉得过分拘束。
17. 情绪高昂时,觉得干什么都有趣;情绪低落时,又觉得干什么都没有意思。
18. 当注意力集中于一事物时,别的事物很难使我分心。
19. 理解问题总比别人快。
20. 碰到危险情景时,常有一种极度恐怖感。
21. 对学习、工作、事业怀有很高的热情。
22. 能够长时间做枯燥、单调的工作。
23. 符合兴趣的事情,干起来劲头十足,否则就不想干。
24. 一点小事就能引起情绪波动。
25. 讨厌做那种需要耐心、细致的工作。
26. 与人交往不卑不亢。
27. 喜欢参加热烈的活动。
28. 喜欢感情细腻、描写人物内心活动的文学作品。
29. 工作学习时间长了,常感到疲倦。
30. 不喜欢长时间谈论一个问题,愿意实际动手干。

31.宁愿侃侃而谈,不愿窃窃私语。

32.别人说我总是闷闷不乐。

33.理解问题常比别人慢些。

34.疲倦时只需短暂休息就能精神抖擞,重新投入工作。

35.心理有话,宁愿自己想,不愿说出来。

36.认准一个目标就希望尽快实现,不达目的,誓不罢休。

37.同样和别人学习、工作一段时间后,常比别人更疲倦。

38.做事有些莽撞,常常不考虑后果。

39.别人讲授新知识、技术时,总希望他讲慢些,多重复几遍。

40.能够很快地忘记那些不愉快的事情。

41.做作业或完成一件工作总比别人花的时间多。

42.喜欢运动量大的剧烈体育活动,或参加各种文艺活动。

43.不能很快地把注意力从一件事转移到另一件事上去。

44.接受一个任务后,就希望把它迅速解决。

45.认为墨守成规比冒风险强些。

46.能够同时注意几件事物。

47.当我烦闷的时候,别人很难使我高兴起来。

48.爱看情节起伏跌宕、激动人心的小说。

49.对工作抱认真严谨、始终一贯的态度。

50.和周围人们的关系总是相处不好。

51.喜欢复习学过的知识,重复做已经掌握的工作。

52.希望做变化大、花样多的工作。

53.小时候会背的诗歌,我似乎比别人记得更清楚。

54.别人说我"出语伤人",可我并不觉得这样。

55.在学习活动中,常因反应慢而落后。

56.反应敏捷,头脑机智。

57.喜欢有条理而不甚麻烦的工作。

58.兴奋的事常常使我失眠。

59.老师讲新概念,常常听不懂,但是弄懂以后就很难忘记。

60.假如工作枯燥无味,马上就会情绪低落。

[评分方法]

1.分别计算4种气质类型的得分。

胆汁质:2、6、9、14、17、21、27、31、36、38、42、48、50、54、58题得分相加;

多血质:4、8、11、16、19、23、25、29、34、40、44、46、52、56、60 题得分相加;

黏液质:1、7、10、13、18、22、26、30、33、39、43、45、49、55、57 题得分相加;

抑郁质:3、5、12、15、20、24、28、32、35、37、41、47、51、53、59 题得分相加。

2.气质类型的确定。

如果某种气质得分明显高出其他三种,均高出 4 分以上,则可定为该种气质;如果该种气质得分超过 20 分,则为典型型;如果该种气质得分在 10~20 分,则为一般型。

如果两种气质得分接近,其差低于 3 分,而且又明显高于其他两种,高出 4 分以上,则可定为两种气质的混合型。

如果三种气质得分均高于第四种,而且接近,则为三种气质的混合型。

大部分人属于一般型和两种类型的混合型。

量表 2 内外向人格测验

[指导语]

如果你认为题目内容符合自己的情况在"是"上划"√",不符合自己的情况在"否"上划"√",如果不能确定"是"或"否"的,可以不答,但这种答案尽量少选。

是 (否) 1.能独断独行。

(是) 否 2.快乐主义人生观。

是 (否) 3.喜静安闲。

(是) 否 4.对人十分信任。

是 (否) 5.筹思 5 年以后的事。

是 (否) 6.遇有集体活动愿在家不参加。

(是) 否 7.能在大庭广众中工作。

是 (否) 8.常做同样的工作。

(是) 否 9.觉得集会乐趣与个别交际无异。

是 (否) 10.三思而后决定。

(是) 否 11.不愿别人提示,而愿自出心裁。

是 (否) 12.喜欢安静而非热烈的娱乐。

是 (否) 13.工作时不愿人在旁观看。

(是) 否 14.厌弃呆板的职业。

是 (否) 15.宁愿节省而不愿耗费。

(是) 否 16.不常分析自己的思想和动机。

是 (否) 17.好作冥想、幻想。

(是) 否 18.自己擅长的工作愿意人在旁观看。

是 （否） 19.怒时不加抑制。
（是） 否 20.工作因人赞赏而改善。
（是） 否 21.喜欢兴奋紧张的劳动。
是 （否） 22.常回想自己。
（是） 否 23.愿做群众运动的领袖。
（是） 否 24.公开演说。
是 （否） 25.使梦想成为事实。
是 （否） 26.很讲究写应酬信。
（是） 否 27.做事粗糙。
是 （否） 28.深思熟虑。
（是） 否 29.能将强烈的情绪(喜、怒、悲)表现出来。
（是） 否 30.不拘小节。
是 （否） 31.对人十分小心。
是 （否） 32.与观点不同的人自由联络。
是 （否） 33.喜猜疑。
（是） 否 34.轻听人言,不假思索。
是 （否） 35.愿意读书,不愿做实际工作。
（是） 否 36.好读书不求甚解。
是 （否） 37.在群众中肃静无哗。
是 （否） 38.常写日记。
（是） 否 39.不得已而动作。
是 （否） 40.不愿回想自己。
是 （否） 41.工作有计划。
（是） 否 42.常变换工作。
是 （否） 43.对麻烦事情愿避免而不承担。
是 （否） 44.重视谣言。
（是） 否 45.信任别人。
是 （否） 46.非极熟悉的人不轻易信任。
（是） 否 47.愿研究别人而不研究自己。
是 （否） 48.放假期间愿找一安静地方而不喜欢热闹场所。
是 （否） 49.意见常变化而不固定。
是 （否） 50.任何说话场合均不愿参加。

[评分方法]

1.25 个题属于外向,25 个题属于内向。

2.回答带括号的代表外向,无括号的代表内向。

3.评分公式为:向性指数＝(外向性反应总数＋1/2 没有回答的总数)/25×100

4.向性指数大于 100,属于外向型性格;向性指数小于 100,属于内向型性格。

量表 3 竞技动机量表

[指导语]

这是了解您平常对于比赛看法的问卷。对于问卷中每一个条目的回答,无正确与错误之分。不要考虑怎样回答有好处,也不要考虑教练、老师等人对您的期待等。请根据自己的实际情况,对条目提出个人看法。对于问卷中的每一个条目,回答栏中列有四个回答,供您选择。现举例如下:

例题:我喜欢体育运动。A.很适合 B.大致适合 C.不太适合 D.很不适合

A、B、C、D 中哪一个回答和您的个人看法相近? 请在回答栏里选择一个最相近的回答。比如,不太喜欢体育运动的人就选择"C"。

很适合	大致适合	不太适合	很不适合
A	B	C	D

1.比赛的最大目的是看到自己运动能力(水平)的提高。 ………… A B C D

2.自己得到娱乐比争输赢更重要。 …………………………… A B C D

3.在体育运动中,获胜是最大的目的。 ………………………… A B C D

4.想要别人知道自己在所属运动队中的地位。 ……………… A B C D

5.比赛的目的是取得自己的最好成绩。 ……………………… A B C D

6.通过比赛知道自己的运动能力得到了提高,比任何事都值得高兴。

　…………………………………………………………… A B C D

7.从事体育运动本来就是为了娱乐。 ………………………… A B C D

8.在比赛中不获胜就没有意义。 ……………………………… A B C D

9.重要的是要有人以我而感到自豪。 ………………………… A B C D

10.练习和训练中,一次也没有失败过。 ……………………… A B C D

11.比赛的目的主要不在于和对手竞争,而在于向自己到底能够做到

　什么的可能性挑战。 ………………………………………… A B C D

12.在比赛中尽自己的最大努力。 ……………………………… A B C D

13.比赛非常快乐。 ……………………………………………… A B C D

14.运动员必须有对获胜的坚定追求。 ……………… A B C D

15.想要别人对自己的竞赛表现做出好的评价。 ……… A B C D

16.比赛的目标是把自己作为竞争对手来挑战。 ……… A B C D

17.把比赛作为检验自己能力的机会,积极参加比赛。 … A B C D

18.比赛时感受到的活力和兴奋,使人快乐。 ………… A B C D

19.在体育运动中,获胜比娱乐更有意义。 …………… A B C D

20.大多数的教练员都希望运动员在比赛中获胜。 …… A B C D

21.想使自己的比赛表现能够让教练、队友感到满意。 … A B C D

22.参加比赛是为了发挥较高水平。 …………………… A B C D

23.与娱乐体育活动相比,从事胜败分明的竞技运动更有干劲。 … A B C D

24.我参加比赛是为了学到高水平运动员的技能。 …… A B C D

25.获胜比公平比赛更重要。 …………………………… A B C D

26.只要尽到了最大的努力,即使输了也想得通。 …… A B C D

27.在比赛中重要的是完成好自己的任务。 …………… A B C D

28.很讨厌输。 …………………………………………… A B C D

29.比赛不过是单纯的玩耍而已。 ……………………… A B C D

30.大多数运动项目需要身体素质。 …………………… A B C D

31.期待着在比赛中检验自己的运动技能。 …………… A B C D

32.正因为在比赛中获了胜,我感到满足。 …………… A B C D

33.把自己的能力很好地发挥出来是非常重要的。 …… A B C D

34.输使我烦恼。 ………………………………………… A B C D

35.自己的竞赛表现使周围的人失望就糟糕了。 ……… A B C D

36.体育运动不仅仅是为了输赢。 ……………………… A B C D

37.体育运动的目的不是获胜,而是培养人。 ………… A B C D

38.过去完全没有不顺利的时候。 ……………………… A B C D

[评分方法]

A、B、C、D 按 4、3、2、1 记分。

反向记分条目为 3、8、10、19、25、29、38 题,按 A=1,B=2,C=3,D=4 记分。

社会认可分量表:15、35、28、34、4、9、32、21 题相加,分数越高,个体想要得到他人认可的愿望越强烈。

竞技水平提高分量表:1、22、24、33、5、6、27、16 题相加,分数越高,个体想通过比赛提高运动水平的愿望越强烈。

娱乐分量表:2、7、19、37、11、3 题相加,分数越高,个体在比赛中获得娱乐的愿望越强烈。

感性体验分量表:13、18、17、31、14、23 题相加,分数越高,个体在体验比赛中正性情绪的愿望越强烈。

努力取向分量表:29、25、36、12、8、26 题相加,分数越高,个体认真、努力比赛的意向越强烈。

测谎分数分量表:10、20、30、38 题相加,测谎分数为 9 分以上者的回答视为可接受的真实回答。

量表 4　运动表象问卷

[指导语]

以下句子是描述人们在进行比赛或训练时所想到的各种内容,请在右栏选择并用"O"圈上合适的数字,以代表平时您自己所想的相应内容的次数。"1"代表"从来没有","7"代表"总是这样","2"至"6"则表示介于"从来没有"和"总是这样"的不同次数,依次递增。答案无所谓对和错,请您按照平时真正所想的来做选择。谢谢您的合作。

从来没有……………………总是这样
1　2　3　4　5　6　7

1. 我想象观众为我的成绩而欢呼。……………………… 1　2　3　4　5　6　7
2. 当我想象一场比赛时,我感到自己非常兴奋。……… 1　2　3　4　5　6　7
3. 我能轻易地改变头脑中的技术动作。………………… 1　2　3　4　5　6　7
4. 我想象万一比赛原计划失败后所采用的新策略。…… 1　2　3　4　5　6　7
5. 我想象自己在困难的情况下,依然能控制形势。…… 1　2　3　4　5　6　7
6. 我想象其他选手祝贺我取得好成绩。………………… 1　2　3　4　5　6　7
7. 当我想象自己即将参加的比赛时,我感到焦虑。…… 1　2　3　4　5　6　7
8. 我可以在头脑中纠正技术动作。……………………… 1　2　3　4　5　6　7
9. 我在头脑中制定新计划或新策略。…………………… 1　2　3　4　5　6　7
10. 我想象自己在一个极具挑战性的情景中成为大家关注的焦点。
　　…………………………………………………………… 1　2　3　4　5　6　7
11. 我想象自己赢得奖牌。………………………………… 1　2　3　4　5　6　7
12. 我想象到比赛时兴奋的感觉。………………………… 1　2　3　4　5　6　7
13. 当我想到某个技术动作时,我通常能在头脑中很好地完成它。
　　…………………………………………………………… 1　2　3　4　5　6　7
14. 我想象比赛过程中的各个部分(如进攻或防守)。… 1　2　3　4　5　6　7
15. 我想象自己在一个艰苦的情况下成功完成比赛(如遇强手或交替得分时)。
　　…………………………………………………………… 1　2　3　4　5　6　7

16. 我想象领奖时的气氛。 …………………………………… 1 2 3 4 5 6 7

17. 我能重现以前比赛时所感受到的情绪体验。 ………… 1 2 3 4 5 6 7

18. 我能在头脑中稳定地控制技术动作。 ………………… 1 2 3 4 5 6 7

19. 我想象坚持自己的比赛计划,甚至在情况比较糟糕时也一样。

　　　　………………………………………………… 1 2 3 4 5 6 7

20. 我想象自己意志坚强。 ………………………………… 1 2 3 4 5 6 7

21. 我想象自己作为冠军在接受采访。 …………………… 1 2 3 4 5 6 7

22. 我想象到现实比赛中的压力和焦虑。 ………………… 1 2 3 4 5 6 7

23. 我在做某一动作前,我想象自己能很完美地完成动作。

　　　　………………………………………………… 1 2 3 4 5 6 7

24. 我想象在一场比赛中按自己的意愿完成整个比赛。 … 1 2 3 4 5 6 7

25. 我想象到自己 100% 地投入到一场比赛中。 ………… 1 2 3 4 5 6 7

26. 我想象赢得冠军时的气氛。 …………………………… 1 2 3 4 5 6 7

27. 我想象自己控制了比赛时的压力和兴奋,依然保持冷静。

　　　　………………………………………………… 1 2 3 4 5 6 7

28. 当我学习新动作时,我想象自己很好地完成这个动作。

　　　　………………………………………………… 1 2 3 4 5 6 7

29. 我想象自己能成功地按照自己的计划进行比赛。 …… 1 2 3 4 5 6 7

30. 我想象自己在对手前表现得非常自信。 ……………… 1 2 3 4 5 6 7

[评分方法]

共有 5 个分量表,每个分量表都有 6 个项目。每个分量表的所有项目所得分相加,就是该分量表的所得分数,分值在 6~42 之间。分值越高,说明频率越高;反之,则越低。

激发特殊动机的表象分量表:

1,6,11,16,21,26 题相加,分数越高,说明激发特殊动机的表象使用越多。

激发唤醒动机的表象分量表:

2,7,12,17,22,27 题相加,分数越高,说明激发唤醒动机的表象使用越多。

激发控制动机的表象分量表:

5,10,15,20,25,30 题相加,分数越高,说明激发控制动机的表象使用越多。

特殊认知的表象分量表:

3,8,13,18,23,28 题相加,分数越高,说明特殊认知的表象使用越多。

一般认知的表象分量表:

4,9,14,19,24,29 题相加,分数越高,说明一般认知的表象使用越多。

量表5 运动竞赛焦虑测验(SCAT)

[指导语]

按下列 15 个问题,请描述您参加运动竞赛时的自我感觉状态,其中每一题均有三个答案供选择。假如您选择的是"几乎没有"请在 A 上划"√"号;假如您选择的是"有时有"请在 B 上划"√";假如您选择的是"经常有"请在 C 上划"√"。您所回答的 A,B,C 并无对错之分,希望您不要对问卷解答花费太多时间,根据您当时的心理自我感觉作认真地回答。

	几乎没有	有时有	经常有
	A	B	C

1. 我与竞争对手竞争时快乐。 …………………………………………… A B C
2. 我在赛前会感到不安。 …………………………………………………… A B C
3. 我在赛前因担心而无法好好参赛。 …………………………………… A B C
4. 我在比赛时是一名很好的运动员。 …………………………………… A B C
5. 我在竞赛时会担心失误。 ……………………………………………… A B C
6. 我在比赛前不慌不忙。 …………………………………………………… A B C
7. 参加比赛制定目标极为重要。 ………………………………………… A B C
8. 我在比赛前有反胃感觉。 ……………………………………………… A B C
9. 赛前我发现心脏跳得比来时快。 ……………………………………… A B C
10. 我喜欢身体能量的比赛。 ……………………………………………… A B C
11. 赛前我感觉放松。 ………………………………………………………… A B C
12. 赛前我会变成神经质。 ………………………………………………… A B C
13. 集体运动项目比个人项目使我更兴奋。 …………………………… A B C
14. 我很神经敏锐地等待比赛的开始。 ………………………………… A B C
15. 在比赛前我常会过度紧张。 …………………………………………… A B C

[评分方法]

1,4,7,10,13 题不记分。

2,3,5,8,9,12,14,15 题:A 记 1 分、B 记 2 分、C 记 3 分。

6,11 题:A 记 3 分、B 记 2 分、C 记 1 分。

将 15 题得分累计求平均值乘 10 为总分。总分越高,个人竞赛特质焦虑水平越高。

量表 6　竞赛状态焦虑问卷—2(CSAI-2)

[指导语]

　　下面是运动员在赛前对自己的感受通常所描述的内容。仔细阅读每一句话,然后用"√"标出您此时此刻各种感受的程度。回答无对错之分,每一条不必用太多的时间去考虑,但要回答出最符合您此时所感受到的状况。

　　　　　　　　一点也不　有点儿　适中　非常强烈
　　　　　　　　　1　　　　2　　　　3　　　　4

1. 我对此次比赛感到担心。 …………………………………………… 1　2　3　4
2. 我感到神经紧张。 ………………………………………………… 1　2　3　4
3. 我心理是稳定的。 ………………………………………………… 1　2　3　4
4. 我怀疑自己。 ……………………………………………………… 1　2　3　4
5. 我感到心神不宁。 ………………………………………………… 1　2　3　4
6. 我感到身体舒适。 ………………………………………………… 1　2　3　4
7. 我担心此次比赛不能像往常那样比得好。 …………………… 1　2　3　4
8. 我身体感到紧张。 ………………………………………………… 1　2　3　4
9. 我感到自己对这场比赛有信心。 ……………………………… 1　2　3　4
10. 我担心会在比赛中失败。 ……………………………………… 1　2　3　4
11. 我感到胃部紧张。 ……………………………………………… 1　2　3　4
12. 我对这场比赛有把握。 ………………………………………… 1　2　3　4
13. 我担心在这种压力下不能成功。 ……………………………… 1　2　3　4
14. 我感到身体是放松的。 ………………………………………… 1　2　3　4
15. 我有信心面对这场挑战。 ……………………………………… 1　2　3　4
16. 我担心在比赛中发挥不好。 …………………………………… 1　2　3　4
17. 我心跳得很厉害。 ……………………………………………… 1　2　3　4
18. 我相信我会有出色的表现。 …………………………………… 1　2　3　4
19. 我担心能不能达到我的目标。 ………………………………… 1　2　3　4
20. 我感到胃部下沉。 ……………………………………………… 1　2　3　4
21. 我感到精神是放松的。 ………………………………………… 1　2　3　4
22. 我担心别人会对我的表现感到失望。 ………………………… 1　2　3　4
23. 我的手又湿又凉。 ……………………………………………… 1　2　3　4
24. 我很有信心,因为在我内心已达到自己的目标。 …………… 1　2　3　4
25. 我担心不能集中注意力。 ……………………………………… 1　2　3　4

26.我感到身体发僵。·· 1　2　3　4

27.我有信心在这种压力下完成比赛任务。·· 1　2　3　4

[评分方法]

CSAI-2 量表按 3 个分量表分别记分,分数全距为 9～36 分。分数越高,表明认知状态焦虑、躯体状态焦虑和状态自信心越高。

第 14 题是逆向题,须倒记分,其余各题按 1～4 记分。

认知状态焦虑:1,4,7,10,13,16,19,22,25 题;

躯体状态焦虑:2,5,8,11,14,17,20,23,26 题;

状态自信心:3,6,9,12,15,18,21,24,27 题。

量表 7　　比赛失误应对方式问卷

[指导语]

以下 18 种情况描述的是运动员在比赛中面对突发事件时可能会做出的比较典型的反应。我们用数字 1～5(代表从"完全不是"到"完全是")来描述运动员反应的程度。请你选择一个最适合你反应的数字,在所选择的数字上划圈。注意:你的回答没有对和错之分,请根据你的真实感受来回答。

完全不是	不是	不能确定	是	完全是
1	2	3	4	5

在比赛中,当出现了错误时,或受到教练的批评时:

1.我会忽略失误,只是注意下一个动作我该做什么。·················· 1　2　3　4　5

2.我会很快把注意转向下一个要完成的任务。························· 1　2　3　4　5

3.我通常不会去考虑失误。·· 1　2　3　4　5

4.我会试图回忆发生了什么事情。···································· 1　2　3　4　5

5.我会暂时地忽略失误,只是在赛后去想它。·························· 1　2　3　4　5

6.我会花一些时间去想象回忆正确的动作。···························· 1　2　3　4　5

7.我努力明白自己的失误,并试图在下一个任务中更努力。············ 1　2　3　4　5

8.我会试图不去过多地考虑眼前的失误。······························ 1　2　3　4　5

9.我时常会把自己的失误归结于努力不够。···························· 1　2　3　4　5

10.如果有人提醒我失误,我会暂时地忽略他(她)的提醒。············ 1　2　3　4　5

11.我会将失误的情景在脑海中很快地重演几次。······················ 1　2　3　4　5

12.我会很生气,但马上恢复平静,并忽略失误,继续比赛。············ 1　2　3　4　5

13.我会花一些时间试图分析失误的原因。····························· 1　2　3　4　5

14. 我会占用一定的时间去听取别人对失误的看法。 …………… 1　2　3　4　5

15. 我会自责一段时间,或纠正自己的技术。 ……………………… 1　2　3　4　5

16. 我会在一段时间里处在失望的情绪中。 ……………………… 1　2　3　4　5

17. 我总希望与别人讨论我的失误。 …………………………… 1　2　3　4　5

18. 我会把失误只是当作运气不好,不去苛求它。 …………… 1　2　3　4　5

[评分方法]

回答"完全不是"记 1 分,"不是"记 2 分,"不能确定"记 3 分,"是"记 4 分,"完全是"记 5 分。

该量表按 2 个分量表分别记分:

回避应对:1,2,3,5,8,10,12,18 题;

积极应对:4,6,7,9,11,13,14,15,16,17 题。

量表 8　运动员疲劳问卷

[指导语]

请认真阅读下面每个条目,依据自己的感受程度,在适当的分值上画圈。这里的感受是指您在这个赛季对所经历的训练和比赛的体验。感受程度有 1~5 种:"1"表示从没有这样感觉过,"5"表示总是这样感觉。答案没有正确与错误之分,因此请真实地回答这些问题。如果还有疑问请提出来。

您在何种程度上这样认为:

从没有	很少	有时	经常	总是
1	2	3	4	5

1. 这个赛季我做了很多值得欣慰的事情。 ………………… 1　2　3　4　5

2. 训练使我很疲倦以至没有精力去做其他的事。 …………… 1　2　3　4　5

3. 我花在训练比赛上的努力用来做其他事可能会更好。 …… 1　2　3　4　5

4. 在训练、比赛中我感到极度疲劳。 …………………………… 1　2　3　4　5

5. 我没有取得更好的成绩。 …………………………………… 1　2　3　4　5

6. 我不像以前那样关心运动成绩了。 ………………………… 1　2　3　4　5

7. 我发挥不了自己的运动水平。 ……………………………… 1　2　3　4　5

8. 我快要垮掉了。 ……………………………………………… 1　2　3　4　5

9. 我不能像以前那样专心地比赛了。 ………………………… 1　2　3　4　5

10. 我感觉体力不支。 …………………………………………… 1　2　3　4　5

11. 我不再像以前那样关注在比赛中能否取得胜利。 ………… 1　2　3　4　5

12.我感到运动使我身心疲惫。 ……………………………………………… 1　2　3　4　5

13.在运动中我无所谓是否能发挥出自己应有的水平。………… 1　2　3　4　5

14.在运动中我有成功的快乐。 …………………………………………… 1　2　3　4　5

15.在运动中我有抵触情绪。 ……………………………………………… 1　2　3　4　5

[评分方法]

问卷是5级评分:1=从没有;2=很少;3=有时;4=经常;5=总是。各分量表的评分方法如下:

成就感降低:1,5,7,13,14题相加,其中1,14题是反向记分。分数越高,说明疲劳程度越高。

情绪/体力耗竭:2,4,8,10,12题相加。分数越高,说明疲劳程度越高。

对运动的负评价:3,6,9,11,15题相加。分数越高,说明疲劳程度越高。

参考文献

[1]张力为,毛志雄.运动心理学.北京:高等教育出版社,2007年1月.

[2]张力为,毛志雄.运动心理学.上海:华东师范大学出版社,2003年12月.

[3]张力为,任未多.体育运动心理学研究进展.北京:高等教育出版社,2000年2月.

[4]张力为,毛志雄.体育科学常用心理量表评定手册.北京:北京体育大学出版社,2004年10月.

[5]马启伟,张力为.体育运动心理学.杭州:浙江教育出版社,1998年5月.

[6]马启伟.体育心理学.北京:高等教育出版社,1996年4月.

[7]季浏.体育心理学.北京:高等教育出版社,2006年5月.

[8]季浏.体育心理学教与学指导.北京:高等教育出版社,2006年11月.

[9]季浏.体育心理学测量与评价.北京:高等教育出版社,2006年7月.

[10]祝蓓里.体育心理学.北京:高等教育出版社,2000年5月.

[11]刘淑慧.体育心理学.北京:高等教育出版社,2005年7月.

[12]李微,李进.体育心理学.桂林:广西师范大学出版社,2006年8月.

[13]石岩.体育运动心理问题研究.北京:北京体育大学出版社,2007年3月.

[14]Arnold Leuens,Jack R. Nation 著,姚家新等译.运动心理学导论(第3版).西安:陕西师范大学出版社,2005年12月.

[15]理查德.考克斯著,张力为译.运动心理学——概念与应用(第5版).北京:清华大学出版社,2003年3月.

[16]孙少强,孙延林.运动心理学.天津:南开大学出版社,2006年8月.

[17]Richard A. Magill 著,张忠秋等译.运动技能学习与控制(第7版).北京:中国轻工业出版社,2006年1月.

[18]彭聃龄.普通心理学.北京:北京师范大学出版社,2001年5月.

[19]杨博民.心理实验纲要.北京:北京大学出版社,1989年6月.

[20]杨治良.实验心理学.杭州:浙江教育出版社,1998年12月.

[21]全国十二所重点师范大学联合编写.心理学基础.北京:教育科学出版社,2002年7月.

[22]理查德.格里格,菲利普.津巴多著,王垒等译.心理学与生活.北京:人民邮电出版社,2003年10月.